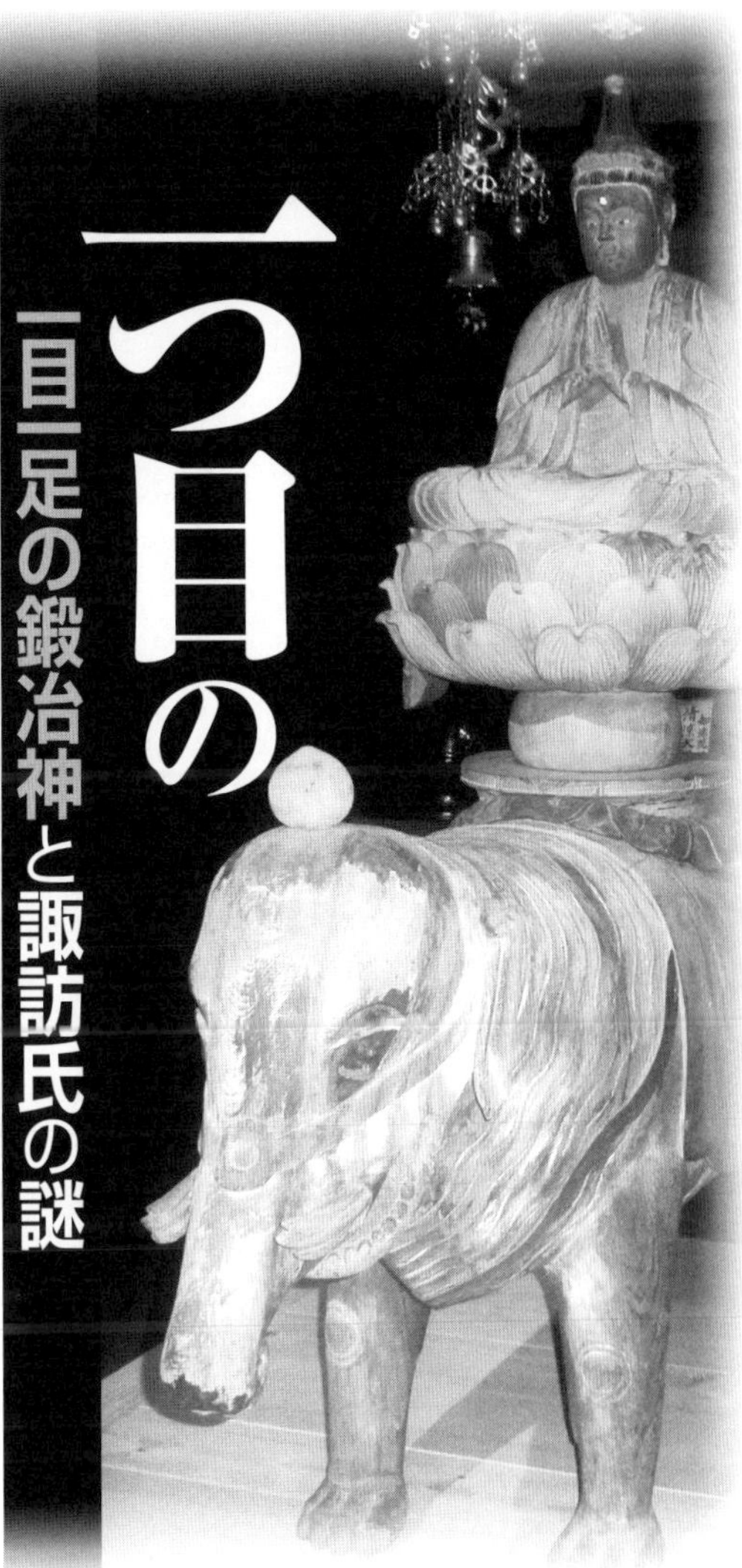

一つ目の諏訪大明神

一目一足の鍛冶神と諏訪氏の謎

皆神山すさ

Minakamiyama Susa

彩流社

まえがき

神仏習合・本地垂迹説《ほんじすいじゃくせつ》の理論が一般に信ぜられるようになったのは、平安時代末から鎌倉時代にかけてとされる。それによって全国の名神大社の多くは本地仏が決められ、仏教の勢力は社会を風靡するに至った。諏訪神社では上社の本地仏は普賢菩薩、下社の本地仏は、春宮薬師如来・秋宮千手観音とされた。

安居院作『神道集』によって、諏訪上社の本地仏・普賢菩薩がどのような仏様として説法されていたのかをみると、

能善《のうぜん》権現を守護する山の神は、八大金剛童子で、本地は普賢菩薩である。この方は仏の長子で、六根懺悔の教主である。六本の牙をもつ象に乗って、六根から出る罪を滅ぼす仏である(二所権現の事)。

華厳経に「人の臨終の時には、一切のもの皆離れ去り、随うものは何もないであろう。ただこの誓願の主——普賢だけは見捨てないで、いつも前へ導いて、一刹那のうちに極楽世界に往

生させてくれるし、最後には阿弥陀如来のもとで釈尊の言葉を聞かせてくれるであろう」と説かれている（諏訪大明神の秋山祭の事）。

神仏習合の時代、諏訪神社上社建御名方神の本地仏として拝まれた「象に乗る普賢菩薩」は、現在、諏訪市四賀桑原の仏法紹隆寺に安置されている。明治の神仏分離まで、上社神宮寺普賢堂にまつられていた普賢菩薩騎象像だ。この普賢菩薩像の片眼は傷つけられていた。

御柱年の二〇一六年の五月、信濃毎日新聞は「神を曳く」の御柱特集をくんで、そのなかで仏法紹隆寺の普賢菩薩について触れている。僧侶が上社幣拝殿の前で経を読んだ神仏習合の時代、本像はまさしく諏訪大明神としてまつられていたものだ。しかし明治の廃仏毀釈の混乱のさ中、諏訪大明神本地仏の普賢菩薩騎象像は目を傷つけられ、玉眼を抜かれた。仏法紹隆寺は、ほかに旧神宮寺にあった文殊菩薩騎獅像《きしぞう》も所有している。こちらも左眼が傷つけられている。二つの仏像の眼は廃仏毀釈で傷つけられた。

この記事に対し、筆者は二〇一六年五月十六日のツイッターで、次のように反論している。

「神を曳く」
三月旧神宮寺本尊の普　賢菩薩像は修理され、玉眼が入り仏法紹隆寺で開眼法要が営まれた。二つの仏像の眼は廃仏毀釈で傷つけられたのか？　違う！　それなら何故、眼だけが傷つけられたのか？　答は諏訪明神は一目の神だからだ。

諏訪明神が一つ目の神だったのではないかという筆者の推理に、確かな証拠があったわけではない。ただ上社の年中行事の最後に、大晦日、「葛井《くずい》の御手幣送《みてぐらおく》り神事」が行われ、上社一年間の神事に手向けた幣帛や榊、柳や柏の葉に机飯をそえて上社摂社葛井神社の葛井池に投じる。するとこれらの幣帛は翌朝、遠州サナギ池に浮かぶという通底伝説があって、「諏訪の七不思議」に数えられている。

疑問は、この葛井池の口頭伝承として、「葛井池の主は片目の魚で、とれば祟りがあるから決してとってはならない」といわれていることだ。片目の魚という小怪物について、柳田国男さんは『一目小僧』の中で、「池の中の魚どもが、目の傷を洗ったという神仏にかぶれて、永遠に片目になってしまったというのは、いかにも奇怪なる取沙汰には相違ないが、これがまたよく聞く例である」と述べ、神様の御目の怪我という口碑を数多くあげている。

また日本の一条兼良『世諺問答《せげんもんどう》』に、正月、疫病の流行をおそれて蚩尤《しゆう》のまなこの中の人見をぬいて木丁《ぎっちょう》の玉にして打ったとか、『十節録』に蚩尤の眼を取りてこれを射る儀式を行ったと書いている。『諏訪大明神画詞』には、諏訪神社でも正月十七日に、歩射神事の弓の的の黒眼を蚩尤の眼とみなして、これを射たと書いている。

諏訪神社の宗教布教者である諏訪神人たちは甲賀三郎物語を語り、諏訪神社の布教活動を行ったものである。その諏訪神人が信仰した甲賀三郎の氏神は、近江兵主大明神であった。つまり諏訪明神の正体は兵主神（蚩尤）である。蚩尤が片目であったかはわからないが、少なくとも日本では片目の神と伝えられた可能性は高いのである。筆者は諏訪明神と「一つ目の神」の関係を追求してきたが、本書はその報告書なのである。

目次

まえがき……………… 3

第一部　一つ目の諏訪大明神　13

第一章　神仏習合時代の諏訪神……………… 14
第一節　仏法紹隆寺　14
第二節　普賢菩薩騎象像　16
第三節　普賢菩薩勧発品《かんぼっほん》　19
第四節　明治の神仏分離　22
第五節　一つ目の諏訪神を推理する　26
第二章　葛井池の片目の魚伝承……………… 28
第一節　葛井の清池　28
第二節　手長足長の神　32

第三節　ダイダラボッチ　34
第三章　神が目を傷つける話……………37
第一節　柳田国男氏の一目小僧　37
第二節　眇眼で跛者の山の神　40
第三節　貝塚茂樹の古代中国の山の神　43
第四章　柳田国男の一目小僧の結論……………48
第一節　諏訪社の人身供犠　48
第二節　諏訪の御柱　53
第三節　南宮とタタラの押立柱　57
第四節　美濃国の南宮　59
第五節　伊賀一の宮、敢国《あえくに》神社　62
第六節　浜南宮　66
第五章　金屋子神《かなやごかみ》……………71
第一節　金屋子神とタタラ製鉄　71
第二節　金屋子神祭文　75
第三節　死の忌みを嫌わない金屋子神　77
第四節　諏訪明神と金屋子神の一致点　81
一、白鷺は神使　81

二、桂の木に「現形召される」神 83
三、白狐は神の乗り物 86
四、七十五という数字 89
五、藤が好き 91
六、高殿の押立柱と諏訪社の御贄柱 93
第五節 金屋子神と蚩尤 98
第六章 天目一箇神《あめのまひとつのかみ》と鉄鐸……106
第一節 鉄鐸の鳴る音は御左口神の声 106
第二節 多度大社と伊勢平氏 109
第三節 銅鐸と鉄鐸 113
第四節 薙鎌 118
第五節 風の祝 122
第六節 諏訪神は蛇体の風神 125
第七章 ミシャグチとフルの争いの話……128
第一節 守屋山は諏訪神社の神体山か 128
第二節 先代旧事本紀の語る物部氏の伝承 134
第三節 御霊信仰と守屋 140
第四節 高句麗朱蒙と沸流国王 145

第五節　百済の建国神話とフル　152
第六節　新羅昔脱解《ソクタルヘ》と瓠公の争い　157
第七節　ミシャグチを追跡する　162
第八節　昔脱解伝説の考察　166
第九節　海童と八幡信仰　171
第十節　銅剣文化の担い手、安曇・物部氏　174
第十一節　御衣着祝《みそぎほうり》誕生をめぐって　179
第十二節　諏訪神社祭政体試論　187

第二部　新天皇に寄り添ふ一目一足の鍛冶妖怪　193

第一節　夜通し行われる秘儀　194
第二節　折口信夫説と天皇霊　195
第三節　大和平定の剣フツノミタマ　199
第四節　一目一足の鍛冶神　202
第五節　天皇霊について　209

第三部　仏教と諏訪大社　215
第一章　源平合戦と諏訪武士……………216
第一節　諏訪神社の武士化　216
第二節　源平合戦　219
第三節　旭将軍木曽義仲　222
第四節　鎌倉幕府と諏訪神社　226
第五節　承久の乱と諏訪盛重　229
第二章　上社と仏教……………233
第一節　上社神宮寺　233
第二節　上社神宮寺の年中行事　241
第三節　上社本宮の社殿配置　243
第四節　お鉄塔の導入　247
第三章　下社と仏教……………250
第一節　諏訪盛澄　250
第二節　金刺満貞　252
第三節　武田氏の下社堂塔の再興計画　254
第四節　千手堂・三重塔の再建　258

第五節　下社神宮寺案内　261
第六節　社僧も出仕した下社の行事　265
一、お舟祭　265
二、穂屋野の三光　266
三、下社御柱祭　269
第七節　常楽会と瑜祇経秘文奉納　270
あとがき……………………273

第一部　一つ目の諏訪大明神

第一章　神仏習合時代の諏訪神

第一節　仏法紹隆寺

諏訪市四賀桑原の鼈澤山仏法紹隆寺《べったくさんぶっぽうしょうりゅうじ》（略称・仏法寺）には、明治維新まで諏訪神社上社神宮寺普賢堂の本尊だった普賢菩薩騎象像がまつられている。僧侶が上社幣拝殿の前で経を読んだ神仏習合の時代、本像は諏訪大明神の本地仏として拝まれていた。

本地仏とは、神さまは仏さまが姿を変えて現われたもので、「神さまの元の姿（本地）は仏さま」という思想に基づいて造られた仏であって、本像はまさしく諏訪大明神としてまつられていたものである。二〇一五年の本像の解体修理では、胎内から「信州すはの本尊也」との墨書きも見つかっている。

解体修理の調査報告書によると、象座（台座の象）は不釣り合いに大きく古めかしいもので、普賢堂が建立された鎌倉時代正応五年（一二九二）当時のものであると考えられる。しかし普賢菩薩像の台座上面の銘は、桃山時代の文禄二年（一五九三）にあたる。これは天正十年三月三日、武田氏討伐のために諏訪に侵攻した織田信忠軍による諏訪上社の焼き討ちによって、菩薩像部分が破却された為であると伝えられている。焼き討ちにあって、かろうじて残った台座の象に、桃山時代に菩薩像を再造像して組み立て、明治までまつられてきたと考えられている。

解体修理の過程で、象座の胎内には鎌倉時代の三体の諸仏が納入されていたことが判明した。菩薩像の胎内には、「諏方南宮大明神本宮　健御方命廟前社」との書付と共に、「三蔵作」と記されたわずか二センチほどの普賢菩薩騎象像が納入されていた。本尊であったことを示す「信州すはの本尊也」の書付は、普賢菩薩像の頭部の木製部材にあった。また頭部より「洛陽大仏師　民部法眼康俊」との書付が発見された。康俊は高野山根本大塔の大日如来を制作した慶派十九代康琳の流れをくむ仏師である。

普賢菩薩騎象像

諏訪高島藩主の命により、仏法寺第二十六世憲海が編纂した『信州諏訪郡鼈澤山仏法紹隆寺来由記』という由緒記がある。それによると仏法寺は諏訪神社上社の別当寺として神宮寺村（諏訪市中洲）に建立され、慈眼寺と称した。開基は坂上田村麻呂で、大同元年（八〇六）と伝えている。田村麻呂は諏訪大明神に蝦夷征討の戦勝報告をした際に、上社の神宮寺と仏法寺を開基したと伝えられている。弘仁年間、弘法大師空海により、神宮寺を「普賢神変山」と号して「真言宗流布の寺」とし、仏法寺を「真言宗の常法談林所」（修業と学問の道場）と草創している。諏訪大明神の本地仏をまつる普賢堂は、神宮寺の本堂である。普賢堂も坂上田村麻呂の開基で、空海の創建とつたえている。

開山当初より天正年中まで諏訪神社別当（寺務）を務め、江戸時代には諏訪高島藩の祈願寺を務めた。

仏法紹隆寺の案内によると、天正時代には仏法寺の伽藍は諏訪市四賀桑原寺家の地に建立されていた。第十一世尊朝法師の代になって、当山鎮守足長明神のお告げで、桑原地頭屋敷、諏訪大祝屋敷跡と伝わる現在地に移った。四賀地区桑原に西隣する普門寺区では平安時代後期の松鶴鏡と水晶珠子一連・刀子・須恵質壺（経筒）を出土した姥ヶ懐親塚の発見があった。ここには大祝有員墓と伝える御曽儀社、普門院跡、寺屋敷の地名があって、諏訪の初期仏教遺跡として注目されている。

第二節　普賢菩薩騎象像

上代の日本においては、六世紀半ばの欽明天皇期に、百済から大和朝廷への仏教公伝があった。その後の大和朝廷と豪族の積極的な仏教の受容と保護によって、八世紀には天平の豪華な仏教文化を生んだ。日本中の国々に国分寺、国分尼寺ができて、その文化は地方にも及んだ。少し大きな神社に、宮寺が建てられたのも八世紀代といわれている。普通、宮寺を神宮寺と呼び、まれには神願寺、神護寺、神供寺などと呼んだ。宮寺とは神社に付属する寺院のことだ。

諏訪地方には寺院の屋根の布目瓦《ぬのめがわら》が未発見である。このことからこの地方には平安時代の寺院は存在しなかったと指摘されている。諏訪神社信仰の力が強く、よそから来た仏教が入りこむ余地がなかったのではと推測されている。諏訪地方に仏教が普及するのは、鎌倉時代以降とされている。


諏訪神社の宮寺は、上社に神宮寺（以下、上神宮寺）、如法院、蓮池院、法華寺の四ヵ寺があり、下社に神宮寺（以下、下神宮寺）、三精寺、観照寺の三ヵ寺があった。そのうち法華寺は臨済宗で、その他はみな真言宗であった。おおむね宮寺は天台宗か真言宗であった。真言宗は弘法大師を宗祖とし、高野山金剛峯寺を本山とする宗派である。

先に便宜的に「上神宮寺」「下神宮寺」と略称した、神宮寺とは、もともと神社の社域や付近に置かれた宮寺関係全体の総称である。たとえば上社神宮寺は、諏訪上社本宮の東つづきの丘陵地にあった「上神宮寺」や寺院などの総称である。これに対し「上神宮寺」と略称したのは、上社の本地仏、普賢菩薩をまつる普賢堂を本堂として、庫裡にあたるものを「大坊」といい、住職の常住するところで、これを狭い意味で「神宮寺」ともいった。諏訪上社神宮寺、下社神宮寺の創建年代についでは、つまびらかになし難い。両寺がともに平安時代の創建であることは疑いないとされる。

さて神仏習合・本地垂迹説の理論が一般に信ぜられるようになったのは、平安時代末から鎌倉時代にかけてとされる。それによって全国の名神大社の多くは本地仏が決められた。諏訪神社上社の本地仏は普賢菩薩、下社秋宮は千手観音、春宮は薬師如来とされた。

「本地仏」について、『下諏訪町誌』より伊藤富雄氏の説明を引用しておこう。

「本地とは本源の意味で、仏は衆生を済度せんがために、仮に人間界に仮現して神と顕れる。故に我国の神祇は、その本源を尋ねれば皆仏菩薩で、神は仏の跡を垂れたものである。」

中世、安居院《あぐい》唱導教団の著作とされる『神道集』「諏訪大明神の秋山祭の事」には、諏訪神社の上宮（上社）・下宮（下社）の祭神について、その本地仏を説明している。すこし長くなるが引用したい。

「信濃の国一宮を諏訪の上の宮という。本地は普賢菩薩である。この仏は諸仏の長子で、いつも衆生の思い通りにしてやりたいという誓願をもっている。

静かに観察するに、象に乗る普賢がまだこの世界に現れないとき、さとりに達した法身が、色像《しきぞう》を目のあたり見るようにし、すべての世界を支配する。」

室町期には、諏訪神の本地仏が「象に乗る普賢」（普賢菩薩騎象像）であることが、普《あまね》く知られていたのである。そして、

「二の宮を諏訪の下の宮という。本地は千手観音である。また大悲観音ともいう。」と書いている。

『神道集』「諏訪大明神の五月会の事」には、上下二所の諏訪社の本地仏について、上宮は天竺の舎衛国祇陀大臣で、本地は普賢菩薩。下宮は舎衛国波斯匿王《はしのくおう》の娘、金剛女の宮で、本地は千手観音であると書いている。

第三節　普賢菩薩勧発品《かんぼっほん》

ところで本地垂迹説ができて、上社の本地仏は普賢、下社は千手観音などとされたのだが、ここらへんどのような事情から本地仏が決められたのだろうか。室町時代の延文元年（一三五六）に、諏訪円柱によって完成された『諏訪大明神画詞』には、昔の歴史として、本地仏決定の理由をうかがいうる四つの逸話が収められている。『画詞』は縁起部五巻、祭礼部七巻の構成をとるが、縁起部に収められた仏教関係の逸話は以下の四話である。

①「桓武天皇の皇子開成皇子」の「大般若経」書写を、信濃国諏訪南宮（諏訪南宮法性上下大明神）が加護した。

『画詞』では「開成皇子」を「桓武天皇の御子開生皇子と申す人おはしましき」と書いているが、これは誤《あやま》ちだ。開成皇子（七二四―七八一）は奈良時代の僧で、摂津国勝尾山の開基と伝えられる名僧だ。父は光仁天皇で、桓武天皇の庶兄である。

② 弘仁六年秋（八一五）のこと。伝教大師が衆生救済の願を立て東国布教したとき、法華経二千部を書写した。この際、諏訪神が顕現し千部の知識に預かる。

『画詞』では「尊神大師の値遇、法花結縁にことなりし御事たり」と、諏訪神と伝教大師との出会いが「法華経」の縁によるものだったと記している。同様のことが、『叡山大師伝』にも記されている。

③　慈覚大師が楞厳院《りょうごんいん》で三年間「法華経」を書写する間、諏訪神が影向し守護する。『画詞』には「されば当社には本地普賢大士を安置し、如法写経の薫修最中不断の勤行にすとなり」とある。諏訪神が「法華経」を書写する慈覚を守護したことから、「法華経」の行者を守護する普賢菩薩を本地仏として祀ったというのである。さらに慈覚の故事にならって「法華経」書写の行が不断に行われるようになったというのである。

④　大原の本願良忍上人と結縁した者の名を記す名帳には、「諏訪南宮」の名が載せられている。

四話の中で特に上社の本地仏の決定に影響を与えたのは、②最澄、③慈覚の二話だろう。『画詞』では、諏訪神と最澄との出会いが「法華経」の縁によるものだったこと、上社の建御名方神の本地仏を普賢菩薩としたのは、諏訪神が「法華経」を書写する慈覚大師を守護したからだと書いている。

普賢菩薩が法華経行者を守護するというのは、一体どういうことだろうか。

「法華経」の「普賢菩薩勧発品第二十八」は釈尊が普賢菩薩の質問に答える場面から始まっている。

普賢菩薩は次のように申し上げた。

「世尊、世尊の滅後において、どうしたら衆生は、法華経の功徳を得ることができるでしょうか。」

釈尊が釈迦入滅の後、法華経の功徳を得るための四要を実行する事が大切であると説く。四要とは、第一に、自分は仏さまに守られているという絶対の信念を持つこと、第二に、いつも善い行いをするように心がけること、第三に、悟りに至るは必定と信じること、第四に一切衆生を救うと発願することである。この四つを実行すれば、釈迦滅後においても法華経の真の功徳を得ることができる。普賢菩薩は感激して釈尊に言った。

「世尊よ、世尊の滅後の濁悪の世にあって私は法華経行者を守ります。修行者が法華経を読むと、普賢は六本の牙の白象に乗って現われ、行者を守護します。」

そして法華経行者を守るための陀羅尼を説いた。

最後に釈尊は、教えを信じ実行する者は、仏と同様に尊いのだと話され、説法の結びとされた。（妙法蓮華教　普賢菩薩勧発品第二十八）

法華経の「普賢菩薩勧発品」は説く。修行者が法華経を読むと、普賢菩薩は六牙の白象に乗って現われ、行者を守護する。だから安心して修業なさいと。

「普賢菩薩勧発品」は、法華行者に大きな励まし（勧発）を与える内容になっている。

諏訪神社上社の本地仏・普賢菩薩騎象像は、釈尊入滅後の末法の世に六牙の白象に乗って現われ、法華経の教えを実践する者を、悪いものから守護する。法華経の「普賢菩薩勧発品」を形にしたものが普賢菩薩騎象像であった。

上社の本地仏を普賢菩薩として、神宮寺を「普賢神変山」と号したように、上社神宮寺と法華経との関わりは深い。たとえば『画詞』では、上社本宮の社殿配置を「社頭は三所の霊壇からなる」と述べている。諏訪円柱は、その上・中・下壇を普賢菩薩の法身・報身・応化身の三つにたとえている。また室町時代の文明年間、上社本宮に「お鉄塔」が導入され、諏訪大明神の御神体とされたのだが、毎年、上社如法院が「お鉄塔」に法華経を奉納することが、諏訪社の神宮寺を代表する年中行事であった。

釈尊入滅後の未法の世に、普賢堂の本尊「象に乗る普賢菩薩」が現われて、法華経の教えを実践する者を守護する「普賢菩薩勧発品」の世界とは、まさに諏訪上社の神宮寺そのものだったのではないだろうか。

第四節　明治の神仏分離

明治になると維新政府は王政復古の大号令のもと、神社寺院に神仏分離、社寺上地、神官の世襲廃止等の未曾有の大改革を断行した。慶応四年三月（一八六八）には神仏習合を廃する神仏分離令が布かれた。神仏分離令は「仏教排斥」を意図するものではなかった。しかしこれをきっかけに廃仏毀釈運動がおこり、各地の寺院や仏具の破壊が行われた。これには江戸時代に人民を管理する役所のような働きをした寺院への反発もあった。

諏訪神社では、神仏習合の時代には、上社御神体がお鉄塔だといったり、それに納経するときには大祝・神官は立ち会えないなど、とかく僧侶と神官の折合いがかんばしくなかった。そこへ明治の神仏分離令となると、日頃の僧侶への不満もあって、上社・下社の神官たちは神宮寺堂塔の取り壊しに目ざましくはたらいた。

これより先、平田篤胤門下の下社大祝金刺信古や松沢義章が尊皇運動に熱中すると、上社の神官たちもその影響をうけて尊皇活動をした。慶応四年二月、公卿の高松実村が討幕の旗挙げをして京都を出奔、信州で兵をつのったときは、上社・下社とも多くの神職が武器をとって従軍した。そこへ明治維新で神社は国家の宗祀である旨の宣明がなされると、神官は色をなして排仏にうごいた。

かねてから一社の中にあっても、常に社僧との関係がうまくいかなかった神社側は、太政官布告を歓迎して、神社から仏像や仏具類の除去など、一切の仏教色を排除することを寺側に迫った。神仏分離から廃仏毀釈へ向かう流れのなかで、神宮寺の堂塔は取り壊しの脅威にさらされることになった。この時に普賢堂に祀られていた普賢菩薩騎象像は、住民らによって密かに仏法紹隆寺に運び出された。その廃仏毀釈の混乱のさ中、諏訪大明神本地仏普賢菩薩騎象像は目を傷つけられ、玉眼を抜かれたとされる。

文殊菩薩騎獅像

仏法紹隆寺文書に、慶応四年（一八六八）に上社神宮寺の普賢菩薩像を仏法紹隆寺に移した時の移管状がのこっている。それによると、諏訪大明神の本地仏たる普賢菩薩象は伝教大師最澄の御作で、文殊菩薩騎獅像とともに内陣檜皮葺御堂に安置されたという。本地仏の普賢菩薩と相殿の文殊菩薩は、神宮寺普賢堂にまつられていたものである。上社神宮寺は普賢と文殊の霊場として知られ、子孫繁栄・諸願成就・二世安楽の霊験があるとされ、参拝者も多かった。

ところで文殊菩薩騎獅像の左眼も傷ついていて、これも廃仏毀釈の混乱のさ中に傷つけられたと説明されている。しかし二つの菩薩像の眼が廃仏毀釈のさいに傷つけられたとの説明には疑問がある。

二つの仏像が神宮寺から仏法紹隆寺へ移されるとき、途中で襲われて壊されてたりしないように、地元の神宮寺村の人々にも秘密裏に移されている。夜中そっと運び出して、慎重に仏法寺に運び、無事に移し終わって、翌朝移したことを公にしたという。

「仏法紹隆寺ホームページ」には一説として、諏訪上社神宮寺に陣を張った織田信長が、諏訪大明神の軍神としての力を恐れ破壊したと書いている。諏訪神社に攻めよせた織田軍は、大明神の「いくさ神」としての霊威を恐れ、それ故に片目を傷つけたというのだ。

諏訪神社神宮寺破却のさいに、上社・下社の神官たちが目ざましい働きをしたのは事実である。ただし「排仏」とか「廃仏毀釈」の論義は、知識人階層や神官の間での話で、一般の民衆にとっては、自分たちを救済してくれる「神様仏様」という有難い存在にほかならなかった。太政官の布告に従って、明治元年六月十五日に京都から除仏の検分役が到着し、取りこわしにかかった。しかし神領の人足はなかなか働かず、騒動さえ起こしかねない雰囲気となった。

結局、農繁期を理由にして秋まで取り壊しを延期せざるをえなくなった。上社側の除仏が完了したのは十二月九日であった。政府の指示とは言いながら、慣れ親しんでいた神宮寺堂塔の破却に従事する庶民の嘆きは想像に余るものであった。ことに五重塔や普賢堂は郷土の誇り、信仰上の拠点であっただけに、その取りこわしに際しては近郷近在から多くの男女が参集して悲嘆の涙を流したと伝えられている。

下社方の除仏についても同様で、社人が積極的に働いたが、住民は高島の役所の命令を聞かずに作業が進まなかったという。

神宮寺堂塔の取り壊しにあたっては、将来の再建をみこして建物部材ごとに丁寧に積み置いたり、よそへ移築したりしている。僧侶の住んでいない堂塔は全部破却されることになって、地元神宮寺村の人々は全部の建物を一手に払い下げて、近くの片山の地に移築しようと奔走した。しかし願いはかなわず、建物は四散した。五重塔と普賢堂の取りこわしは真志野村が落札して取り崩された。五重塔は再建を考えたものか、層ごとに区別して「おおい」をかけて、神宮寺村預かりとしたが、どう処分されたかはわかっていない。明治二十年代に、普賢堂だけでも再建したいと募金にかかったが、成功しなかった。神宮寺の仏像にしても、それぞれ引き取り先を探して、そこに安置している。このような経過を考えると、廃仏毀釈の嵐のなかで、仏様を乱暴に扱って傷つけたとは思えず、諏訪の民衆の神仏への篤い信仰心があったと思われる。それでは何故、二つの仏像は目を傷つけられたのだろうか。

第五節　一つ目の諏訪神を推理する

二〇一六年三月十一日、前年より解体修理を行っている普賢菩薩騎象像は修復を終えて仏法紹隆寺に戻り、開眼法要が行われた。江戸末期まで諏訪大明神本来の姿としてあがめられた仏像は、約一五〇年ぶりに目の輝きを取り戻して住民に迎えられることになった。十二日付けの信濃毎日新聞はその様子を次のように伝えている。

「象の背中（象座）に白木の菩薩像が乗り、高さ約一七〇センチ、全長約一六〇センチ。全国的にも最大級とみられるが、修復前は菩薩像の玉眼（水晶製の目玉）がくりぬかれるなど、明治初めの神仏分離政策や仏教排斥運動による痛みが目立っていた。文化財指定もされていない。

この日、仏法紹隆寺普賢堂で仏師らが組み立てた騎象像は、住民らの手も借りて金色の天蓋の下に安置された。新たな玉眼が輝く姿に、住民らは「素晴らしくなった」「ありがたい」と口々に語った。」

神仏習合の時代、諏訪大明神本地仏として信仰された普賢菩薩騎象像は、現在、仏法紹隆寺普賢堂の内陣須弥壇上の厨子の前に安置されている。内陣の右側には左目を傷つけられたままの文殊菩薩騎獅像がまつられている。二つの仏像は何故、目を傷つけられたのだろうか。筆者の推理は、諏訪大明神は一つ目の神だったのではないかということだ。

柳田国男氏は『目一つ五郎考』の中で、「自分などは信州諏訪の甲賀三郎さへ、なほ一目神の成長したものと考へているのである」と書いている。甲賀三郎は、『神道集』（諏訪縁起の事）の、いわゆる甲賀三郎物語の主人公で、諏訪大明神のことである。柳田氏はどのような根拠で、「甲賀三郎は一目神」と考えたのだろうか。

日本各地には、神が一眼一足の怪物であるとか、木や草で目を突いて片目になったという伝承が数多くのこっている。柳田国男氏の民俗学は『一目小僧その他』『目一つ五郎考』で、その多くの資料を蒐集《しゅうしゅう》している。諏訪神社上社にも大晦日の御手幣送り神事のおこなわれる葛井池について、この池に住む魚はすべて片目で捕らえると祟りがあるとの伝説がある。仏像の目を傷つけることは、日本の神が目を突いたとか、池の魚が片目だとの伝説と関係があるように思う。要するに諏訪神は一つ目だったのではないかということだ。筆者の推理が正しいかどうか、まずはその謎をさぐってみたい。

第二章　葛井《くずい》池の片目の魚伝承

第一節　葛井の清池

諏訪大明神は片目の神と信仰されたのではないかという疑問に迫ってみたい。実は諏訪神社上社摂社の葛井《くずい》神社（茅野市ちの上原）にも似た信仰があって、境内にある葛井池の口頭伝承として、「葛井池の主は片目の魚で、とれば祟りがあるから決してとってはならない」というのがあった。

葛井神社は、上社大祝が職位のときに行う十三社参りの対象の一つで、大晦日の深夜に行われる御手幣送《みてぐらおく》り神事で知られている。祭神は槻井泉《つきい》神。はじめ葛井池そのものが神体であったが、大正時代になって池に隣接して拝殿が建てられた。池を槻井泉神としてまつったということだ。

葛井の御手幣送り神事というのは、諏訪上社の年中行事の最後となる神事である。大晦日、上社一年間の神事に手向けた幣帛《へいはく》や榊《さかき》、柳の枝や柏の葉を御宝殿に取り下げて、机飯一膳をそえて葛井神社に運ぶ。夜に入り、神長は前宮の御左口神の前に、月の数（一二本または一三本）の御幣を捧げる。ついで寅刻（午前四時）に前宮御室《みむろ》の御燈《みあかし》を葛井神社の方に捧げてみせる。葛井神主は上社一年間の御幣、榊に机飯をそえ、池に投じる「葛井幣帛納」を行う。この幣帛は、卯の刻（午前六時）に遠州サナギ池に浮かぶという。

この伝承は『諏訪効験』に、「楠井の池の白木綿かくとみえて、国の界もとをき海の、さなきの汀に浮ぶなる」とみえ、鎌倉時代からあったことがわかる。いわゆる通底伝説である。

葛井池

御手幣送り神事は、「葛井清池」として諏訪七不思議の一つに数えられている。神長本『諏訪上社物忌令之事』の「諏訪七不思議事」の一つとして、次のように書いている。

「一、楠井池。御幣・御穀・酒、十二月晦日夜寅刻に、かの幣穀を奉入れば、遠江いまの浦見付郡猿擲《さなげ》池に正旦卯刻にかの幣酒穀、かの池浮かぶ。宮人取上拝す。楠井より猿擲池の間七日路あり。只　時に通ずるなり。」

『物忌令』にみえる「遠江いまの浦見付郡猿擲《さなげ》池」というのは、現在の静岡県磐田市の「今之浦」と「見付」のことだとされる。旧東海道見付宿は江戸日本橋から東海道五十三次を二十八宿目にあたる。西側に天竜川渡河を控えて、往来の旅人で賑わった宿場町であった。古代、見付宿の南側一帯は

「今之浦」という入江になっていた。律令時代から安土桃山時代まで、見付が国府所在地であった。見付郡の「サナギ池」は不明だが、磐田市鎌田神明宮の東側にあった鎌田ヶ池、浜松市の佐鳴《さなる》湖、御前崎市の桜ヶ池だとかいわれている。

御前崎市佐倉の桜ヶ池では、秋のお彼岸のお中日に、お櫃納めの奇祭がおこなわれる。この池に棲む龍神を供養すると言われる祭りで、赤飯の入ったお櫃を池の中央で沈める。すると翌朝、そのお櫃は諏訪湖に浮かぶといわれている。諏訪からサナギノ池に通じるばかりでなく、逆に静岡県側から諏訪湖に通ずる伝承もあるのだ。

葛井池が遠州サナギ池に通じているという通底伝説とは別に、天竜川の水源である諏訪湖が下流のサナギ池に通じているという伝説も、古い文献に記されている。『諏訪大明神画詞』祭七には、御神渡りを拝そうとした行者が、霊夢を見て目覚めると「遠州さなぎの社」にいたという説話が記されている。

後三条院の御代、延久年中（一〇六九―一〇七一）に諏訪大明神の御神渡《おみわた》りを見ようとする僧、たふと房なる人物がいた。ある夜、遂にその機会を得て、大軍が侵攻するような大音響が轟き、御神渡りが見られるのかと思われたその時、空から声がしたという。

「手長ありや、目きたなきもの取て捨てよ。」

その声がしたかと思うと、たふと房に近付く気配があった。さらに「あらくすっな」という声がしたかと思うと、たふと房は突然熟睡してしまった。

翌日明朝、たふと房が目を覚ますとそこは遠州のさなぎの社という場所であった。そこは諏訪湖から流れ出す天竜川の末に当たる場所であり、諏訪とは縁はあるものの、諏訪から七日程はかかるという距離をへだてていた。

『画詞』にみえる「手長」とは、諏訪明神の眷族である手長明神のことだが、この「手長」にしても「一つ目の神」と関わりがある。

諏訪湖の東岸部に諏訪大社上社摂社の手長神社（諏訪市茶臼山）、足長神社（諏訪市四賀普門寺）の二つの神社が鎮座している。これらの神社に祀られている神々は、手長神社が手摩乳《てなづち》神、足長神社が足摩乳《あしなづち》神で、素戔嗚尊と成婚する稲田姫命の両親である。記紀神話によると、建御名方神の曾祖父、曾祖母ということになる。『諏訪大明神画詞』によると、手長神は諏訪明神の眷族、従者といった立ち位置になっている。実際に手長神社の『旧記伝記』によれば、手長神は建御名方神が信濃国へ退転したとき従ってきた神で、四隣開拓に抜群の功績を残したとある。

初め、足長・手長の両神は、『和名抄』の桑原郷の産土神《うぶすながみ》として祀られた。いつの頃か上桑原と下桑原に分かれたのにあわせて、上桑原郷に足長神社、下桑原郷に手長神社が祀られるようになった。足長神社は萩をもって社宇の屋上を葺いたことから、「萩の宮」とも呼ばれた。嘉禎《かてい》四年（一二三八）の『諏訪上社物忌令』にも「萩宮明神文殊足長」とある。ここで「文殊」と注記しているのは、足長明神の本地が文殊菩薩ということだ。神仏習合時代の諏訪神社上社神宮寺普賢堂において、諏訪大明神の本地仏・普賢菩薩騎象像と相殿でまつられていた文殊菩薩騎獅像は、やはり左眼を傷つけられていた。

足長神社の所在地は桑原山の南麓にあり、その近くには御頭御社宮司社がある。近くの御曾儀平には諏訪上社大祝有員の居館があったとされる。御曾儀平《みそぎだいら》はミシャグチ平とも呼ばれる。

第二節　手長足長の神

「手長」「足長」の名前について、『日本の神々⑨』の「手長神社・足長神社」(矢崎孟伯)では、足長神社の口頭伝承を記している。

「足長神は手長神を背負って諏訪湖で貝や魚をとったといい、また大きな長いわらじを奉納すれば足長神が旅の安全を守ってくれるという。かつて人々は当社にわらじを奉納して旅の安全を祈った。」

「足長神は手長神を背負って諏訪湖で貝や魚をとった」という伝承は、中国明の王圻《おうき》の図解百科辞典『三才図会』のなかの、

「長脚国は赤水の東にあり、其の国人長臂国と近く、其の人常に長臂人を負ひて、海に入りて魚を捕ふ。長臂国は催僥国の東にあり、其の国人海東にありて、人手を垂るれば地に至る」とある図によるものである。足長神社の口頭伝承は、『三才図会』と同じ構図の絵が、我が国に伝わったものだろう。『三才図会』より古く、中国古代の地理書『山海経《せんがいきょう》』は、戦国時代に書かれた原本に、

秦漢時代に次々に書き加えられたものだ。それには中国の外界である長臂《ちょうひ》国に手長人、長股《ちょうこ》国に足長人の異人が住むと書かれている。

「長臂《ちょうひ》の国は赤水の東にあり、魚を水中に捕らえ、両手にそれぞれ一匹をもつ」（海外南経）。また晋の郭璞《かくはく》の注に、「旧説に云う。その人の手、下に垂れて地に至る」とある（第六・海外南経）。

「長股《ちょうこ》の国は雄常の北にあり。その人となり脚長く、髪ふりみだす」（海外西経）。また郭璞の注に、「長臂の人の躰、中人の如し、而して臂の長さ二丈。以って之を推《お》してはかるに、則ちこの人の脚三丈を過ぎるか」とあり、手の長い人物（長臂人）、足の長い人物（長股人）の絵が描かれている。

この長臂人・長股人の話は、平安時代にはわが国に伝わっていたようだ。清涼殿の荒海の障子に手長足長が描かれていて、この絵を見た清少納言は、『枕草子』（二十一段）に、

「清涼殿の丑寅《うしとら》の角の、北のへだてなる御障子は、荒海の絵。生きたるものども恐しげなる、手長足長などをぞ、描きたる、上の御局《みつぼね》の戸をおしあけたれば、常に目に見ゆるを、にくしみなどして笑ふ。」

清涼殿の鬼門である東北隅に障子があり、そこには恐ろしげな手長足長の絵が描かれ、荒海の絵と呼ばれている。上の局の戸を開ければ常に見えるもので、女房たちは面白い絵だねといって笑っている。

現在、京都御所所蔵の内裏の手長足長図は、足長が手長を背負って海に入り、魚を捕る図である。これは『三才図会』のなかの、長脚人が長臂人を背負い、海に入って魚を捕る絵の構図が、日本の

宮廷に伝わったものだろう。

大和岩雄氏は「諏訪の手長神社・足長神社は、『山海経』の長臂人、長股人を描いた絵をヒントにした社名とみられる」と書いている。柳田国男氏も諏訪の手長・足長について、「いはゆる荒海の障子の長臂国、長脚国の蛮民の話でも伝わったものか」（『ダイダラ坊の足跡』）と書いている。要するに「足長が手長を背負って、諏訪湖で貝や魚をとった」という足長神社の伝承は、『山海経』以来、中国の奇仙異人の絵が日本にとりこまれ、諏訪神社信仰圏を中心に手長足長の彫刻が制作された結果だというのだ。

山梨県北杜市白州町の下教来石《しもきょうらいし》諏訪神社（祭神建御名方神）の本殿はケヤキ造り総彫刻で、諏訪立川流二代立川和四郎富昌の作品として知られている。中でも脇障子の「手長（手名稚《てなづち》）足長（足名稚《あしなづち》）は異様に手の長い手長、足の長い足長の神様が彫刻された立派なものだ。

第三節　ダイダラボッチ

諏訪地方にはディラボッチと呼ばれる巨人伝説がある。これは通常ダイダラボッチと呼ばれているのだが、関東や奥州はじめ日本のあちこちにダイダラボッチが山や湖を造ったという伝説が残っている。方言によってダイダラ坊、ダイダ法師など様々な名前で呼ばれている。長野県では戸隠参詣道の大座法師池《だいざほうし》が有名だ。はるか大昔、巨人のデーダラ法師が飯綱山に腰を下ろし、足を踏み出したときの足跡に水が溜まってできたと伝えられ、有名な観光名所になっている。

柳田国男『ダイダラ坊の足跡』には、ダイダラ坊、もしくはこれに近い名前の巨人民譚が収集されている。著作の中では、「神に統御された大人《おおひと》」の名として、「阿蘇明神の管轄の下においては鬼八法師」という大人、「八幡様を主人とする日向大隅の大人弥五郎《やごろう》」、それとともに、「諏訪明神の御家来」と伝える手長足長を挙げている。

柳田氏は諏訪のダイダラボッチに関連して、「上諏訪の小学校と隣する手長神社なども、祭神は手長足長という諏訪明神の家来と伝うる者もあれば、またデイラボッチだという人もあって、旧神領内には数箇所の水溜りの、二者のどちらとも知れぬ大男の足跡から出来たという窪地《くぼち》が今でもある。」（『ダイダラ坊の足跡』）と書いている。

矢崎孟伯氏は「足長神はまた大きな長いわらじを奉納すれば、旅の安全を守ってくれるという。かつて人々は当社にわらじを奉納して旅の安全を祈った」と書いている。諏訪地方の口碑では、手長足長はディラボッチと呼ばれていたというのだが、実は社祠に大ワラジを奉納する習俗は巨人伝承のダイダラボッチの信仰である。柳田国男『一目小僧』には、大ワラジを社祠にささげる習俗をあげ、それが片一方だけであったと指摘している。

「東日本の田舎でも、神に捧げる沓草履がただ片一方だけである場合は多い。」

「南伊予の吉田地方では正月の十六日には必ず直径一尺五六寸もある足半草履をただ片方だけ作り、これに祈祷札を添えて村はずれ、または古来妖怪の出るという場所においてくる。我が村にはこの草履を履くくらいの人がいるから、何が来てもだめだという事を示す趣旨であるという。」

大草鞋《おおわらじ》で有名なのは、三重県志摩郡大王町波切《なぎり》の「韋夜《いや》の祭」である。これは波切神社境内の韋夜権現の祭だが、毎年九月申の日に、大王岬の沖合にうかぶ大王島へ三メートルもの「大わらじ」を流すわらじ曳き祭である。その由来について、大王町観光協会発行の「大王埼、波切のまつり抄」は次のように書いている。

「昔、大王岬の沖合にうかぶ韋夜ヶ島（大王島）へダンダラボッチという一ツ目片足の身の丈十メートルもある大男が上陸した。ダンダラは神通力で雲を呼び風を起こして漁師たちを苦しませた。このとき波切の産土神韋夜権現が娘に化して、この漁村の村主のはく大草鞋を編んでダンダラを驚かせ、この村には自分より大きな大男がいると退散させた。やがて海は凪《な》いで大漁の日が続いた。その言い伝えにもとづいて、毎年、村人は大きなわらじを作り海に流している。」

わらじ曳き祭りの時期は、二百十日〜二十日なので、この祭りは台風と荒れる海に対決する波除け風鎮めの神事ということになる。ワラジを組みこんだ祭りは全国に多いが、たいていは稲の収穫がすんだときで、山の神木にワラジを掛ける農耕儀礼ととらえている。山神祭に片足だけの大草鞋を作ってささげる民俗事例は『一目小僧』にも記録されていて、それは山神は一目一足とされているからだ。波切のわらじ曳き祭りにしても、風浪はやくして漁師を苦しめるダンダラボッチというのは、実は山神だったのかもしれない。

第三章　神が目を傷つける話

第一節　柳田国男氏の一目小僧

日本の各地に神が木や草で目を突いて片目になったという伝承が数多くのこっている。また目の傷を洗った池に住む魚が、神に感化されて今に至るまで片目になってしまったという不思議が語られている。柳田氏は神が片目を傷つけた話や、片目の魚の伝承、一目一足の妖怪など、異貌異相の神や怪物の話を博捜し、その集積のうえに立って、『一目小僧』『目一つ五郎考』『ダイダラ坊の足跡』を発表した。柳田氏の研究成果を土台にして、諏訪神社に関わる伝説として、「葛井池の片目の魚」「手長足長と大ワラジ」の二つの不思議の謎解きに挑戦してみたい。

まず「葛井池の片目の魚」の口頭伝承である。葛井池は、いわゆる底なし池で、「この池の魚は残らず片目で、捕えて殺すと必ず祟りがある」との言い伝えは、諏訪大明神は片目の神であったとの疑問につながる。

柳田国男氏は『一目小僧』のなかで「池の中の魚どもが、目の傷を洗ったといふ神仏にかぶれて、永遠に片目になってしまったといふのは、如何にも奇怪なる取沙汰には相違ないが、これはまたよく聞く例である」と書いて、この類の話を多く収集している。

この理屈でいうと、大晦日の御手幣送り神事で、諏訪上社一年間の神事に手向《たむ》けた幣帛・榊が葛井池に投げこまれることと、「葛井池に片目の魚が棲む」との言い伝えは、あきらかにつながりがある。

柳田氏は、この類の多くの例の中で、浄山寺の延命地蔵尊をあげている。

「埼玉県越谷市の野嶋山浄山寺は、貞観二年（八六〇）、慈覚大師が創建した。本尊地蔵菩薩立像は慈覚大師一刀三礼の御作と伝えられ、信心の者は請状を入れて、小児をこの地蔵の奉公人にしておくと、丈夫に育つというので有名であった。俗に片目地蔵とも御名を申しあげる。伝説によると、この地蔵は毎朝未明、村内を鉄杖を持って起こして歩いた。ある朝、茶畑で切り株につまずき片目を傷つけてしまった。寺の門前の池で目を洗うと、池の魚がみな片目になってしまった。以後この村では茶の木は作らなくなった。」

延命地蔵尊の例でみると、葛井池の魚が片目であるのは、片目を怪我された諏訪大明神にかぶれたからだろうということになる。

柳田氏はまた、各地の神社仏閣に武士猟師の弓矢に射られたとか、あるいは鶏に蹴られたなどといって、神や仏様の尊像に眼の傷ついたものが多いことを挙げ、次のように書いている。

「即ち片目の神像は、別に何かそのように彫刻せらるべき理由があったのである」（『目一つ五郎考』）。

諏訪の本地仏、普賢菩薩像の片目が傷つけられていたのも、何かしかるべき理由があったというのである。その「しかるべき理由」をさぐるのが、筆者の研究なのです。

ところで『一つ目小僧』には、賀茂様が片目を怪我されたとか、祇園様は片目だから魚も片目だなどの言い伝えも記録されている。諏訪明神の御使が片目の蛇だったとの話も記録されている。こちらは飛騨国の話だが、『岐阜県益田郡誌』に、同郡萩原町諏訪神社の説話がのっている。

「国主金森家の命により家臣佐藤六左衛門なる者、神霊を上村に遷そうとしたが、どうしても動かない。六左衛門梅の枝で神輿を打ち、ようやく遷座した。一説に一匹の青大将が社地に蟠《わだか》まって動かず、六左怒って梅の枝で打ち、蛇は左の眼が傷ついてその地を去った。その後六左衛門は大坂の陣で討死した故、村民これを機に土木を中止し神社を旧地に戻した。今に至るまで境内に梅の木成長せず、また時として片目の蛇を見るが、これを諏訪明神の御使として崇敬した。」

「一つ目の諏訪明神」の実像をもとめて、筆者はつぎに「手長足長と大ワラジ」という不思議の謎解きに挑むことにした。

第二節　眇眼で跛者の山の神

柳田国男氏は「まさに亡びんとする一目の妖怪、一目小僧の伝統を珍重し、出来る限りその由来をたどった末に、一目小僧の断案を下している。

「一目小僧は多くの「おばけ」と同じく、本拠を離れ系統を失った昔の小さい神である。見た人が次第に少なくなって、文字通りの一目に画にかくようにはなったが、実は一方の眼をつぶされた神である。」（『一目小僧』）

「ただ妖怪だからどんな顔をしていてもよいようなものの、人間の形である以上は、額の真中に円が一つといふことはあるまじきやうに思はれ、ことによると以前はこれも山神の眷族にして、眇《びょうもく》目といふことを一つの特徴とした神の、なれの果てではないか」（『一目小僧』）

柳田氏は、かの一目小僧のお化けにしても、眇眼《すがめ》で跛者《びっこ》を特徴とした山の神の「成れの果て」ではないかと推測しているのだ。

つぎに柳田国男『一目小僧』から、一つ目一つ足の山神についての民話を紹介したい。

「青森県中津軽郡地方の山神は、古い人の話ではやはり眼が一つで足が一本である。山神祭にはいずれも長さ二尺以上もある大きな草鞋または草履を片足だけ作って、村の宮の鳥居の柱に結びつけておくのである。」

「信州の松本平では、山神を跛者《びっこ》だと言っている……そうしてこの地方でも土佐の片足神などと同じく、山の神に上げる草履類は常に片足だけだそうである。」

「土佐の山村では山鬼《さんき》又は山父《やまちち》といふ物、眼一つ足一つであると伝えられている。山父はまた山爺ともいふ。即ち他の府県にいはゆる山男と同じ物である。」

「土佐の山爺といふ者は土佐の山中では見た人が多い。形は人に似て長さ三四尺、総身にネズミ色の短い毛がある。一眼は甚だ大にして光あり、他の一眼は甚だ小さい。ちょっと見れば一眼とも見える故に、人多くはこれを知らずして一眼一足などいふのである。」

山神やその眷属、あるいは成れの果てというべき山爺、山父、山童などと呼ばれる妖怪は、一目にして一足だというのだが、実は極めて人間の眇《すがめ》や跛者《びっこ》に近似した者だというのだ。

さて手長足長は諏訪地方で、巨人伝承のダイダラボッチと呼ばれていた。また大ワラジを足長神に奉納して旅の安全を祈る習俗があった。それでは手長足長の神は一目一足の山神なのだろうか。

手長神社の祭神は手摩乳《てなづち》神、足長神社の祭神は足摩乳《あしなづち》神である。『古事記』八俣大蛇退治の神話では、足摩乳神、手摩乳神は、須佐之男命の妻となる櫛名田比売の父母であり、大山津見神の子と名乗っている。

「ここに『汝等は誰ぞ』と問いたまひき。故、その老夫《おきな》答へ言《まを》ししく、『僕《あわ》は国つ神、大山津見神の子ぞ。僕《あ》が名は足名椎《あしなづち》と謂ひ、妻《め》の名は手名椎《てなづち》と謂ひ。女《むすめ》の名は櫛名田比売と謂ふ』とまをしき。」

オオヤマツミは『古事記』では大山津見神、『日本書紀』では大山祇神と表記される。「大いなる山の神」という意味となる。諏訪の足長手長は、山の神、大山祇神の子にふさわしく、大ワラジを奉納する信仰があったのだ。

大山津見神は『古事記』神々の生成の段で、伊邪那岐命《いざなぎ》と伊邪那美命《いざなみ》との間に生まれ、その後、草と野の神である鹿屋野比売神《かやのひめ》との間に四対八柱の神を生んでいる。『日本書紀』第七の一書では、イザナギが軻遇突智《かぐつち》を斬った際に生まれている。

瀬戸内海に浮かぶ愛媛県今治市大三島に鎮座する大山祇神社は、式内名神大社で伊予国一宮と尊崇されている。全国にある大山祇神社、三島神社の総本社であり、主祭神の大山積神は山の神、海の神、戦いの神として歴代の朝廷や武将から尊崇を集めた。源氏や平氏をはじめ多くの武将が奉納した甲冑や刀剣など武具の収蔵で有名である。朝廷から「日本総鎮守」の号が下賜されたという。

これは天津神の神統譜では、天孫ニニギノミコトと神婚する木花佐久夜毘売、石長比売の父であり、また国津神の神統譜では、スサノヲと神婚する櫛名田比売の父母、足名椎・手長椎が「大山津見神の子」と名乗っていることによる。

『伊予国風土記』逸文では、大山積神、一名《またのな》は和多志《わたし》の大神は百済から渡り来し神とあり、摂津国の御島に鎮座し、のち伊予国に渡ったとある。


さて諏訪の手長足長が一目一足だったという伝えは採取されていない。ただ山神は一目一足だということが、実は人間の眇目や跛者に近似した神様だということになると、手長足長にも思いあたることがある。

諏訪の足長神社（祭神足摩乳神）の本地仏は文殊菩薩である。現在諏訪市四賀の仏法紹隆寺には、明治維新まで、諏訪大明神の本地仏として拝まれた普賢菩薩騎象像がまつられている。このことは既に述べてきた。

神仏習合の時代、諏訪上社神宮寺普賢堂において、本地仏の普賢菩薩像と相殿でまつられていたのが、文殊菩薩騎獅像である。こちらも明治の廃仏毀釈の混乱のさ中、普賢菩薩像とともに、仏法紹隆寺に移されている。そしてこの文殊菩薩騎獅像の左眼も傷つけられている。大山祇神の子足長の神の本地仏文殊菩薩の左眼も、何の理由のゆえか傷つけられていたのである。

柳田国男氏の話に、「一目はかねて足も一本だということはまた随分ひろく言い伝えられている」とある。また「やはり鍔目《つばめ》があはぬと嘲られるのは嫌だから、つい足のところは略してしまふやうなことになる」（『一目小僧』）とも書いている。さすがに文殊菩薩の片足を略すのは、恐れ多かったのだろう。

第三節　貝塚茂樹の古代中国の山の神

民俗学の創設者である柳田国男氏は、かつて日本の庶民のあいだに伝承されている山の神について、一つ目一本足の怪物であったと報告している。貝塚茂樹氏は、江西・浙江の山岳地帯に住む山越（春秋戦国時代の越人の末孫）は、夔《き》という山に棲む一本足の怪物を、山繅《さんそう》つまり山の神であると信仰したと注釈している（『神々の誕生』）。中国の古俗と我が国の伝説との間に存するこの一致は、両民族の交流、あるいは一歩すすめて親縁関係を反映するものと考えられる。また貝塚氏は概略、次のように述べている。

中国古代の夔《き》は、『山海経《せんがいきょう》』（大荒東経）によると、牛のようで角はなく、一本足で、うなる声は雷のごとくとどろいた。黄帝が生けどりにして皮をはいで鼓をつくり、この雷獣の骨をばちとして打ち鳴らすと、その声は五百里四方にひびきわたったという。中国古代の聖帝堯舜《ぎょうしゅん》の時代に、夔が楽師の職に任じたというのは、その伝説の合理化だとされる。

『書』の「堯典」の物語りでは、夔が琴瑟《きんしつ》をかきなでつつ歌うと、祖先の神霊がこの歌のしらべにひかれてやってくる。そして鳳凰《ほうおう》も鳥獣もまた立ちあがって、足取りもよろよろとして舞いだした。さらに舜帝がこのさまをながめて感にたえず、口を開いておもおもしく歌いはじめたと語っている。

貝塚氏はこの『書』の「堯典」の物語りを解説して、「一つ目の仮面をかぶって山の神に扮した巫女である夔が、音楽にあわせて、一本足で立ちあがって舞っている呪術時代の素朴な姿が現れている」と述べている。

一本足の山の神夔は生まれ落ちたときからの不具者ではなかった。貝塚茂樹氏は夔が一本足となった因縁を『神々の誕生』で概略。つぎのように述べている。

『山海経』（西山経）には、中国の西北のはてに天帝のたてた、方八百里、高さ一万仞《じん》の崑崙という地上の大楽園がある。そこに不死樹があって、その実を食すと不死長生の功徳があるといわれた。ここに窫窳《さつゆ》という怪物がいて、天帝の命令で不死樹の実が盗まれぬように見張り役をつとめておった。悪心を起こした弐負神なるものが手下の危《き》の力を借りて窫窳をうち殺し、不老寿の樹実を奪いさってしまった。

烈火のごとく怒った天帝は危をひっとらえ、右足に梏《あしかせ》をはめ、両手と頭の髪を縛りあげて疏属《そぞく》の山の頂上の木に吊して、永久に見せしめとした。

貝塚茂樹氏は、足かせをはめられ不具者にされた「危《き》」は、一本足の山の神、「夔《き》」の本名が訛ったものと推定した。山の神の夔が一本足であったのは、不死樹の強奪犯人として罰をうけた危の伝説によって、その理由が明瞭になったというのだ。

なお貝塚茂樹氏は、中国の中原を支配した殷王朝において、高祖神として高い神格をもち、天帝の代表として柴祭りの尊敬を受けた夒《どう》は、一本足の山の神である夔《き》と発音が近く同一神と認めてさしつかえないと述べている。さらに猿に似た夒《どう》は、殷民族の高祖神である帝嚳《こく》、名は俊といわれる帝俊すなわち帝舜と同一神であったと述べている。夒すなわち帝嚳は、殷王朝において、高祖神として高い神格をもち、天帝の代表として柴祭りの尊敬をうけてきた。その夒は猿の姿をした一つ目、一本足の山神だというのだ。この猿田彦は天帝の身代りにこの地上に降ってきた神であり、天にまします上帝にたいすると同じ尊敬をうけた。（『神々の誕生』）

貝塚氏は、中国の山の神である夒《どう》は一本足で踊りつつ歌をうたった。しかし、現実には一つ目の仮面をかぶって山の神に扮した巫女である夔が、音楽にあわせて、一本足でたちあがって舞ったのだと指摘している。さらにこれは鍛冶職民の演ずる「タタラ踊り」、その歌う「タタラ唄」に相当すると書いている。中国の山神は鍛冶族の守護神であったのではないかという、貝塚氏独特の洞察である。

中国の山神が一本足であった理由は、危すなわち夔、また夒《どう》が、不死樹の果実を盗んだ罪により、足をくくられて木に吊りさげられたからだ。夒《どう》の別名である嚳《こく》という字は、足に梏《こく》をはめられるところに起源する。このように推論して貝塚氏は次のように書いている。

「この伝説は、もし中国の山神が鍛冶族の守護神であったとすると、これは足に梏をはめられて、この職を世襲することをよぎなくされている、一種の賤民の暗い宿命の由来をよく説明した本縁伝説であったといわねばならない。」（『神々の誕生』）

世界に広く分布している、鍛冶をつかさどる神が跛者だという神話、伝説の説明がこれでつくようになる。

松村武雄氏は『神話学論考』のなかで、ギリシア神話における火と鍛冶の神であるヘフィストが跛足（びっこ）とされており、ローマ神話の同じ鍛工の神ウルカヌスもびっこであるのをはじめとして、ドイツ伝説のフォルンド、フィンランド伝説のワイナモイネンなど、すべて鍛冶をつかさどる伝説的人物は、多くは肉体的に不具であり跛者《はしゃ》であることを指摘された。一方へファイストスの下で労役して鍛冶の仕事をするキクロオペは一眼の巨人にほかならなかった。このように跛者または片目の不具者が鍛冶に関係があるとする伝説は世界に広く分布している。

さて風を支配し、またふいご技術によって青銅兵器の製造を行った蚩尤《しゆう》は、「鍛冶を職とする氏族の祭る山神であった」（貝塚茂樹『神々の誕生』）。また強敵蚩尤を亡ぼした黄帝は、ふいご技術の秘密をうけついで銅器を鋳造した。

「山神は、タタラのふいごを踏み、風を起こして金属を精錬する鍛冶職業を世襲する部族の守護神であった。鍛冶職はタタラのふいごを足で踏み、これにしばりつけられた奴隷を多く使用した。山神が一本足またはちんばだったという伝説は、この奴隷から着想されたと考えられ、ここにいたって一つ目、一本足の異形の中国の山神の由来が説明できることになった。」（貝塚茂樹『神々の誕生』）

貝塚氏は跛者が足の不具を生かすために、鍛冶の仕事をするようになったのではなく、タタラのふいごを足で踏むように、後天的に不具者になるように強制されたのではないかと考えたのである。

第四章　柳田国男の一目小僧の結論

第一節　諏訪社の人身供儀

一目小僧は、昔の山の神の眷属にして、沙目を一つの特徴とした神のなれの果てである。これは柳田国男氏が、『一目小僧』の資料収集と研究で得た結論である。

山の神の姿を見た人が次第に少なくなって文字通り額の真中《まんなか》に目が一つの絵を描くようになったもので、実は一方の目を潰された神であるというのだ。そして柳田氏は次のような仮説をみちびき出している。

「自分等の見るところは至って簡単である。神様の片目の怪我というのは、もと祭のおりに或一人を定めて神主とし、神の名代として祭の礼を享けさせた時、その人間について起こった出来事に他ならぬ。……神様が片目を潰されたといふ事実は、その御代理の身上にあったことと思う。」

（『一目小僧』）

「祭の日に選ばれて神主となる者が、特にその為に片目を傷つけ潰される定めであったからで、口碑は即ちその痕跡であろうと思っている。」（『一目小僧』）

それでは何故、祭の中心人物である神主の目を潰す必要があったのだろうか。この問いに対して柳田氏は、「そうしなければ神様がその神主の身にお依りなされぬ。即ち一目でなければ神の代表者たる資格がないという風に、信ぜられていたのかも知れぬ」と書いている。

柳田氏の説は、大昔は祭の度《たび》ごとに神主を殺す風習があって、その用にあてるべき神主は、その前年の祭の時から片目だけ傷つけ、足を一本折って逃げないようにしておいたのではないか。そして非常にその人を優遇し、かつ尊敬した。とにかくいつの間にかそれがやんで、目を潰す祭式が廃された後も、わざわざ片目にした人でなければ、よく神意が伝わらないとみられたのではないか。またその痕跡として、神様が木の枝や植物の茎で片目を怪我したという口碑がのこったというのだ。

柳田氏はこうも書いている。

「自分などは信州諏訪の甲賀三郎さえ、なお一目神の成長したものと考えているのである。」（『目一つ五郎考』）

甲賀三郎は、安居院『神道集』「諏訪縁起の事」に登場する物語の主人公で、諏訪明神のことだ。諏訪神人の語り伝えた諏訪明神の物語、それが甲賀三郎物語である。柳田氏は諏訪明神（甲賀三郎）は一つ目神だったのではないかと疑っているのだ。柳田氏が「信州諏訪の甲賀三郎さえ、なお一目神の成長したものと考えているのである」と書いている背景に、かつて諏訪神社において神使を殺す風習があったのではないか、その前年、神使の片目が傷つけられたのではないかと疑っているのだ。

ところで日本において神主を殺したという事実をあげることは大変にむずかしい。また祭のおりによく神意が伝わるように、神主の片目を傷つけたという事実も認められていない。

わずかに諏訪神社の三月酉日《とりのひ》の御頭祭《おとうさい》に、生神様大祝の代理となって出仕した神使達《おこう》について、人身供儀《じんしんきょうぎ》となって早世するとのうわさがあるくらいだ。神使の呼び方は「こうとの」「おこうどの」「おこうさま」などであったが、たいがい一〇歳未満くらいの童子であった。中世以来、大祝の一族である神氏の子孫から六人がたてられ、誠に栄誉ある立場であったはずだが、その実、神使は人身御供《ひとみごくう》となって哀れな末路をたどるというような話がささやかれた。そのために嫌悪の風を生じ、その身柄を問わなくなった。乞食または放浪者の子を貰い育てて神使にあてたという。

「諏訪神社上社の旧神楽大夫家茅野氏の談話の中に、神使は選ばれた十五歳の童男のうち、祭後、再びその姿を見たものがない例が、少なからずあり、密殺されたものらしく、その選を怖れて逃亡したり、乞食または放浪者の子を貰い育てて、これにあてたことがあるという話がある。勿論、茅野氏も祖先からの聞き伝えであろうから、事実の確認も、時代判定もできようはずがなかったが……」（『下諏訪町誌』藤森栄一）

さらに藤森氏は「茅野氏の談話は、今まで、文献から読み落としていた、いくつかの事実を思い出す契機となった」として、次のように書いている。

まず、画詞の記述のうちに妙ちきりんな一条があった。神使出発にさいし一度乗馬した神使を馬の向こう側につき堕としているのは何を意味するのだろうか。そのときは、解らないままに放ってしまったが、そのつもりで読むとまだある。江戸中期の「歳中神事祭礼当例勤方之次第」によれば、擬祝が御杖を飾り、ついで、副祝が神使を藤で縛るという一事がある。これはいったい何だろう。また信府統記（五）の場合はもっとひどい。「前宮の内にいれて七日間通夜させ、祭日には出して葛を以て搦め、馬に乗せ、前宮の西南の馬場を引きまわし、打擲の躰をなす」。宮地博士の伝聞の中にはまだある。百日の行をさせた上で、藤蔓で後手に縛って馬に乗せる。藤蔓の痕が容易に消えないので、三年間に命を失ってしまう。また、乗馬出発にさいして、氏人が棒で地面を叩きながら、馬をおどして暴走させるなど、神使虐待の話はきりがない。いずれも、誤伝誇張もあるだろうが、これは必ず根本に何かあるに違いない。

最後の氏人が棒で地面を叩きながら、馬をおどして暴走させるというのは、御頭祭の前宮十間廊の響膳につづく神使一行の神殿めぐりのことである。このとき御杖を背に負った神使は、馬上で柏葉の盃に盛った酒をのみほし、左手に捨てる。そして松明を持った五百もの人々の群れのときの声の中、「三ソウの古道」（御手祓道）を馬上にて大祝の即位式とは逆回りに三回廻ったという。つまり葬式廻りである。その時、村民は棒を以て地を叩きながらこれを追い廻したとの伝聞がある。

神使を虐待する話は、今から二百四十年ほど前の天明四年（一七八四）に御頭祭を見聞した菅江真澄が『菅江真澄の信濃の旅』に書き残している。

それによると前宮十間廊で行われる「神と人との饗宴」のさ中、御神《おこう》（神使）という紅の着物を着た子供を御贄柱《おにえばしら》とともに篠の筵の上に押し上げる。その後、御神（神使）を立木に縄で縛りつけると書いている。

　神使は哀れな末路をたどったというのだが、また神使となって弑殺される者の家には特典が与えられたという。口碑によれば「神殿《ごうどの》において死んだ者は、神氏《みわうじ》直系に生まれかわってくる」という特典である。

『諏訪上社物忌令之事』の神長本に「一、社内にて自然人をあやまつる事あらば、地五尺掘て可捨也」との一条がある。これに関して諏訪の郷土史家今井野菊氏は「前宮にかつて神族《みわぞく》を埋めたと聞いた、無数の「瑩石《たまいし》」と思われる岩石が露出していたと書いている（『信濃一之宮諏訪大明神前宮遺蹟』）。前宮全域《おやま》が古代大祝一族の神霊鎮まる墳墓であったというのだが、そこは当然、哀れな神使の怨霊うずまく墓地でもあっただろう。

　柳田国男氏の大胆な「神主殺害」の仮説は、諏訪の神使惨殺のうわさを念頭において提起されたものだろう。定説としては、柳田氏の仮説はおそらくフレーザーの『金枝篇』に影響を受けたものとされる。『金枝篇』のもっとも主要なテーマは、神であり司祭であり、また王である人物を殺すというものである。それによると司祭王の代理者として、それにかわる犠牲者がえらばれ、この擬《まが》いの王は祭りの終わりの日に殺されねばならなかった。柳田氏の説はそれをさらに敷衍《ふえん》したものだとされる。

　実際のところは柳田氏は諏訪の「神使惨殺」の口碑を念頭において、右の「神主殺害」の伝説を唱えたのかもしれない。ただ柳田氏の伝説にしても、ある難題をかかえている。それは『一目小僧』『目一つ五郎考』で、柳田氏がとりあげた天目一箇神のことである。伊勢国桑名郡（現桑名市）多度山の権現様は、一目連と記すところの片目の竜神である。天目一箇神と讃えられ、雨を賜う霊徳は顕著であって、正しく御目一つなるが故に、この名ありと信ぜられてきた。人々が片目の龍と信じた時代が長く、そこに神の代理が目を傷つけたという推量をはさむ余地はなかった。そこにあるのは片目の竜神の信仰であった。

第二節　諏訪の御柱

諏訪大社の上社前宮、本宮、下社春宮、秋宮の社殿地の四隅には、巨大な御柱《おんばしら》がたてられている。高さ十六メートル、目通りの周三メートル余にもなる樅《もみ》の大木で、皮を取り去り、先頭を三角錐状に切り落とした自然木である。社殿に向かって右側の前を一ノ御柱といいもっとも大きく、それから右まわりに二ノ御柱、三ノ御柱、四ノ御柱と社殿を一周して立っている。『天正十二年造営公私之別』に、一ノ御柱の長さは五丈五尺（十六・六メートル）に、二ノ御柱以下はそれぞれ「五尺落ち」と書かれていて、今日までこの例に倣って御柱の長さが揃えられている。

天下の奇祭御柱祭は、その御柱の材を遠い山から伐り出して曳きおろし、諏訪大社の二社四宮の社殿の四隅に立てる行事である。日本三大奇祭の一つとして知られ、壮大なパフォーマンスで人々を熱狂させる大祭で、祭り全体の人出は「ひと（群衆）を見たくば諏訪の御柱に行け」といわれるほどのにぎわいをみせる。

さて諏訪大社の社地の四隅に、いかなる理由で御柱が立てられるかの解釈については、二十余説ある。そのうちの主だったものを紹介すると、

(1)　四無量説　鎌倉時代の『諏訪効験』に出ていて、御柱に関する所見ではもっとも早いもので、四囲の御柱は「四無量説」の慈・悲・喜・捨の心を表現するとしている。

(2)　四王擁護説　室町時代の『諏訪大明神画詞』に「四維ノ御柱ハ四王擁護ノシルシ」とある。四王とは四方を鎮護する国家の守護神、四天王を言い、東方守護の持国天、広目天（西方）、増長天（南方）、多聞天（北方）を指している。諏訪明神を中心として国家を鎮護する意味を表したものだという。

(3)　四菩薩説　諏訪神社上社の『物忌令』原氏本に「御柱ハフケン、文殊、カンヲン、ミロク也」と言って、四方の御柱を普賢・文殊・観音・弥勒の四菩薩にあてている。

(4)　独鈷説　神長守矢家の『諏訪上社物忌令之事』には『独鈷トハ悪魔ヲ禦ギ人ヲ安隠ニ成ス姿ナリ、コノ故ニ四之御柱ハ独鈷ノ姿也云々』と言って、真言宗の仏具である独鈷説を述べている。

(5)　四神説　元禄五年（一六九二）上社大祝頼隆が山作《やまみ》に与えた神斧の銘に「本津社焉・前宮・二社乃四維祭祀四神古今之通例也云々」と記されている。四神は山作衆《やまみしゅう》の伝承である「青龍・白虎・朱雀・玄武」の四方位を守り、邪神・悪魔を防ぐ神である。山作衆とは、茅野市神の原に住んで代々御小屋神林の監視と山行事の御用をつとめた世襲の集団である。

(6)　神明妙体説　神長官守矢家より答書として出した年代不詳の書状の中に「御柱者神明之妙体二而」とあって、御柱をもって諏訪明神の本体としている。

(7)　土地限界説　『諏訪上宮御鎮座秘伝記』に、「以山爲神体、故其地定分堺、建柱是号御柱凡柱者吾国之道、大事所存、是亦宮柱太敷立之儀」と記されている。これは上社の宮山全体を御神体とし、他との堺を分別するために建てられたのが御柱であるというのだ。

(8)　宮殿表示説　江戸時代後期の『上諏方宮御柱神事口訳《しんじこうやく》』に、四隅の御柱立は、宮殿造営の表現である「宮柱太敷立」の義であるとして、一般の神社の遷宮と同一であると説いている。

御柱建立の意味については、室町時代の仏説にはじまり、江戸時代には神道方面から解釈を試みられた。その他に東アジアの信仰習俗から検討することが行われている。

御柱祭の起源については、桓武天皇以前から寅申の年に宝殿以下の一切を造営する遷宮行事であったが、十四世紀あるいは十五世紀に「柱立て」が突出し始めて、室町後期には現在みるような熱狂的祭りとなったと考えられている。

これについて宮地直一博士は、御柱と宝殿の起源は一つではないとして、宝殿以下の造営行事が御柱曳建行事よりも時代的に遅れて発生したものであると考えた。宮地博士の説くところでは、御柱は御柱独自の必要により、建替もすれば、これに関する行事をも営み、宝殿のそれと切り離して取扱われていた。祭祀の行事においては、御柱を普通の用材と全く取扱いを異にした。かの御柱曳木遣唄の一節に「奥山の樅の木が里へ下りて神となる」など、御柱を山神と霊物視したのは、その本質に基づくものである。なおいえば御柱の顚倒を以て異変の徴《しるし》として畏敬《いけい》したり、また削りかすを煎じて飲めば瘧《おこり》病に験ありなどという思想の如きは、伊勢神宮の心の御柱に対したのと相類似する思想傾向が認められる。

真弓常忠氏は、諏訪社の御柱の起源と意義について、製鉄炉の四本柱からきたものとの独自の見解を述べている。

ところが、諏訪大社のことを「南宮とも称し、『延喜式』には「南方刀美神社」とあり、『続日本後記』承和九年五月条にも「南方刀美神」とあって、「ミナカタ」は祭神タケミナカタ（建御名方）神とも関係あり、この「ミナカタ」の意より解き明かさねばならぬことに思い至った。（真弓常忠『日本古代祭祀と鉄』）

真弓氏によれば、「ミナカタ」は「水潟」あるいは「南県」とする説があった。従来理解されている「ミナカタ」は諏訪湖の水の潟とするもの、「南県」は国府の南にあるからとする説であるが、真弓氏はこれを製鉄の神の座としての「南方」を意味すると考えた。また古来諏訪社を「南宮」と称したのも、製鉄の神の座である「南の宮」の意味だと考えたのである。

信濃の諏訪神社が「南宮」とも称したことは広く知られている。南宮が製鉄炉の押立柱のうち、南方の元山柱にまつる製鉄の神の座の意であるとするなら、諏訪大社の御柱は、まさに高殿を支える四本の押立柱を信仰的に象徴したものとする真弓氏の学説は、筆者にとってきわめて魅力的である。

しかし、それならば諏訪社の祭神タケミナカタ神は製鉄神なのだろうかとの疑問もある。また南宮を称したのは諏訪社に限らず、美濃国一の宮の南宮大社、伊賀国一の宮の敢国神社、そのほかに摂津国広田神社の南宮がある。南宮はたしかに製鉄神の座としての南の宮からきたものなのか。そこで諏訪社はなぜ南宮法性大明神と称したのかの謎にせまってみたい。

第三節　南宮とタタラの押立柱

『諏訪大明神画詞』（縁起中）に、

「朱雀白河御宇《ぎょう》、天慶永保の明時には、又綸言《りんげん》を天下に下されて、一階を諸神に授けられし、当社正一位に叙せらる。此の条々国史の所見分明也、仍りて正一位法性南宮大明神と号す。」

とある。これは『源平盛衰記』に、「朱雀院御宇天慶三年正月諸国諸神奉増一階」とあるのを取りあげたものとみられる。これについて三輪磐根『諏訪大社』は、「源平盛衰記の伝によると、朱雀天皇天慶三年（九四〇）、建御名方富神正一位、八坂刀売神従一位に昇階し、諏訪南宮法性大明神の神号を賜った」と書いている。

時代はくだるが、『神使御頭之日記』天文二十二年（一五五三）の条に、八月十六日に勅使般舟院が下向し、諏訪上社に後奈良天皇御自筆の心経をもたらしたこと、また後日のことだが般舟院に頼んで、やはり後奈良天皇御自筆の諏方正一位南宮法性人明神の御神名をいただいたと記している。この御神名軸は神宝であり、神体に準ずるものとして大変貴重に扱われた。上社第一の盛儀であった御頭祭に大祝が出られない時、大祝の代理として、みこしのままで前宮十間廊に出座した。それ以外のときは宝殿に密閉されて拝見することはできなかった。ところがいつかこれが失われ、二代高島藩主諏訪忠恒が江戸で発見して買い戻して上社に納めたということがあった。慶安三年（一六五〇）十一月のことであった。

諏訪社を「南宮」と称したことでは、甲斐の武田信玄が「諏方南宮法性上下大明神」という赤い大きなのぼりを本陣の標示としている。信玄は戦《いくさ》にのぞんで諏訪明神旗をつくって諏訪社で祈祷してもらい、有名な「風林火山」と書かれた孫子の旗と並んで、常に本陣に立てて戦った。その策戦がおわると、旦那寺の雲峰寺（山梨県甲州市塩山）におさめた。いま雲峰寺には、赤地の絹布に金粉で「南無諏方南宮法性上下大明神」「諏方南宮上下大明神」と大書したものと、九文字の「諏方南宮上下大明神」の周りを六十三字の梵字で囲んだ諏訪梵字旗の三種類が伝えられている。

武田信玄は天文十一年（一五四二）に諏訪惣領家を滅ぼし、諏訪領を支配している。信玄は諏訪明神を深く崇拝し、戦乱のために衰退していた諏訪社の祭りを再興させた。『諏訪上下宮祭祀再興次第』（信玄十一軸）は、信玄が諏訪社の庇護者となって、衰退した祭事を調べ、復興させるように命じた十一点の文書である。十一軸は、永禄八年（一五六五）十一月から翌九年九月までの間に出され、諏訪社の祭祀復興に大きな力添えとなった。

ところで後白河法皇編纂になる平安末期の歌謡集『梁塵秘抄《りょうじんひしょう》』巻第二の二六三番歌には、

南宮の本山は　信濃国とぞ承る

さぞ申す　美濃国には中の宮
伊賀国には稚き児《ちご》の宮

とある。信濃国の諏訪大社が「南宮の本山」で、「中の宮」は岐阜県不破郡垂井町鎮座の南宮大社、「児の宮」は伊賀の敢国神社（三重県伊賀市一の宮鎮座）というのである。同じ『梁塵秘抄』巻二の二七六番歌に、「浜の南宮は　如意や宝珠の玉を持ち　須弥の峰をば櫂として　海路の海にぞ遊うたまふ」とあって、摂津国広田神社の南宮もある。これは西宮神社境内にある広田神社摂社の南宮神社のことだが、これらの「南宮」に共通する性格は何かが問題である。

第四節　美濃国の南宮

「美濃国の中の宮」とうたわれる南宮大社（岐阜県不破郡垂井町宮代）は、垂井町府中の南方にそびえる南宮山（四一九メートル）の北東麓に鎮座している。古代美濃国府の所在地であった府中の南方に位置し、古代日本の交通の要衝、東山道不破の地を監視する関の大神として、さらに美濃国の水源を司り、稲を育て子を育てる美濃国一の宮として崇敬されてきた。南宮山の山上からは濃尾平野が一望でき、関ヶ原合戦のときには毛利秀元が陣営を構えている。

当社の正史における初見は、『続日本後紀』の承和三年（八三六）十一月条の「美濃国不破郡仲山金山彦大神に、従五位下を授け奉り即ち名神に預かる」の記事である。延長五年（九二七）に完成した『延喜式』神名帳には美濃国不破郡三座のうちに「仲山金山彦神（名神大）」と載せている。

前述したように承和三年には従五位下であったが、異例ともいうべき速さで昇階し、貞観十五年（八七三）には正二位に昇叙された（『三代実録』）。さらにその後平将門の調伏祈祷《きとう》の効験《こうけん》により勲一等に進み、康平年中（一〇五八〜六五）の前九年の役に神験があって正一位を授けられた。

当社は金山彦命を主祭神に、相殿に見野尊と彦火火出見尊を祀っている。金山彦命については、『日本書紀』一書の四に、「伊弉冉《いざなみ》尊、火神軻遇突智《かぐつち》を生まむとする時に、悶熱《あつか》ひなやむ。因りて吐《たぐり》す。此神と化為《な》る。名を金山彦と曰す」とあり、『古事記』にも、同様の記述がある。金山彦命はその名のごとく金山を主宰する神、すなわち鉱山の神とみられている。しかし金山彦命を単に鉱山の神とみることはできない。「タグリ」とは反吐《へど》のことである。真弓常忠氏は「タグリ」を「灼熱《しゃくねつ》の溶鉱を神格化したもの」とみる。すなわち鉱山の神、製鉄・冶金の神である。

『延喜式』神名帳における当社の神名は「仲山金山彦神」だが、窪田蔵郎『鉄の考古学』は、中山（仲山）に産鉄・製鉄の意味があるとして、次のように書いている。

「中山」とは、中国において鉄の生産を伝える『山海経』なる経典の中の「五蔵三経」が南山経、西山経、北山経、東山経、中山経の五篇で構成されていて、中でも中山経は出鉄、製鉄の中心として描かれており、中山経の世界が、産鉄の世界をあらわしたことによるものであろうとする。

南宮大社は、古来から金山彦命を祭神として金属精錬業者の尊崇をあつめ、社頭には各地の鉱山金属業者より奉納された鉱石が陳列されている。当社の一一月八日に行う金山祭は通称「鞴祭《ふいごまつり》」と呼ばれ、地元の野鍛冶の奉仕で古式ゆかしい鍛錬式が行われる。鉱山鍛冶の神様として知られる南宮大社らしい祭りで、全国の鉱山金属関係者が多数参拝に訪れ、境内はにぎわう。

当社を「南宮」と称す理由について、『不破郡史』下巻所引「南宮神社略説」には、「崇神天皇五年霜月上申《さる》の日今の地、即ち仲山の麓に遷し奉る。府中の旧宮より正南に当るを以て、後世南宮と称し奉ると見えたり」とある。ふいご祭は、崇神天皇五年十一月上申の日に、ここから二キロほど北の垂井町府中の御旅所の旧社地から、南宮山の麓の現在地に遷った鎮座祭でもあったのだ。ふいご祭は、いわば垂井町宮代の現在地での神迎えの神事ということになる。このことにも金山彦命の鉱山鍛冶の神としての本質がうかがえるのである。

南宮大社の鎮座する垂井町の東隣りの大垣市赤坂町は古くから赤坂の刀鍛冶で知られており、関の孫六で有名な岐阜県関市の刀工は赤坂から移ってきたといわれる。その赤坂、関の刀鍛冶に用立てられたのが、金生山の鉄である。

金生山は全山の九〇パーセント以上が生物石灰岩からできていて、銅鉄を産出することで知られている。金生山は、現在では赤坂鉱山の稼働によるむざんな姿で、大垣市の北西部に岩肌を露出している。頂上には朱鳥《しゅちょう》元年（六八六）、役小角《えんのおづぬ》が吉野より虚空蔵菩薩をお迎えして創立したと伝えられている明星輪寺がある。不破関近くの関ケ原町野上から垂井町日守にかけての地域からは大量の鉄滓が発見されており、大垣市十六からは銅鐸が出土している。この南宮大社の地は金生山の銅鉄の供給と、南宮山から見て西北の方位にある伊吹山からの強烈な伊吹おろしという条件をそなえた、製鉄技術集団には最適の地であった。そのことも金山彦命を祀る理由になったのだろう。

さて前述したように「南宮」の名の由来について、『不破郡史』は、府中の旧宮より正南に当る現在地に遷ったから、後世、南宮と称したと説明している。一般には「国府南方所在説」が認められている。つまり国府の南にあって国府が奉幣使として参詣した社であるとの意味から、南宮社と称したというのである。しかし筆者は、旧社地の南にあるからとか、国府の南方にあるからという理由で、南宮と名づけた例を知らない。それに諏訪大社や敢国神社に関しては、方位論では「南宮」と呼ばれる理由には該当しない。

ちなみに「南宮社」という表記の初見は、『今昔物語』第二〇巻第三五に「美濃ノ……南宮ト申社」の記事や、永萬一年（一一六五）六月『神祇官諸社年貢注文』（平安遺文第七巻「伯家部類」所引）に「美濃国南宮社」とみえる。『今昔物語』の成立は一二世紀前半とされている。また「南宮社」ではないが、平将門調伏に関する『扶桑略記』の記事中に、「美濃国中山南神宮寺」とあって、平将門の乱当時（九三九）に、「南宮社」の社名があったことをうかがわせる。

第五節　伊賀一の宮、敢国《あえくに》神社

それでは諏訪神社や南宮大社と同様に、「南宮」と呼ばれた伊賀国一の宮の敢国《あえくに》神社と、西宮神社境内の広田神社摂社の南宮社について考察してみたい。

　伊賀国一の宮の敢国神社の祭神は大彦命、金山姫命、少彦名命。

　大彦命は第八代孝元天皇の長子として大和国で生まれ、その子建沼河別《たけぬなかわわけ》命と共に四道将軍に任じられ、東国の攻略を果たされた方である。孝元紀に「大彦命は、是阿倍《あへ》臣、膳《かしわで》臣、阿閉《あへ》臣、狭狭《ささ》城山君《きのやまきみ》、筑紫国造、越国造、伊賀臣、凡《すべ》て七族の始祖なり」とある。大彦命とその子孫は、伊賀国の阿拝《あはい》郡を中心に当国を開拓して阿拝氏を名乗るようになり、後に敢、阿閉、阿倍、安部と呼ばれるようになった。敢国神社の北方約一キロの佐那具町に御墓山古墳があって、大彦命の御陵墓と伝えられている。ちなみに後述する金屋子神社宮司の安部家は大彦命の後裔といわれ、江戸時代には安部朝臣嘉富、嘉伯、嘉旧、嘉因、嘉章、嘉徳、嘉道にいたるまで七代、従五位下を賜わり、信濃守と称した記録がある。

　敢国神社の名が国史に見えるのは、延喜元年（九〇一）藤原時平が編集責任者となって撰上した『三代実録』が初めてだという。『三代実録』は、天安二年（八五八）から仁和三年（八八七）まで、清和、陽成、光孝三天皇の事績を編年体に誌した書である。その『三代実録』の中に、敢国津神と記されている。引き続いて醍醐天皇の延長五年（九二七）に藤原時平、忠平らが撰上した『延喜式』神名帳に「敢国神社大」とある。

　ともあれ平安時代の末には当社の社名は「南宮」と称されるようになっていて、保安三年（一一二二）の伊賀国東大寺出作封米返抄案に「南宮三昧《さんまい》」、同年の同寺出作成恒名封米返抄案に「南宮御宝前」、永万元年（一一六五）の神祇官諸社諸年貢注文に「南宮社」、『源平盛衰記』の範頼、義経京入事条に「南宮大菩薩」とみえる。

敢国神社が南宮と称されるようになった経緯について、貞享四年（一六八七）の『伊水温故』は、南宮山金山姫は天武の御世に美濃の南宮（南宮大社）より勧請したと書いている。南宮山は敢国神社と向きあうように、穏やかな笠状の山容を示す標高三五〇メートルの山で、頂上には末社浅間社が奉仕されている。もとは金山姫命の社殿があったという。『永閑伊賀名所記』は、藤原信西の「国分」を引いて、第六十四代の円融天皇の貞元二年（九七七）二月に、南宮山の金山姫命の祭殿が揺れ、「與阿倍久爾神同殿」という虫喰い文字が現われた。それによって南宮明神金山姫命を、本社敢国明神少彦名命と同所に遷し奉ったと書いている。しかし文亀《ぶんき》三年（一五〇三）の『延喜式神名帳頭注』には、敢国神社の祭神として金山姫命一柱をあげ南宮と号すと書いていて、種々の説が現われている。なお敢国神社の祭神を阿倍氏の祖大彦命としたのは、正徳三年（一七一三）度会延経の『神名帳考証』からで、この説にもとづき、現在では大彦命を主祭神とし、金山姫命、少彦名命を配してしる。

金山姫命と少彦名命は、敢国神社の最有力信徒である服部氏の祀る神であった。服部氏は平氏の全盛期に、家人として出頭した。伊賀国柘植庄には、平頼盛の家人として有名な平景清（服部氏）が出頭し、旧阿拝郡の中心には、服部庄に居住していた服部平内左ェ門家長が平知盛の家人として出頭した。家長は甲賀郡、阿拝郡、山田郡、伊賀郡、名張郡にも進出し、めざましい勢力伸長をみせている。

服部氏は伊賀国阿拝郡服部郷（現伊賀市服部町）に移住定着した秦氏の末裔であるとされる。伊賀国二の宮の小宮神社の神主だったと伝わり、この地を流れる服部川を呉服川《くれは》ともいうことから、伴造秦氏の統率下にあった呉服部が居住したと推定されている。代々阿拝郡の豪族として武威を誇っていたが、家長の時代になって、平家随一の武将といわれた新中納言知盛に随身し、急速にその勢力を増大した。

敢国神社の黒党祭はその昔、服部宗家の主宰する祭礼であった。十二月初卯の日に、少彦名命、金山姫命の両神を神輿に奉戴して、柘植川の花園河原（佐那具町付近）にある御旅所に移して、七日間歌舞、流鏑馬等を奉納する大祭典であった。その際、神輿の供奉者は服部氏族及びその家人に限られ、実質的には服部氏の私祭ともいうべきものであった。また全員が黒装束、いわゆる忍者の正装に身を固めるので、黒党祭と呼ばれた。ただ本来、黒装束は、製鉄のタタラ師（村下《むらげ》）の身づくろいに由来するものであるとされる。

黒党祭にみられるように、服部氏は伊賀忍家の宗家であり甲賀にも一族がいたことから、甲賀伊賀の山伏修験僧の庇護者として結びつきが深かったと考えられる。山伏たちは崇拝対象である不動明王や大日如来などの秘印を結べば、たちまちそれらの仏に変身し、その広大無辺な力によって相手を降伏させることができると説いた。この変身の論理は　大日如来の智拳印を結んで変身し、忍術を行なう忍びの者にも認められ、修験道と忍術の密接な関係が指摘されている。忍術のルーツは秦氏だとの説もあり、伊賀忍家の宗家である服部氏は、秦氏の末裔とされているのである。

敢国神社が「南宮」と呼ばれ、「南宮の本山」が信濃の諏訪神社であること、そして敢国神社を一宮諏訪神社と記した記録もある。敢国神社の相殿の祠に、敢国三神鎮護の神として、甲賀三郎兼家（諏訪明神）が祭られている。伊賀甲賀の山伏修験僧が、伝説上の甲賀三郎（諏訪明神）と、伊賀国阿拝郡に蟠踞《ばんきょ》していた伊賀忍者の宗家、服部氏を結んで、何か特別な関係があったのではないかと思われる。

さて『伊水温故』は、敢国神社が南宮と称されるようになったのは、天武の御世に美濃の南宮から金山姫命を勧請したことに由来すると書いている。それにしても何故、美濃国から金山姫命を勧請することになったのか。それに伊賀の土豪である服部氏が、南宮明神（金山姫命）と敢国明神（少彦名命）の両神を、何故、氏神として祀ったのかという疑問は解明されていない。

第六節　浜南宮

つぎに「浜南宮」と呼ばれた、西宮神社境内の南宮神社についてはどうだろうか。南宮神社の祭神は豊玉姫命、市杵島姫命、大山祇命、葉山姫命である。甲山《かぶとやま》の山麓、大社の里に鎮座する広田神社の「浜の南宮」として、古来著名な神社で、現在、西宮神社の境内にありながら広田神社の境外摂社になっている。浜南宮の由緒については、広田神社の真南に本社の別宮として本社と同様に、天照大神の荒魂（撞賢木厳之御魂天疎向津姫命《つきさかきいつのみたまあまさかるむかつひめのみこと》）を祀ったのが起源だと説明されている。

広田神社の創建については、『日本書紀』神功皇后摂政元年条に、神功皇后が三韓征伐に出発する際、住吉大神と天照大神の神託があり、和魂が皇后の身を守り、荒魂が先鋒として舟を導くとお告げになった。三韓からの帰途、忍熊王《おしくまのみこ》が皇后とお腹の中にいる皇子を亡きものにしようと明石で待ち伏せていた。それを聞いた皇后は武内宿禰に命じて、皇子を懐きて南海より出でて紀伊水門に泊まらしめた。皇后の船は難波を目指したが、船が海中でぐるぐる回って進めなくなってしまった。そこで務古水門《むこのみなと》に帰って、神意をうかがうと、天照大神の教えがあった。「我が荒魂をば、皇后に近づくべからず、当に御心を広田国に居らしむべし」と。そこで皇后は、山背根子の女《むすめ》葉山姫に天照大神の荒魂を祀らせた。これが広田神社の創建である。

このとき、稚日女尊《わかひるめのみこと》を生田神社（神戸市中央区）に、事代主神を長田神社（神戸市長田区）に祀らせた。また住吉神の荒魂を祀る祠が穴門山田邑（下関市）、住吉三神の和魂をまつる祠が大《おお》津渟名倉之長峡《つのぬなくらのながを》に設けられている（大阪市住吉大社）。

一般には、浜南宮というのは、広田本社の遙拝所を兼ねた別宮として海岸近くに祀られたもので、したがって本社と区別して、これを「浜南宮」とよんだものだと推測されている。大和岩雄さんは『神社と古代民間祭祀』のなかで、「要するに広田神社の南宮は、本宮に対する南宮であり、本宮そのものが南宮と呼ばれている他の三社とは、性格が異なっている」と結論づけている。

しかし広田神社の真南に位置する別宮だから「南宮」と呼ばれたという結論には疑問がある。

浜南宮の神殿の創設は平安初期頃とされ、当初は現在の西宮戎神社の全神域がその社地に包含されていたと思われる。御神体として剣珠と称される如意宝珠が奉祝せられ、南宮の象徴と崇められたと考えられている。つまりもともとは浜南宮という一群の社域の中に南宮社、児御前、衣毘須、三郎殿、一童社、松原社などが祀られていたが、エビス信仰が盛んになるにつれ戎社が独立して西宮神社となり、南宮社はその境内社になったと説明されている。

ところが広田神社本社の脇殿の四社のなかに諏訪御名方富大神を祀る「南宮」があり、これについて「南宮は諏訪大神即ち建御名方神を祀る。南宮は西宮の地にある当社の摂社南宮社を脇殿に祀ったものである」と説明されている。そうすると現在、西宮神社となっている社地にあった神々のうち、特に建御名方神をまつる神社を南宮と呼んだと理解すべきだろう。実際に長野県の諏訪湖周辺には「南宮」とか「浜南宮」という神社が散見されている。二つほど例をあげると、

明治四十二年、岡谷市西掘の村社八幡社に移転した南宮社は、『諏訪大明神画詞』祭四鯉馳《こいはせ》の行事を記した中に、「浜南宮《はまなんぐう》」とみえている。嘉禎三年（一二三七）の奥書がある『祝詞段』と『根本記下』には、それぞれ「浜南宮」「海《はま》ニ南宮」と載っていて、明治後期の遷座までは、横河川の下流、諏訪湖畔に鎮座していた。この社は往事、諏訪湖御神渡《おみわた》り注進状に神渡現象の方向を指示する目標地の一となった南宮木の所在地であった。

諏訪市豊田の上社摂社千鹿頭《ちかとう》神社は「浜南宮千鹿頭大明神」とも称し、建御名方神の御子神内県神を祀っている。北有賀の小丘上に鎮座し、諏訪湖を眺望する景勝地である。旧伝によれば建御名方神は信濃の開拓に当たって、この地に離宮を営んだ。また上社御頭祭に供される七十五頭の鹿の頭を用意した神社である。

このように、諏訪の「浜南宮」が湖畔の南宮という場所を表すことをみても西宮神社境内の南宮社を「浜南宮」とよんだのは、広田神社本社の真南にあったからではなく、あくまでも建御名方神を祭神としたからであろう。

『梁塵秘抄』巻二には「浜の南宮は　如意や宝珠の玉を持ち　須弥の峰をば櫂《かい》として　海路の海にぞ遊うたまふ」とあった。

一方、『万葉集』には、「綿津海《わたつみ》の手に巻かしたる玉襷《たまだすき》　懸けてし偲《しの》ひつ大和島根を」と書いた歌と、「海神《わたつみ》の手に巻き持たる玉故に　磯の浦廻《うらみ》に潜きするかも」と書いた歌がある。するとどうやら「浜の南宮」と「海神」は、なんらかの関係があるのではないかとの疑問もでてくる。諏訪の建御名方神にしても、青海首（大倭国造と同族）のまつる高志沼河姫を母神とし、海神の娘である八坂刀売神を妻としていたのである。

ところで神功皇后の三韓征伐の物語では、皇后は天照大神の荒魂が憑依した霊格、いわば化現《けげん》と信仰されたフシがある。『日本書紀』によると、皇后が三韓から帰還のおり、天照大神の荒魂が託宣して、わが荒魂を皇后に近づくべからず、広田社にまつれと告げた。そこで皇后は山背根子の女《むすめ》葉山姫に天照大神の荒魂をまつらせたが、これが広田神社の創祀である。

『摂津国風土記』逸文では、「皇后、摂津の国の海浜の北岸の広田の郷《さと》に到りたまひき。今、広田明神と号《なづ》くるは是なり」として、広田明神は即ち神功皇后だと書いている。

『諏訪大明神画詞』縁起上四段広田社の条には、神功皇后が広田社に鎮座の時、五社を建立したが、「所請、本社は皇后」と書き、また毎年正月九日、諏訪社の御狩と称して猪鹿を西宮の南宮にたむけたと書いている。

皇后御帰朝の後、摂州広田の社に鎮座の時、五社を建立せらる。所請本社皇后、八幡大菩薩応神、諏訪、住吉二神、及八祖宮是也。就中《なんかずく》、諏訪社の御狩と号して山林に望《のぞみ》て狩猟を致す。猪鹿一を得ぬれば則殺生を止也、西宮の南宮にたむけ奉る。礼奠今は断絶せず、一ヶの蹄員《しょういん》、外宮の生贄本誓にたかはず、八幡大菩薩、諏訪、住吉同体の由来ありと申、此謂也。

『画詞』では、広田社本社にまつられるのは神功皇后であり、皇后のお腹にいるのは八幡大菩薩（応神天皇）と書いている。

また脇殿に祀られる諏訪・住吉二神について、皇后の新羅御発向にあたって、天照大神の詔勅によって皇后守護のために化現したもので、三韓平定に大いに活躍したと書いている。

神功皇后は広田社に鎮座されたとき、諏訪神を祭った。そこで毎年正月九日、村民は門戸を閉じて林に入り、「諏訪の御狩」と称して狩猟をした。猪鹿一匹を得れば、直ちに狩猟をやめ西宮の南宮に供えたという。

これは『画詞』の記録にすぎないのだが、その記憶伝承からしても、西宮神社境内の南宮社を「浜南宮」とよんだのは、広田神社の真南に位置していたという理由によるものではなく、あくまでも諏訪大神建御名方神を祭神としたことによるものだろう。

第五章　金屋子神《かなやごかみ》

第一節　金屋子神とタタラ製鉄

「南宮」の意味について、真弓常忠氏は「南宮の本山」と称される諏訪大社の御柱と、製鉄の高殿の元山柱の関連を説く。さらに同氏は、諏訪大社の祭神は他の南宮と同様に製鉄の神であり、建御名方神の「ミナカタ」は文字通り、製鉄の神の座としての「南方」であることは間違いないと述べている。

『延喜式』には、諏訪大社の祭神建御名方神は「南方刀美《みなかたとみ》神社」とあり、『続日本後紀』承和九年五月条にも「南方刀美神」とある。真弓氏はこれを、タタラの高殿の南方の柱を元山柱と称してもっとも神聖視し、製鉄の神の座としたことに由来するとして、建御名方神を製鉄の神と考えた。真弓氏によれば、「南宮」は製鉄の神の座としての「南の宮」の意ということになる。

高殿の南方の元山柱というのは、天明四年（一七八四）伯耆国《ほうきのくに》（鳥取県）日野郡下原重仲の著した『鉄山必要記事』（『鉄山秘書』ともいう）所載の「金屋子神祭文」に次のように書いている。

高殿の四本《よもと》の押立柱《おったてばしら》の東の方は句句迺馳命《くくのちのみこと》、南の方は金山彦尊自ら守護《まも》りたまふ。

古来、たたら師の間では高殿の四本の押立柱の中でも、南方の柱をとくに元山柱と称して神聖視し、ここに神棚をしつらえて金屋子神をまつった。つまり「南宮」とは、製鉄の神の座としての南の宮を意味する。製鉄の神金屋子神を南方の柱に祀った理由について、真弓常忠氏は次のように書いている。

五行思想では、南は火の神の座であって金の神は西に配されるが、製鉄の場合は、火を用いて熔金を司るため、金の神は火の神と合体して、火の神の座である南に座するものと考えられる。（真弓常忠『日本古代祭祀と鉄』）

以上が真弓常忠氏の主張する「南宮とは製鉄の神の座である」という説である。

真弓氏の主張が正しいとすると、「南宮の本山」と称される諏訪の南方刀美神は、金屋子神社の祭神である金山彦天目一箇神と同一神ではないかという疑問が起きる。

『鉄山必要記事』所載の「金屋子神祭文」というのは、島根県安来市広瀬町西比田黒田鎮座の金屋子神社に伝わる「金屋子神祭文雲州非田ノ伝」のことである。それでは金屋子神とはどのような神かというと、『島根県大百科事典』は「金屋子神」を次のように解説している。

たたら師・鍛冶・鋳物師・炭焼きなどがまつる火の神、鉄業の神。金屋とは、上記の職能がまだ分化しなかった古代・中世のころ、これを総合する言葉として使用されていたもので、金屋子神とは要するにその金屋がまつる神という意味であった。

石塚尊俊氏は『鑪と鍛冶』のなかで、金屋子神についいして、次のように説明している。

採鉱冶金と鋳物師なり鍛冶が未分化であった古代・中世、これを金屋と呼んでいた。金屋は町に定住することなく、恒に資材を求め販路を求めて移動していたとされる。その金屋がまつる神が金屋子神である。

中国山地は古来のタタラ吹き製鉄の中心地であった。全国でも砂鉄埋蔵量のもっとも豊富な中国山脈を背後に負い、砂鉄の流出量の多い出雲の河川のほとりは、山脈を越えた吉備・安芸・播磨とならぶ製鉄の先進地帯であった。中国山系一帯でのタタラ製鉄の歴史は古く弥生時代にはじまる。記録にみえる最も古いものは、『出雲国風土記』の記事で、飯石郡の条に「波多小川《はたのおがわ》。鉄《まがね》あり」とある。仁多郡の条には「以上の諸郷より出す所の鉄堅くして、もっとも雑具《くさぐさのもの》造るに湛《た》ふ」とある。「鉄あり」とは波多小川から砂鉄を採ったこと、また仁多郡の諸郷で鉄生産が行われていたことを示している。

平安時代の『延喜式』や『政事要略』の記載によると、調・庸や地子雑物（地代）として鉄や鍬が定められていたのは、出雲・伯耆・備後・備中であり、これらの地域が古代における鉄の産地として知られていた。

製鉄の発展について述べると、わが国の鉄の歴史は砂鉄によって支えられてきた。鉄山業は鉄穴《かんな》流しから始まる。砂鉄を掘り出すところを鉄穴場《かんなば》という。花崗岩質のよく風化した山の崖を掘り崩し、その土砂を流水に落とし、濁水をさらって鉄分のみをすくいとる。その砂鉄採取者を鉄穴師《かんなし》といい、こちらは付近の農民の季節労働であった。

「鑪」（タタラ）は、粘土で築いた炉に、採取した砂鉄と木炭を装入し、吹子で風を送り、木炭を燃焼させて砂鉄を溶解する。そこに働く冶金工がタタラ師（鑪師）である。

もともとこのタタラということばは、一種の送風装置を意味することばであったらしく、『日本書紀』には「踏鞴《たたら》」の字をあてている。踏んで風を起こす鞴《ふいご》という心である。

タタラは中世、野ダタラ（野鑪）といわれ、至極簡易な土炉で、きわめて移動性の高い施設であった。野鑪《のだたら》（野踏鞴）を簡単に説明すると、山の中腹の平地を選んで木炭と砂鉄を交互に積み重ね、自然の通風によって砂鉄を燃焼して鉧《けら》を造る方式である。この原始的方法は奥出雲の砂鉄地帯の山野でさかんに行われた。やがて炉底から製鉄炉を築き上げ、固定して半永久的に吹く永代鑪へと進化する。ここにいわゆる製鉄炉（土炉）とふいご（鞴）を供えた建物全体も「高殿」と書き、たたらと読んだ。

こうして「高殿《たたら》」を中心に、鉧を砕く鍢場《どうば》や大鍛治場、元小屋（管理事務所）、米倉、炭小屋などの施設と職人および家族の住居を含めた山内が形成され、明治末期の洋式製鉄までつづいている。

第二節　金屋子神祭文

タタラ（鑪）をはじめ、鉄穴《かんな》・炭窯《すみがま》・鍛冶・鋳物師の職場では、金屋子神・金屋神・金鋳神・金井神・金谷神などと書く金屋子神の信仰があって、あるいは神社を建て小祠を建てて金屋子神をまつった。その範囲は中国地方を初めとして四国、九州の一部、東では関東、東北の一部まで及んでいる。安来市広瀬町西比田の金屋子神社は、各地の金屋子神社の総本社であるとされ、タタラ製鉄の守護神として鉄山師・村下《むらげ》（たたら製鉄場の技師長）の厚い信仰を受けた。

金屋子神社の祭神は金山彦命、金山姫命である。金屋子神社宮司安部正哉著『玉鋼《けら》の杜《もり》』所載の祝詞「金屋子神祭文雲州非田の伝」によると、当社の由緒は次のようである。

　金屋子神は、村人が雨乞いをしていたところへ雨と共に、播磨国岩鍋（兵庫県千草町岩野辺）に天降り、吾は金作りの金屋子神である。今よりあらゆる金器を作り、悪魔降伏民安全、五穀豊穣のことを教えようと。

かくして磐石をもって鍋を作り給うた。故にこの地を岩鍋という。だが此処には住み給うべき山がなかった。

　そこで、吾は西方を司る神なれば西方に赴かんとして、白鷺に乗って西国へ赴き、出雲の国能義郡黒田奥比田の山林に着き給い、桂の木に羽を休めておられたところ、たまたま犬を連れて狩に出ていた安部正重が発見し、やがて神託《しんたく》により、長田兵部朝日長者なるものが宮居を建立し、神主に正重を任じ、神は自ら村下となり給い、朝日長者の集めた炭と粉鉄（砂鉄）を吹き給へば、神通力の致すところ、鉄の湧くことかぎりなしと。


金屋子神社宮司の安部家は大彦命の後裔といわれ、近世中葉の安部朝臣嘉富から幕末の嘉通に至る七代の間、代々従五位下の宣下を受けている。代々信濃守と称す（『安部家由緒』）。

　さて祝詞によると、わが国の鉄鋼・鉄山業の繁栄は、その昔、金屋子神が播磨国宍粟郡千草町岩野辺から金屋子神社の奥宮「おおかつら」に飛来して、その地にいた安部氏の正重に鉄の製法を授けたのに始まるという。以来、奥出雲一帯に砂鉄による製鉄業が盛んになり、奥出雲吉田の田部家、続いて絲原家、桜井家、近藤家と鉄山業に従事してきた。これら鉄山師には鉄山業の祖神である金屋子神信仰が厚かった。

　金屋子神社では祭神は金山彦命、金山姫命としており、金屋子神と金山彦命、天目一箇神を三神同一の神としている。

　すなわち『金屋子神祭文』のなかで、「金山彦天目一箇神は、作金者《かなたくみ》が神なる事を知食《しろしめ》す。故、此の神を深く祀り玉ふ。」

「天目一箇神は鍛冶《かぬち》と成らせたまひ、先づ神宝《かんだから》は剣を初めとして一切《あらゆる》程の金物《かなもの》を次第次第《つぎつぎ》に造り賜う。神徳《みひかり》、代々に礙無く、金屋子ノ神と崇敬《あがめ》奉る。」

と書いている。これをみても金屋子神社では祭神の金屋子神と金山彦命、天目一箇神を三神同一の神としていることが理解される。

第三節　死の忌みを嫌わない金屋子神

柳田国男氏は、昔は祭の日に神主を殺す風習があって、その前年に神主の片目を傷つけて常人と区別したのではないかと考えた。いつの間にか、その風習はやんだが、その痕跡として「片目を傷つけた神」や「片目の魚」の口碑がのこった。すなわち神様が片目を怪我されたなどの口碑は、実は神様の代理の身におきたことだとの仮説を立てたのである。

柳田氏は、前述した諏訪神社の神使殺害の口碑を念頭において、右の仮説をみちびき出したのかもしれない。柳田氏はこうも書いている。

「自分などは信州諏訪の甲賀三郎さえ、なお一目神の成長したものと考えているのである」（『目一つ五郎考』）。

柳田氏は甲賀三郎（諏訪明神）は一ツ目神だったのではないか、と疑っているのだ。大祝の代理である神使惨殺のうわさのある諏訪神社では、神使は祭の前年に片目を傷つけられていたのではないか、と疑っているのだ。

ところで諏訪明神と金屋子神とでは、その伝承や習慣のうえで多くの一致点をみいだすことができる。その一つが「死の忌みを嫌わない」ということである。

鑪における禁忌と呪術について、石塚尊俊氏は『鑪と鍛冶』で、「鑪に働く鑪師や鍛冶のあいだには、農民や漁民のあいだでは見られぬ禁忌や呪術があった」として次のように書いている。

> 鑪師は、吹く番がくると、三日前から垢離《こり》をとって身を清めたし、家内の者もお父さんの番だとなると、食事から何からいっさい、いっしょにしなかった。火が悪くなったときにはことに厳重で、必ず別火をした。（播磨宍粟郡千種村　大鍛冶大工妻）
>
> 妻が月の穢にあるときは、夫の村下も一週間鑪へ出なかった。産のときは男の子ならば三日間、女の子の場合は七日間鑪を休んだ。（伯耆日野郡多里村　村下）
>
> 金屋子さんは女の神さんで、しかも醜女《しこめ》だから、女が大嫌いである。女は絶対に鑪の中に入れない。まちがってはいってきても必ず火戸《など》穴がつまる。（出雲仁多郡鳥上村靖国鑪　大鍛冶大工）

石塚氏はこのように書く一方で、タタラは通常には赤不浄以上に嫌われる黒不浄については、不思議といっこうにやかましくいわない。それどころか時にはむしろこれを歓迎するかの気風さえあったとして、次のような話を書いている。

金屋子さんは血の忌は嫌われるが、死の忌は嫌われない。鑪の押立柱に死屍を括《くく》りつけておいてさえよかったという話がある。（播磨国宍粟郡千種村　鑪師）

金屋子さんは死の忌を少しも嫌われない。四本柱に死体を括りつけておいてもよかったという。また比田の金屋子神社の本殿の下に瓶がいけてあって、その中には昔の村下の骨が入れてあるということだ。（出雲能義郡比田村金屋子鑪　鋼造）

「加計・隅屋絵巻」高殿図（阿部正哉氏提供）

金屋子さんには死の穢は問題ではない。鍛冶屋で調子が悪いときには、よくなるようにというので死体を四本柱に押立て置いた。いまにこの柱を押立柱という。炭焼が炭を焼くときに、棺桶の木切れを海岸から拾ってきてくべると具合がよいという。（出雲簸川郡田儀村　炭焼）

金屋子神が自ら村下となって七ヶ所の鑪をまわっておられたとき、道中に犬あり、吠えかかったので、逃げんとせられた。ところが鑪の戸前に麻苧《あさお》の乱れたのがあって、それに足をとらわれて倒れて死んでしまわれた。

それで鉄が湧かぬようになって一同困りはてていたところ、神が託宣して、自分の死骸を葬るな、タタラの押立柱に立てかけよといわれたので、その通りにしてみたところ、鉄がもとに変わらぬように吹けてきた。（下原重仲『鉄山秘書』鉄山に畜犬ヲ嫌ヒ穢事の条）

金屋子神は死体好きで、鉄の湧かぬ時の呪術として、死人をタタラの元山柱にくくりつけたとか、また炭がまでうまく火がまわらぬ時には、村はずれに捨ててある棺桶の木切れを拾ってきて焚いたとか……そうすると、鉄がもとに変わらぬように吹けてきたとかいう話がある。こういう迷信は『呉越春秋』第二に伝わる干将莫耶《かんしょうばくや》夫婦の伝説にヒントがあるかもしれない。

干将莫耶の伝説によると、干将《かんしょう》は呉王の命令により剣を作ろうとするが、三ヶ月経っても成功しない。理由を妻の莫耶《ばくや》に尋ねられた干将は、かつて自分の師、欧冶子が、同じようにうまくいかなかった時、妻とともども炉に入って治まったことを語る。そこで莫耶は髪と爪を切って炉中に投入し三〇〇人の童男童女に命じフイゴの風を起こさせ、鉄を溶融して剣を作り出すことに成功したという。

製鉄の作業にあたって、「金屋子さんは死の忌みは嫌わない」、「押立柱に死屍を立てた」という習慣は、あるいは干将莫耶にみられる製鉄の炉への犠牲、さらには人身供儀の伝統を古代日本の製鉄文化の基層に持っていたことになる。

第四節　諏訪明神と金屋子神の一致点

諏訪明神と金屋子神とにまつわる伝承や慣習には、多くの一致点をみいだすことができる。「死の忌みを嫌わない」というのもその一つだが、いま他の一致点を箇条書きにすると、

一、白鷺は神使
二、桂の木に「現形召される」神
三、白狐は神の乗り物
四、七十五という数字
五、藤が好き
六、高殿の押立柱と諏訪社の御贄柱

ということになる。それではその一致点を説明しよう。

一、白鷺は神使《かみのつかい》

「金屋子神祭文雲州非田ノ伝」によると、金屋子神は白鷺に乗って播磨国岩鍋から出雲国黒田奥比田の山林に飛来し、桂の樹の枝に羽を休めておられるところを、神主の祖、安部正重によって発見されたと伝えられている。石塚尊俊『鑪と鍛冶』は、金屋子信仰の伝承者である「金屋」は、また

炭焼小五郎譚の撤布者であったと書いて、金屋子信仰は本来、八幡信仰と同系であったと推察する。

八幡神が本来鍛冶神であることは、柳田国男『炭焼小五郎が事』に書かれて以来、今日では通説になっている。実際、八幡神は一面、鍛冶の神として信仰されていて、『宇佐託宣集』第五巻には、八幡出現の伝説を、「豊前国宇佐郡厩峯菱形池之間、有㆓鍛冶之翁㆒首甚奇異也」と書いて、鍛冶之翁の縁起を語っている。鍛冶神といえば八幡神、その一方で八幡信仰を運んだものが金屋であり、しかしてこの神の名が金屋子神であることを考えるとき、当然に因縁の浅からぬものを感ぜざるを得ない。

金屋子神の降臨譚では神を運んだものが白鷺であったが、実は白鷺は八幡の遣《つかわ》し女であり、かつ朝日長者の福神でもあったというのがある。朝日長者の福神でもあったというのは『豊薩軍記』に、白鷺は朝日長者の福神にてありけるが、飛去りたまひて後は長者の威光次第に減少したとある。実は諏訪明神のお使いも白鷺とされていて、大正三年神宮司庁編集になる『古事類苑』に、諏訪明神の神使は鷺であると記載されている。

また先述したように『諏訪大明神画詞』縁起上広田社の条には、広田社に「諏訪社の御狩」と称す狩猟神事があったと書いたうえで、「八幡大菩薩、諏訪、住吉同体の由来あり」と書いている。住吉大社は毎年五月初卯日の卯之葉神事で、「五所御前」に卯の葉の玉串を捧げている。これは住吉大社創建伝承にちなむものだ。現在、「五所御前」は高天原とも称され、社伝では神功皇后が住吉大神の奉斎場所を探す際に、三羽の鷺が杉の木にとまったことによるとしている。八幡、諏訪と同様に住吉大社でも鷺を神使《かみのつかい》としているのである。

二、桂の木に「現形《げぎょう》召される」神

伝承では金屋子神は、現在の金屋子神社の西北の字名「おおかつら」と称される奥宮の桂の木に舞い降りた。それを見つけた安部正重が社を建立し、神を村下としてこの地でたたらを吹いた。金屋子神の神祠は「おおかつら」の大きな岩の露頭の上にのっているが、周辺には桂の樹が植えられている。しかも金屋子神の降臨地を広瀬町比田黒田の里、桂木山ともいっている。

金屋子神はかつてたたらの守護神となり、製鉄職人たちの尊崇を集めた。もちろんそれは今日でも変わることはない。横田町の「日刀保たたら」では高殿の傍らの、桂の木の根元に金屋子神の小祠が祀られている。金屋子神は高殿内の正面の神棚にも祀られ、全操業が終了すると、操業員および関係者全員が操業の無事を感謝しつつ、お参りするのがならわしとなっている。

ところで諏訪上社大祝の職位式というのも、古くは「かつら」の木の下の磐坐《いわくら》で行われていたようである。諏訪明神の「我に躰なし、祝を以て躰とす」という神勅から、童子に御衣を脱ぎ着せることをもって現人神大祝とする。この大祝職位の神事は、代々、上社前宮にある鶏冠大明神でおこなわれていた。鶏冠大明神は「楓の宮」「柊《ひいらぎ》の宮」とも呼ばれ、柊木の下にある末広形の平らな石の上に葦《あし》をしき、そこに白衣の童子がすわり、穀《かじ》の葉散らしの錦織の袴を着け、山鳩色の束帯を整え加冠され、大祝即位の儀式をとり行うのである。こうして神長守矢氏により御衣を着せられることによって童子は御衣着祝大祝となり現人神となる。

ところで大祝職位式のおこなわれる鶏冠大明神は、「柊《ひいらぎ》の宮」とか「楓《かえで》の宮」「めかつらの社」

ともいわれた。柊の木の以前は、楓が神依木であった時代があったことをうかがわせる。楓《ふう》の木は本来、中国では風の神の宿る木とされてきた。諏訪明神は兵主神、すなわち「風の神」なのである。

現在は「楓の宮」を「かえでのみや」と訓でいるが、この社が「めかつらの社」ともいわれていたことを考えると、「楓の宮」を「かつらの宮」と訓むべきではないだろうか。

『広辞苑』によると、「楓、フウ」は「カエデとは別種で、マンサク科の落葉喬木」とあり、古名を「かつら」「おかつら」としている。また、「桂。カツラ科の落葉喬木。古名雄かづら」とあるからだ。「楓の宮」は「かつらの宮」であったと思われるのだ。要するに大祝職位式のとりおこなわれる鶏冠大明神の勧請木は「かつら」(楓)であって、末広形の石が「降臨石」ということになって、まさしく金屋子神降臨譚の神依木と一致してくるのである。

古く「楓」の字を「カツラ」と訓ましたであろう例としては、室町中期の明応八年(一四九九)に編纂された『山城州葛野郡楓野大堰郷広隆寺来由記』をあげることができる。ここでは葛野大堰を「楓野大堰」と書いていて、古く「楓」字を「葛」「桂」と同様に「カツラ」と訓んだと思われる。葛野大堰とは、桂川の氾濫を防ぎ、葛野郡の土地を灌漑するための大堰である。

また『上宮聖徳太子伝補闕記』には「山代国楓野村」とあって、ここでも葛野村の古名として楓野村と書いている。

鶏冠大明神を「楓の宮」と書いたのも、「かえでのみや」と訓むべきではなく、「かつらのみや」と訓むべきだろう。諏訪社の創祀当初は、ここに桂の樹が神依木となっていたと思われるのだ。

いきなり中国神話ですが、黄帝との戦争に敗れた蚩尤が楓の木に変わったという伝説がある。神農氏の世の末期（帝楡罔《ゆもう》の代）、蚩尤は黄帝と涿鹿《たくろく》の野に戦って敗れ、捕えられる。最後に蚩尤が殺される時、逃げられるのを恐れて手枷と足枷を外さず、息絶えてからようやく外された。身体から滴り落ちた鮮血で赤く染まった枷は、その後「楓（フウ）」となり、毎年秋になると赤く染まるのは、蚩尤の血に染められた恨みが宿っているからだという。赤い色は蚩尤を示すともされ、赤旗を「蚩尤旗」と言った。のちに漢の高祖劉邦は江蘇省徐州府沛県で挙兵した際に、黄帝を祀り蚩尤を沛の庭に祭り牲の血を鼓に塗って神に捧げ、軍旗はみな赤とした。

涿鹿の戦いで、蚩尤に味方したのは九黎《きゅうれい》族と北方に住む巨人族の夸父《こほ》だった。九黎は中国神話に登場する民族の総称のひとつである。黎氏は大きく分けて九つの民族、小さくわけると八十一の氏族があったという。蚩尤は九黎の一族の長であったと考えられ、『国語』（楚語、下）の注には、「九黎、蚩尤之徒也」とある。

戦いに敗れた九黎族は逃れて三苗となった。『書経』の「呂荊」によると、黄帝は敵討ちを心配して苗民を皆殺しにしようとした。しかしこの南方の民を根絶やしにできず、その後、三苗人は歴代の王を執拗に悩ます手ごわい敵となった。

苗族は昔は黄河流域に住んでおり、黄帝に敗北したため今の苗族の居住地である貴州や西湘、鄂西南といった地域に移り住んだ（『苗族史』）。苗族は楓の木を象徴的に信仰し、いわゆるトーテム信仰を行っており、楓の木が自分たちの祖先であるとして代々大切にしてきた。そして楓の木から苗族の祖である蝴蝶媽媽が生まれたと言っている。楓の木を介して蚩尤と苗族がつながり、かくて苗族の祖先が蚩尤が率いた九黎であるとの説もある。

黔《けん》東南の苗族古歌の中には「楓木歌」があり、歌詞には苗族の祖として、蚩尤ではないかと思われる神様を奉った内容が含まれているという。そのため、川南、黔西北一帯に蚩尤廟があり、蚩尤は苗族から供養されている。勿論これは最近の話で、中国の観光行政の賜物である。

中華人民共和国の湘西トゥチャ族ミャオ族自治州花垣県（湖南省）では、二〇〇一年に「苗族始祖蚩尤像」という蚩尤の大立像が建造された。また、彭水ミャオ族トゥチャ族自治県（重慶市）には、「蚩尤九黎城」という蚩尤を祭祀した施設があり、二〇一四年には九黎神社という高さ二十四メートルにもおよぶ石刻柱が建てられている。

このような蚩尤関係の顕彰は、苗族における民間伝承や祭祀を根拠としていて、近年では「苗族の始祖は蚩尤である」と考える傾向が強くなっており、中国では論争になっている。

さて、古代中国神話では、黄帝に殺された蚩尤が楓の木に変わったと伝説されている。日本では、かの安居院《あぐい》『神道集』の甲賀三郎物語の主人公、甲賀三郎（諏訪明神）の氏神を近江兵主大明神、すなわち蚩尤としている。そして諏訪上社の鶏冠大明神においては、大祝の職位式は古く楓の木の下で行われたと思われるのです。

三、白狐は神の乗り物

出雲飯石郡吉田村の菅谷鑪の村下、堀江要四郎氏の話では、金屋子さんは初め備中の中山に降りられ、そこからさらに西へ飛んで出雲の西比田へ降りられた。そのとき白狐に乗って降りられたが、四つ目の犬が吠えかかったので、驚いて逃げようとされた。その拍子に、麻苧《あさお》に絡まって倒れ、死んでしまわれた。それで金屋子さんは犬と麻が嫌いである。（石塚尊俊『鑪と鍛冶』）
安部氏の祖正重は、「犬」を数多ひきつれて狩に出て金屋子神を発見した。真弓常忠『日本古代祭祀と鉄』によると、「犬」とは砂鉄を求めて山野を跋渉する一群の人びとの呼称である。そうすると「四つ目の犬」というのも、古代中国の鋳物神蚩尤が、「四目六臂」とされていることと関わりがありそうだ。要するに安部正重は製鉄のタタラ師集団の頭目だったと推測できる。それでも金屋子さんは犬が嫌いということになると、採鉱冶金の神が採鉱冶金の徒を恐れることになり、理屈にあわない。そこらへんはどうもよくわからない。

ただ金屋子さんは白狐に乗って降りられたという伝承になると、『玉鋼《けら》の杜《もり》』には「出雲、伯耆地方では、金屋子狐といって、鉄山師等を狐持ちと呼んだ」と出雲地方の迷信を載せている。山陰・山陽の鑪地帯ではどこでも、金屋子神を女神だといっていて、しかもその相好はすこぶる醜《しこ》であったと書いている。

金屋子神乗狐図

金屋子神の絵姿を描いた掛軸は島根県を中心に残っているが、いわゆる「金屋子神乗狐掛図」といって、剣をもつ女神が狐に乗る姿に描かれたものが多い。石塚尊俊氏は『絵図に表わされた製鉄・鍛冶の神像』（金屋子神話民俗館編）で、「金屋子神の絵姿には大きくいって三つの構図があり、一つは剣あるいは如意を執る女神が白狐に乗る姿に描くもの、一は剣もしくは宝珠を持つ女神と男女二人の侍者との三体の姿に描くもの、そしていま一つはこれらとは違って、神の姿を顔おぞけなる三宝荒神の相に描くものである」と記している。

金屋子神の乗物は白狐であるというのだが、実は諏訪大社でも「狐は諏訪明神の使いというから……」（『諏訪大社』三輪磐根）ということになっている。狐は諏訪明神の使いというのは諏訪大社に古くから言い伝えられてきたことであろう。

近松半二、三好松洛《みよししょうらく》たちが合作して、明和三年（一七六六）の初興業から大当たりした本朝二十四孝の人形浄瑠璃は、武田信玄と上杉謙信両家の争いを骨組みにした作品で、一躍世間に諏訪法性兜を有名にした。

上杉謙信の息女八重垣姫が、許嫁《いいなずけ》である武田勝頼（信玄の息子）の危急を救うために、諏訪明神の使い狐の霊が宿る諏訪法性兜をもちだして、勝頼のあとを追う。そのとき諏訪湖は氷がはりつめており、船に乗ることもできない。「ああ翅《つばさ》が欲しい、羽が欲しい、飛んで行きたい、知らせたい、逢ひたいみたい」と兜に祈願すると、狐の霊が姫に乗り移る。狐の通力を得た姫は、飛ぶが如くに湖を渡っていく。浄瑠璃は、

真《まこと》や当国諏訪明神は、狐を以て使はしめと聞きまつるが、明神の神体に等しき兜なれば八百八狐付添ひて、守護する奇瑞《きずい》に疑ひなし。オヽそれよ思ひ出したり、湖に氷張詰むれば渡り初めする神の狐、その足跡を知る辺にて、心安う行交ふ人馬、狐渡らぬその先に、渡れば水

に溺るとは、人も知ったる諏訪の湖。たとへ狐は渡らずとも、夫を思ふ念力に神の力の加はる兜、勝頼様に返せとある諏訪明神の御教へ、ハ、アハハハァハ………忝《かたじけな》やありがたやと兜を取って頭《こうべ》に被《かず》けば、忽ち姿狐火のこゝに燃立ちかしこにも、乱るゝ姿は法性の、兜を守護する不思議の有様……。（にっぽん文楽『本朝廿四孝』奥庭狐火の段）

諏訪法性兜といわれるものはいま、下諏訪町博物館に展示されている。武田信玄はこの兜を諏訪社から借りて戦場に出て、いつも勝ったといわれている。

四、七十五という数字

『金屋子神祭文』には、天降った七十五柱の童神《わらわかみ》が七十五品の道具をもって土を動かし高殿を建設したと述べ、また木を伐って杉の柾《まさ》の鞴《ふいご》を作ったと語られている。

神、託げて曰く、先づ此の所に火《ほ》の高殿《たかどの》を建てよと宣ふ。神教《みおしえ》の任《まにま》に造らしめ、天に向ひて行ひたまへば、七十五はしらの童神天降らせたまふ。自らは村下《むらげ》と為りたまひて、七十五品の作道具《うつわ》もて土を動かし木を手折りて杉磨作《すぎまさ》の鞴《たたら》を作りたまふ。

ここで七十五柱の童神と七十五品の道具という数字が出てくる。実は七十五という数字は、諏訪社にも奥深いつながりがある。諏訪大社上社には年間七十五度の神事があったとされる。そのうち上社第一の盛儀であった大御立座《おおみたちまし》の神事にさいして、十間廊における饗膳の式の眼玉として鹿の頭七十五を供えている。面白いことに、そのうちには必ず耳の裂けた「高野《こうや》の耳裂け鹿」があって、諏訪大社の七不思議になっている。

大御立座神事は、酉の日に祭るために「酉の祭り」とも、あるいは諏訪一郡の各頭郷の負担と奉仕によって行われたので御頭祭ともいわれ、古くから非常に盛大に行われたものである。

大御立座《おおみたちまし》とは尊貴の人の出で立ちを意味する。ここでは正月元旦、御室における神使御頭御占神《おこうおんとうみうら》事によって選出され、永い精進生活でミシャグチの霊威を身につけた六人の神使が進発することをいう。これを神使の御立ちましと称したのである。

諏訪社の年間七十五度の神事と神前に供えられた鹿の頭七十五というのだが、出雲の古社、佐太神社の祭祀が、古くはやはり年間七十五度あった。あるいは東京都府中市大國魂神社の真夜中に行われた暗闇祭りのときに、古くは七十五度の御饌催促の儀があったという。七十五の数字が出雲の神々と金屋子神とのつながりを示唆するものである。

七十五の数字に関係して、能登の鵜祭について付記したい。これは能登半島東岸の鵜浦で捕獲された若鵜が西岸の気多大社の鵜祭に参拝におもむくという神秘な祭りである。その途路、一行は鹿西町の鎌宮諏訪神社に立ち寄り、奇妙な卜喰《うらはみ》の神事を行う。石上に鵜を放ち、「諏訪の御贄」と称する鯉七十五尾を投げ与える。この時、宙で受ける鵜、地で受ける鵜の様子で吉兆をうらなう。諏訪鵜飼のルーツは能登だといわれるが、諏訪と七十五という数字は不思議に関係が深い。

ところで蚩尤は八十一人、またある伝説によると七十二人の兄弟の一人で、みな獣の身で人の言葉を解するという半獣半人の怪物群の一人であった（貝塚茂樹『神々の誕生』）。

蚩尤と黄帝との涿鹿《たくろく》の戦いでは、勇敢で戦の上手い九黎族と北方に住む巨人族の夸父《こほ》が蚩尤に味方している。蚩尤は九黎の一族の長であったとも考えられていて、『国語』（楚語下）の注には「九黎、蚩尤之徒」とある。

一説に九黎《きゅうれい》という存在は、複数の民族、氏族の総称であるという解釈が、古くから存在している。黎氏は大きく分けて九つの民族、小さく分けると八十一の氏族（あるいは部族）があったという。蚩尤と同じ姿をした兄弟が八十一人（『魚龍河図』）、あるいは七十二人（『述異記』）いたという記述は、蚩尤が九黎の八十一の氏族の君主であったことを指しているのだろう。ひるがえって『金屋子神祭文』に、天降った七十五柱の童神が高殿を建設したと述べていることは、鋳物・鍛冶の神蚩尤の八十一人あるいは七十二人の兄弟の数と符合するものがあるのではないだろうか。

五、藤が好き

タタラで働くムラゲ、スミサカ、カネウチといった技術者のあいだでは、町に住む鍛冶や鋳物師などとは比較にならぬほど作業の規模が大きく、したがって責任も大きかった。そのために禁忌と呪術というようなことも遅くまで残っていた。鑪における禁忌の第一は、動植物の禁忌であって、動物では犬、植物では蔦と麻が禁忌であった。（安部正哉『玉鋼の杜《けらもり》』）

「むかし金屋子さんが天降らっしゃったとき、犬が吠えかかったので笹山へ逃げこみ、蔦にさばられたが切れてしまった。そこで今度は藤にさばられたところ、これは大丈夫で、それにさばって

助けられた。そこで金屋子さんは、犬と蔦が嫌いで藤が好きである。」（出雲仁多郡鳥上村靖国鑪小田川健太郎氏）

「金屋子さんが天から降りさっしゃったとき、藤蔦に伝わって降りられた。それで今でも炭竈の最初のときには藤蔦を供えることにしている。」（出雲簸川郡山口村。炭焼き。神西栄太郎氏）

金屋子神が藤を好まれ、炭がまでも最初のときには藤つるを供えたという。実は諏訪明神降臨譚において、この地に先住していた洩矢（守屋大臣）と諏訪明神が合戦したときに、明神が藤の枝をもって洩矢を制圧したという話が語られている。ここで『画詞』祭第四が述べる諏訪明神降臨譚をみておきたい。

抑《そもそ》も、此の藤島の明神と申すは、尊神垂迹の昔、洩矢の悪賊、神居をさまたげんとせし時、洩矢は鉄輪を持してあらそひ、明神は藤の枝を取りて是を伏し給ふ。終に邪輪を降して正法を興す。明神誓いを発して藤枝をなげ給ひしかば、即ち根をさして枝葉をさかへ花蕊《はなしべ》あざやかにして、戦場のしるしを万代に残す。藤島の明神と号す此の故也。

「洩矢」というのは、神長守矢氏の先祖である。『守矢氏系譜』では、祖先を「洩矢神」としている。明神が天降りの昔、茅野市域に蟹河原長者、武居会美酒《たけいえびす》などの先住民がいた。なかでも洩矢神が明神の居住を禦《ふせ》ごうとした。当砌《とうみぎり》は洩矢の所領であったというのである。

争論でも合戦でも雌雄が決せず、明神は藤枝を持ち、洩矢の悪賊を伏した。この時に明神が誓いをたてて藤の枝を投げた場所に、藤が根付いて枝葉を栄え、藤島の明神となった。いま岡谷市川岸上、諏訪湖の水が天竜川となって流れ出る釜口地点に荒神塚があって、これが諏訪明神建御名方神が洩矢神に相対して陣を張った跡と伝わる。対岸には洩矢社がある。

ここのところ『大祝信重解状』では、明神が藤鎰を持ち守屋大臣は鉄鎰を持ち、このところにかけて引き合った。勝った明神が守屋大臣を追罰した後に、藤鎰を植えたのが枝葉を栄えたので、「藤諏訪の森」と号すとある。このように諏訪明神にとって、藤はきってもきれない植物なのであった。

明神が藤を植えるなり投げるなりして、その場所に藤が根付いて藤枝葉を栄え、藤島の明神となったというのは、諏訪大社上社摂社の藤島社のことである。鎌倉時代、六百年以上前から、本社の東北五百メートルの地にある藤島社の前の御作田で、六月晦日に田植神事が行われてきた。この日植えられた稲は、わずか三十日間で成熟し、八月一日の憑の神事に、その初穂を御射山の山宮にます神に奉献されている。『諏訪大明神画詞』六月の条に「卅日をへて熟稲と成て八月一日神供に備。当社奇特の其一也」とあり、上社七不思議の一つ「御作田の早稲」として伝えられている。

昭和四十六年に、地区の区画整理事業で、藤島社は元の場所から中央自動車道の東南下方に移転している。

六、高殿の押立柱と諏訪社の御贄柱

諏訪神社上社の御狩神事について、『諏訪大明神画詞』諏訪祭春上正月一日の条に、

「そもそも狩猟の事は、本誓の如くば一年中四ヶ度、各三ヶ日、彼是十二ヶ日なり」と述べている。五月会御狩（五月二日〜四日）、御作田御狩（六月二十七日〜二十九日）、御射山御狩（七月二十六日〜二十八日）、秋庵御狩（九月下旬の三日間）である。

『大祝信重解状』によれば、これら四度の御狩神事は坂上田村麻呂が諏訪明神の託宣によって設けたものだという。なかでも御射山御狩は五月会御狩とともに、「国中第一の大営の神事也」として、「桓武天皇の宣下を奉じ定め置かるる神事なり。皇敵追討の賞なり。本朝奇徳の神事、厳重豈斯に過ぐる無からむならんや」と古代から続く神事だと書いている。

上社においては、古くから鹿・鳥・猪・兎・魚などを狩猟し、神への捧げ物である御贄《みにえ》としてきた。その肉や魚は、上社の年中行事に供えられる饗膳にあてられ、神人相嘗（共食）に用いられた。『年内神事次第旧記』には「鹿なくては御神事すべからず候」とある。特に鹿の肉を贄として、鹿を獲得する狩猟を御贄狩と称したのであった。かくて上社の大御立座《おおみたちまし》神事には、鹿の頭七十五とか、禽獣《きんじゅう》の高盛、魚類の調味美をつくす」とあって、その他の神事にも動物の贄が多く用いられた。もともとは諏訪明神に捧げる生贄として、鹿を獲得するための狩猟儀礼に端を発したものと考えられている。

さてこれら上社の年間四度の御狩は、諏訪地方の農耕に伴う豊作儀礼との関係が指摘されている。四度の御狩と播種・田狩・穂ばらみ・収穫という稲作の季節のリズムと共振して行われている。五月会御狩と五月会、御作田御狩と藤島社御作田での田植祭、御射山御狩と憑神事《たのみ》、九月下旬、寅申日の秋の大祭の贄を獲得する秋庵《あきいほ》御狩である。この四度の御狩神事が、稲作の季節のリズムと共振しておこなわれるというのだ。

『諏訪市史』は諏訪の年間四度の御狩は、稲作儀礼の意味を含んだものとなっているとして、「諏訪社の御狩は「畋猟《でんりょう》」（『画詞』）といわれていた。このことからも農耕に伴う豊作儀礼のための御贄の狩猟であったことがわかる」と書いている。「田」は古くは「畋」（デン）という字で、「畋猟」と熟して狩猟することをいう。

『諏訪大明神画詞』では、大明神が昔、天竺波提国の王であったことを誇り、さらに「仏道を成すため」鹿野苑で狩猟をしていたとの物語を載せている。さらに物語の最後に、「ここに知りぬ、神明慈悲の畋猟は群類済度の方便なりということを」と書いている。神明（諏訪明神）が畋猟（狩猟）の行為をすることは、仏が群類（生類）を済度（苦しみから救う）することである。すなわち神の畋猟は、仏・菩薩が衆生を苦海から救って悟りに至らしむことであると述べている。

さて『諏訪大明神画詞』によれば、諏訪神社上社本宮は三壇で構成されていた。さらに「下の壇は松壖柏城《しょうせんはくせい》甍を並べ拝殿、廻廊軒をつらねたり。垂迹の化儀を専らにして魚肉の神膳を此の所に供す」と書いている。現在、本宮二之御柱の右脇に、樹高三十五メートルにもなる諏訪市天然記念物「贄掛《にえかけ》の大欅《おおけやき》」がそびえている。その案内板に「ケヤキは樹齢約千年で、古くは贄、御狩の獲物（お供物）を掛けて祈願したことから贄掛けの欅と呼ばれた」と書いている。

これに関連して藤森栄一『諏訪大社』では「神楽殿のある下段、すなわち第一段が氏子達の祭りの場で、贄掛け棚があり、いろいろな獣が掛けられていた」と解説している。

それから考えると神楽殿から大欅にかけて棚が設けられ、狩猟で獲得した生贄を神へのお供えとしてかけ並べていたのだろう。

先述したように諏訪神社の御狩は、諏訪明神に供えるための生贄を獲得する狩猟である。その年間四度の御狩神事のうち、「押立」という言葉で記録されているのは押立御狩（五月会御狩）と御作田押立（御作田御狩）である。「押立《おしたて》」とは、普通、狩装束の大祝を中心に祠官らの行列が「押し立てて」狩りに出発する意味と解釈されている。

ここで製鉄の高殿《たたら》の四本の柱を「押立柱《おったてばしら》」と呼んでいたことに注意したい。「鍛冶屋で調子が悪いときには、よくなるようにということで、死体を四本柱に押立て置いた。いまにこの柱を押立柱という。」（石塚尊俊『鑪と鍛冶』出雲田儀村炭焼談）

「押立柱」の名前の由来は、鉄が湧かないときに、金屋子神（実態は村下）の死屍をタタラの四本柱に「押し立てた」（立てかけた、または括りつけた）からだというのだ。諏訪明神と製鉄の神の祭りかたの奇妙な名前の一致である。そのように考えると「押立」には生贄を御贄柱にくくりつけて供えるという意味があったのではないだろうか。

諏訪上社三月酉《とり》の日の御頭祭《おんとうさい》に御贄柱《おんねばしら》が登場する。御贄《おにえ》柱のことだが、これは御杖《おんつえ》、御杖柱とも称して長さ七尺三寸（約二・二メートル）の無節の檜の角柱の上端をとがらせたものである。御贄柱には柳の芽《め》、白いこぶしの花、ジシャの黄色い花、檜の葉をとりつけたとか、「髪筋一両を付けた榊」を取りまとめて束にしたとか、『画詞』に書かれている。神使がこれに触れると神使は倒れる。これはミシャグジの霊威を身につけた表現であろうとされる。

本来、御贄柱《おにえばしら》というのは、精進屋（御頭屋）の近くに鳥居型に建て、贄の鹿肉を掛ける柱をいう。御贄柱の長さ二間半（約四・五メートル）というから、大変長いもので、それを二本使っている。この鳥居型に組んだ御贄柱に、鹿肉を御贄串（長さ七五センチ）にさして、掛け並べたということだ。

正月一日の前宮御室社における御占によって選ばれた御頭郷は、精進屋に近く御贄柱を建て、神使の精進潔斎に供える。神使は一ヶ月間の精進によって御左口神の霊威を身につけ大御立座《おおみたてまし》神事に臨むことになる。精進潔斎が終わると精進屋は取り壊される。

御頭祭では、神使を立木に縄で縛りつけたとか、「江戸時代にはオンネン柱（御杖）を神使が背負っていた」（藤森栄一『下諏訪町誌』）など、謎にみちた話はきりがない。御杖を御贄柱と呼ぶことについて、三輪磐根『諏訪大社』は、

「御杖《おんつえ》……これを別名オンネン柱、オンネ柱とも称するが、これは神使の精進屋における御贄柱と混同したものである。また、オンコウ柱ともいうのはオコウさまによるものである。」

と書いている。しかし筆者は、御杖を御贄柱と呼ぶのは、神使をミシャグジ神の生贄とした古俗の名残りではないかと思っている。

藤森栄一氏は御頭祭の神原の庭上の場面を、

「しかしまた『社例記』によれば、少なくとも江戸時代では神使の二人の身に御宝を懸け、オンネン柱（御杖）を神使が背負っていた。これもおそらく、神使が、御杖と御宝を背負っていたと考えて間違いないだろう」と書いている（『下諏訪町誌』藤森栄一）。藤森氏によれば、『画詞』の神長本にははっきりと、「御宝を御杖に懸けるとある。どうも、元来が、御杖と御宝（鉄鐸）とは一

緒のものらしいのである」ということである。

蚩尤は戦の神であり、原初的には狩猟を管掌する霊格である（松村武男『日本神話の研究』）。その蚩尤（兵主神）を氏神とする諏訪明神は狩猟の神であり、また御贄柱に生贄を要求する製鉄の神なのであった。

ところで御杖柱は現在では『神長守矢史料館のしおり』にあるような「角柱」だが、古くは「御杖」と呼ぶ、榊枝に髪の毛を結び付けたものを束ねた杖の長さ軽さだったそうだ。延宝七年（一六七九）に幕府の命で書き上げた諏訪神社上社の調書『社例記』には、「五官祝榊ハ矛矢一手葛を以て御杖にまとめる。神使これを取り上段（大祝）に捧ぐ」とある。延宝七年にはまだ小童が鉄鐸を付けて捧げるくらいの「杖」であった。現在のヒノキの「角柱」に代わったのは一六八〇年以降のこととなる。

第五節　金屋子神と蚩尤

金山彦天目一箇神、つまり金屋子神は「一目神《ひとめの》」であると信仰された。その理由について石塚尊俊『鑪と鍛冶』には、島根県飯石郡吉田村菅谷《すがや》のたたら師堀江要四郎氏から聞き取った体験談が報告されている。

村下《むらげ》は年中火の色を見ておりますから、だんだん目が悪くなっていきます。火を見るには一目をつむって見ねばなりません。両眼では見にくいものです。右目が得手の人や左目が得手の人や、人によって違いますが、どのみち一目で見ますから、その目がだんだん悪くなって、年をとって六十を過ぎる頃になると、たいてい一目は上がってしまいます。

たたら炉の仕事に従事する村下《むらげ》は、炎の色に対して敏感に対応しなければならない。そこで炉の炎の色をみつめすぎて一眼を失うものが多かったという。村下はたたら炉の指図をする棟梁で、炎の色を観察しながら金属の溶融度をたしかめる役である。

牛尾三千夫氏は島根県邑智郡で昔うたわれたというたたら唄をあつめている（『たたら研究第八号』〈ムラゲ小笠原房松氏よりの聞書〉。その中に、

「船はやぶれ船　船頭は片目　乗り手はあるまいこの船に」

という歌がある。この船頭というのは、片目の村下のことを意味している。火の神は片目であるというが、村下は六十歳をすぎると大抵一眼が上がってしまう。かくも苛酷な労働に従事して金属を作り出す人々に対する畏敬《いけい》の念が、目一つ神を生んだ。金属精錬の技術が至難の業とされた古代には、村下は「目一つの神」と尊敬されたのではないか。この片目のたたら師こそが天目一箇神ではなかったか、と石塚尊俊氏は書いている。

つぎに鍛冶製鉄の神は一本足だという伝説はどうだろうか。跛足または片目の不具者が鍛冶に関係あるとする伝説は、古代から世界各地に伝わっている。松村武雄氏は『神話学論争』のなかで、

鍛冶をつかさどる神が跛者または片目だという神話伝説を多く紹介している。
貝塚茂樹氏は、「風伯・雨師をひきいて黄帝と戦った蚩尤は、兵器製造、つまり鍛冶を職とする氏族の山神であった」「山神は、タタラのふいごを踏み、風を起こして金属を精錬する鍛冶職業を世襲する部族の守護神であった」と書く（『神々の誕生』）。そのうえで「山神が一本足またはちんばだったという伝説は、タタラのふいごに縛りつけられて、鍛冶職に使役された奴隷から着想された」と書く。貝塚氏は、一つ目、一本足の異形の中国の山神の由来を、鍛冶族の山神蚩尤の伝説によって説明しているのだ。せんじつめれば鍛冶職を世襲する氏族の守護神蚩尤は一本足または跛足だったというのだ。

『万葉集』の巻十二に柿本人麻呂の

纏向《まきむく》の痛足《あなし》の山に雲居つつ
　雨は降れども濡れつつぞ来し

という歌がある。この歌では兵主神を祀る奈良県桜井市の穴師《あなし》山を、「痛足山《あなし》」と表記している。写本によっては「病足山」とも表記している。『万葉集』巻七には「痛足川」という言葉もある。

痛足河河波立ちぬ　巻向の
　由槻嶽に雲居立てるらし（柿本人麻呂）

奈良県桜井市の穴師坐《あなせにます》大兵主神社は穴師宮之浦に鎮座する延喜式内社で、穴師坐兵主神社（上社）、若御魂《わかみたま》神社、穴師坐大兵主神社（下社）の三社の総称である。大兵主神社編集『大兵主神社』によると、崇神天皇六十年、巻向穴師山に、皇女倭姫命が天皇の御膳の守護神として穴師兵主明神を祀ったのにはじまるとされる。倭姫を崇神天皇の娘とするのは『大和志料』に引く『元要記』の記事にもとずくものだが、いうまでもなく記紀では倭姫は垂仁天皇の皇女とされている。大兵主神社の現在の社地はいわゆる下社であって、上社は弓月嶽《ゆづきがだけ》にあったが、応仁の乱の兵火に焼失したため、その神体を大兵主神社の相殿に遷し祀ったという。『大兵主神社』から引用する。「三輪山の北の川、纏向川をへだてて、東北につづく山、二つの山が高く低く、うち重なって見える。その後方の高い山、山麓の人々から、古《いにしえ》より「リョウサン」と親しく呼ばれている山、この山が万葉の弓月嶽（由槻嶽）である。」

奈良山岳会編『大和・青垣の山々』によれば、穴師上社はもと巻向山の最高峰弓月嶽（五六七メートル）にあった。また低い峰を穴師山（四〇九メートル）と呼んでいる。

さてここでの疑問は穴師に痛足または病足の字をなぜあてたのか、ということである。

この疑問に大和岩雄氏は『神社と古代民間祭祀』穴師神社のなかで次のように書いている。

　これと関連して、アナシに「痛脚」「痛足」の表記があることが注目される。……（略）……吉野裕は、足ダタラ踏みがビッコをひくような姿態をとったことから、製鉄従事者は杖をもつ跛者と考えられて、「痛足」と書かれたとみる。谷川健一も、足の疾患を暗示する「痛足」を穴師にかぎって使うのは、たたらを踏む人たちはなにかと足のわずらいになやまされたことによる」と推測している。

アナシを痛足とか病足と記すのも、たたらを踏むものの職業病を暗示しているというのだ。銅鉄の精錬にすこぶる縁由の深い兵主神（蚩尤）は、眇で跛者と信仰されたというのだが、石塚尊俊氏は片目のたたら師こそが天目一箇神ではなかったかとしている。

ここで筆者は、金属業の祖神とされる天目一箇神の実像をもとめて、室町時代後期の一条兼良『世諺問答《せげんもんどう》』を紹介したい。

蚩尤といひて悪人あり、涿鹿といふ所にて黄帝のためにうたれしゆへに、その悪霊、疫病といふ神になりて、国土の人民をほろぼせり、これによりて末の代に、疫病をおそれしめんために、蚩尤が身分をづたづたにわかちて、ひとつものこさじのはかり事に、正月には彼のまなこの中の人見をぬきて木丁《ぎっちょう》の玉にしてうつ事にせり。

木丁は平安時代に童子の遊びとしてはじまり、庶民の間に広まった。木製の槌をつけた木製の杖をふるい、木製の毬を相手陣に打ちこむ遊びである。

『世諺問答』によると、室町時代には正月の儀式として、毬杖《ぎっちょう》の毬を蚩尤の眼玉とみなして打って遊んだとある。このことは日本の『十節録』にも、「蚩尤の頭を取りて、之を毬つ。眼を取りて之を射ると云々」と書いている。

「蚩尤の眼を取りて之を射る」儀式というのは、諏訪神社の正月十七日の歩射《ふしゃ》の神事に行われていて、『画詞』に次のようにある。

正月十七日神殿《ごうどの》の後ろにして歩射の神事あり。御室の砌を弓場とする。大祝（布衣）神官（浄衣）氏人（水干袴）着座して人数を相ひととのう。射手廿番各水干葛袴を着す。占手神長（紙の面形をもちいる）小弓小矢をとりて静かに歩みよりて的（黒三白二）の黒眼を射とをす。蚩尤が眼なんと云える事歟、射礼おわりて饗膳あり、氏人に於ては公役の外、今日以前的を射ずと云うは是謂なり。

『画詞』は、歩射神事の弓の的の黒眼を蚩尤の眼とみなして、これを射たと書いている。蚩尤が片目であったかはわからないが、少なくとも日本では片目の神と伝えられた可能性はある。

天目一箇神は、わが国の金属工業の祖神として崇敬され、その一方で片目の竜神と信仰された。その根底に、中国の唐、宋時代の鍾馗画が、疫鬼の眼をえぐる構図で描かれたという伝統があるのだろう。蚩尤は疫鬼の代表とされていたのである。

このように考えると金屋子神、すなわち金山彦天目一箇神の正体は蚩尤ではないだろうかとの観測も成り立つのである。

金屋子神社宮司安部正哉著『玉鋼《けら》の杜《もり》』に、タタラの祭日を十一月とする理由について、「タタラ師達は、十一月八日卯の刻（午前六時）に天からタタラが降って来たと伝承している」と書いている。これについて筆者は『日本書紀』神代巻第四の一書の一節が気にかかっている。

一書に曰はく、素戔嗚尊の所行無状《しわざあづきな》し、故、諸《もろもろ》の神、科するに千座置戸《ちくらのおきと》を以てし、遂に逐ふ。是の時に、素戔嗚尊、其の子五十猛神《いたけるのかみ》を帥いて、新羅国に降到《あまくだ》りまして、曽尸茂梨《そしもり》の処にましします。乃ち興言《ことあげ》して曰はく、「此の地は吾居らまく欲《ほり》せず」とのたまひて、遂に埴土《はに》を以て舟に作りて、乗りて東に渡りて、出雲国の簸《ひ》の川上にある、鳥上《とりかみ》の峯《たけ》に到る。

素戔嗚尊が埴土で舟を作って、出雲国の鳥上峯（島根県と鳥取県の境の船通山）に天降ったという摩訶不思議な説話は何を意味しているのだろう。

素戔嗚尊には多くの別名があるが、筆者が知る限りの神名を挙げると武大神、天道神、武塔天神、牛頭天王、新羅明神、白国明神、兵主神、そして出雲―紀伊系の熊野加夫呂櫛御気野命というものがある。すなわち素戔嗚尊の正体は兵主神、つまり蚩尤なのである。ここまで書くと、「十一月八日卯の刻（午前六時）に天からタタラが降って来た」というタタラ師達の伝承と、素戔嗚尊が埴土舟に乗って船通山に降臨したという記事が、全く同じ発想のものであることに気がつくであろう。

牛尾三千夫氏が採取したタタラ唄に、

船はやぶれ船　船頭は片目　乗り手はあるまいこの船に

という歌がある。この歌は前に紹介した。鑪作業は三日三夜、或は四日四夜を要したが、第三日の「中日《なか》」以後に、一連の船唄が歌われた。この歌はその中の一つであるが、ここの船頭というのは片目の村下のことを意味している。そしてここの「船」とは土炉のことである。すなわち「(素戔嗚尊)埴土を以て舟に作りて、乗りて東に渡りて」とある「舟」とは、タタラ師達が、十一月八日卯の刻に天から降ってきた」と伝承している「タタラ」のことである。そうするとタタラにまつられる金屋子神(金山彦天目一箇神)の実体は、蚩尤祭祀ということになります。

第六章　天目一箇神《あめのまひとつのかみ》と鉄鐸

第一節　鉄鐸の鳴る音は御左口神の声

『金屋子神祭文』によると、金屋子神とは金山彦天目一箇神であることになっている。天目一箇《あめのまひとつの》神《かみ》は、『日本書紀』一書の二の天孫降臨の条に「天目一箇神は作金者《かなだくみ》とす」とあるように、金属精錬にかかわる神である。『古語拾遺』には「天目一箇神をして雑《くさぐさ》の刀《たち》、斧及び鉄《くろがね》の鐸《さなき》（古語に佐那伎といふ）を作らしむ」とあって、天目一箇神が鉄鐸を作ったという記事が記載されている。

ところで諏訪大社上社の神宝に、赤茶けて古色をただよわせた鉄鐸（さなぎの鈴）がある。この鉄鐸は、厚さ約三ミリの鉄板をメガホン状に丸め、上端部に閂《かんぬき》を通し、内部に鉄の舌を吊し、鈴の形に作ってある。その高さ十八センチくらいの鉄鐸を、六個ずつ紐でつなぎ三組にしたものである。文献には「御宝」（『年内神事次第旧記』）「御宝（大鈴のことし）」（『画詞』）「御宝鈴」（『神使御頭日記』）などと出てくる。上社所蔵の六個一連で三組の鉄鐸と、同形式のものが現在、茅野市宮川高部の神長官守矢史料館に展示されている。守矢家では、神長一子相伝の秘宝、邸内の祈祷殿で深夜行われる蟇目《ひきめ》の呪術に、鉄鐸を振ってきたといっている。守矢家ではこの鉄鐸と鉄鈴、陰陽石の三つを、ミシャグジ神の神器として扱っている。

鉄鐸は上社神宝として神長守矢氏が管理し、人と人の誓約の場に神が立ち合う証として鳴らされていた。その使用には、使用銭を支払う定めもできて、郡外不出の宝鈴としていた。

『神使御頭日記』天文四年乙未《きのとひつじ》（一五三五）の条には、武田信虎と碧雲斎（惣領家の諏訪頼満）が和議のため、甲信国境を流れる境川の北岸で、御宝鈴《ごほうれい》を鳴らしたと見えている。信虎と碧雲斎はながい確執の末に、双方疲れ果て、境川で講和談義したが、この時神長に御宝鈴を持ち出させ厳かにならさせている。和議の誓いを神の声としたのである。それによって違約のあるときは、ミシャグジ神のタタリがあると信じられてきた。このとき神長守矢氏は、武田氏より「誓約《うけい》の鈴」の参銭として金七を貰っている。

鉄鐸が諏訪神社上社において、どのような位置づけにあったのかを『諏訪市史』から要約すると、「さなぎの鈴」の用途としては誓約の場合に振られていること、そして湛《たたえ》神事の廻《まわり》湛《たたえ》に神使の首にかけて進発している。廻湛の一行は各地の湛の場所で神事を行うが、ここで神使は鉄鐸を吊した御杖をもち、土地の精霊ミシャグジを降ろして今年の豊作を請負う神事を行った。そこでは秋に収穫の一部を貢納する約束をし、御杖につけた鉄鐸が打ち鳴らされたとみられる。やがて諏訪神社上社の冬祭り、十一月二十八日の「神使御立座《おこうみたちまし》」の廻湛では、神事方式は春と同じとされるが、ここでは貢納の請求、鉄鐸のなる音は誓約を果たさせる神の催促の言葉と考えられただろう。以上が

『諏訪市史』にみえる鉄鐸の位置づけである。

ところで大正九年に諏訪上社権祝の末裔矢島正守氏が編集した『信濃国高部故事歴』（高部歴史編纂委員会『続高部の文化財』所収）には、神使の県巡りにあたって、高部の人々は神長に付随して古式の行事を行ったと書いている。

神領貢納ノ期ハ各郡へ廻村シ其古式御矛ヲ棒ケテ神領ニ至レハ其地頭代官ニ之ヲ拝セシメ次ニ厨《くりや》ヲ命シ例ノ献立《こんだて》ノ酒食ヲナシ後貢納ヲ収入セリ。

『信濃国高部故事歴』によると、神使の廻湛では、古式御矛に鉄鐸を吊して村々を巡り、神領の地頭代官にこれを礼拝させていたようだ。『諏訪市史』の解説するように御杖に鉄鐸を吊したというのではないようだ。

上社の廻湛神事に近い「湛の神事」を今も行っているのは、辰野町平出の法性《ほっしょう》神社の春祭である。また諏訪神社の祭器である鉄鐸を所蔵しているのは、塩尻市北小野の小野神社と、これと境を接して辰野町小野に鎮座する矢彦神社である。この二つの神社は、もとは一社が分離したもので、今は東筑摩郡と上伊那郡に別れている。中近世を通じ、あまり仲のよい隣人ではなかったとのことで、もと小野に二本の鉄鐸のついた神代鉾があったのを、いつの時代か、矢彦側にその一本を貸すか譲るかしたものに違いないという。

両社の社伝には、建御名方神が信濃に入り、諏訪に入ろうとしたが洩矢神がいたので入れず、しばらく小野の地に留まってこの地方の統治にあたったとある。鉄鐸はその当時の遺物ということなるだろう。現在は両社ともに八月の御射山神事で、鉄鐸のついた神代鉾を氏子総代が奉持して山中の祭事におもむき翌日遷御する。

長野県内では、上社鐸、守矢鐸、小野鐸、矢彦鐸のほかに、近年、鉄鐸の発見例がおおくなっている。平安時代中期の墓から出土した例、住居址内から発見された例、神社の伝世品例などがある。いずれも諏訪大社上社の鉄鐸より小形の鉄鐸であり、廻湛神事が伝播して鉄鐸を模したものとみられる。

古墳時代（二五〇〜五三八）以降における鉄鐸の分布については、九州地方に多く、瀬戸内地方、東海、近畿地方にかけて点在し、中部高地、北関東地方にまで及ぶ。また鉄鐸の出土例をみると、古墳から出土した例が圧倒的に多く、その他、集落祭祀遺跡からの出土例が知られている。古墳から出土する鉄鐸については、鉄鉗《かなばし》、鏨《たがね》、陶質土器が共伴することから、渡来系鍛冶工人との関係が類推されることが多い。

第二節　多度大社と伊勢平氏

多度大社（三重県桑名市多度町）は多度山（四〇三・三メートル）を神体山として、その南麓に鎮座している。古来より北伊勢大神宮とも多度大神宮とも称し、「伊勢にまいらば多度をもかけよ。

お多度まいらにゃ片まいり」という俗謡も生まれた。祭神は、古代桑名郡一帯を支配した桑名首の祖神、天津彦根命（多度神社）とその御子神天目一箇神（一目連神社）で、この二社をあわせて多度両宮と称している。

天津彦根命は、天照大神の第三子にあたり多度町一帯を本拠地とした桑名首が始祖としてまつった。つぎの天目一箇神は、一名を「天一目命」と称し、片目の竜神として信仰された。『古語拾遺《こごしゅうい》』では、筑紫国、伊勢国の忌部の祖とされる。この神は父神を扶けて北伊勢地方を開拓し、わが国金属工業の祖神として崇敬された。さらに天変地異あるときには御魂を現わし、諸難を救いたまうときには竜神となって天に翔り旱天に慈雨を恵まれたので、古来より神殿には御扉を設けず、簾《すだれ》のみをかける慣わしとなっていた。

この山神の御出遊する際には、その簾が飛び散ったことで、神の遊行を知ったという。とにかく畏ろしい荒神で大きな火の玉となって遊行し、時に大暴風を起こして海陸に災いしたとの口伝が残っている。漁師に風伯として崇敬されていたらしい。

柳田国男『目一つ五郎考』は、天目一箇神が片目の竜神となった理由について、

　多度山の山神が片目の大蛇である故に、土俗これを「一目連《いちもくれん》」と呼んだ。その片目となった理由は、昔、山崩れがあった後、心なき人夫の熊手の尖が当たって片目竜となつた。それから今の権現池に入れ奉って祭ることになった。

この話について、貝塚茂樹氏は、多度山の大蛇の神は、山崩れのさい人夫の熊手の尖にあたって片目竜となったというが、山崩れは単なる山崩れではなく、大蛇のおこした「蛇崩れ」であり、その熊手はひよっとすると金属製であったのが、古い型の伝説であったと思われると書いている。地崩れを蛇崩れといって地中の蛇が原因であるとの言い伝えがある。また蛇が金物を嫌うという話もよく知られている。

貝塚氏は、多度山の大蛇の山神が出遊するにあたって、大嵐を呼び山崩れを起こすことから、鍛冶師の熊手で退治しようとしたのではないか、それが大蛇の片目にあたって一目竜となったというのが現形ではないかと推理しているのである。

これとよく似た伝説が桑名市矢田の走井山勧学寺について語られている。この寺の本堂の天井に描かれた竜が、付近の井戸に水を飲みにいったというのである。困りはてて、とうとう竜の目のところへ大きな釘を打ったという話が伝わっている。勧学寺の本尊の千手観音立像は、室町時代に海善寺から移されたものだが、この観音に祈願して刀匠村正を誕生したという（『伊勢志摩の伝説』）。

多度山の天目一箇神を鍛冶族の祖神とする信仰は、多度神社周辺の直江志津鍛冶、赤坂千手院鍛冶、西群鍛冶を統合して、室町時代の関鍛冶（関市）へと巨大な日本刀生産地へと発展していった。

平安時代には、多度神社は伊勢平氏の氏神化し神格をも軍神化していった。鳥羽院政の頃、伊勢平氏は伊勢、伊賀の各地を支配していたが、なかでも平忠盛は北面武士、追討使としての活躍が認められ、武士として初めて昇殿を許される。しかし貴族にとっては、田舎の新参者が殿上人の仲間入りするのは承服できず、嫌がらせを行なった。それが『平家物語』殿上闇討に描かれている。

忠盛御前のめしにまはれければ、人々拍子をかへて、「伊勢へいじはすがめなりけり」とぞはやされる。

この人々はかけまくもかたじけなく、柏原《かしわばら》天皇の御末とは申ながら、中ごろは都の住ひもうとうとしく、地下にのみ振舞なって、伊勢国に住国ふかかりしかば、その国のうつは物に事よせて、伊勢へいじとぞ申ける。そのうえ忠盛目のすがまれたりければ、かようにははやされけり。

柏原天皇は桓武天皇のこと、陵墓は山城国紀伊郡柏原にあることから柏原天皇という。貴族たちは、舞いを舞っている忠盛に対して、「伊勢へいじは、すがめなりけり」と囃し立てた。伊勢地方では当時、特産の徳利（伊勢瓶子《いせへいし》）は粗末なもので、酢を入れる酢甕《すがめ》として用いていた。この意味では、貴族たちは「伊勢瓶子は酢甕なりけり」という事実を囃し詞にしたにすぎない。しかし伊勢の特産品にかこつけて、貴族たちは忠盛を意地悪くからかったというのだ。まず「伊勢へいじ」は「伊勢平氏」にかけ、ここでは宗家として氏人を統率して朝廷に仕える氏上《うじのかみ》の平忠盛をさしている。つぎに「酢甕」を「眇《すがめ》」にかけ、「伊勢平氏は眇なりけり」とからかったというのだ。

さらに『平家物語』は「そのうへ忠盛目のすがまれたりければ、かようにははやされけり」と書いている。ここのところ注釈書には眇《すがめ》を斜視（やぶにらみ）と解釈して、忠盛が斜とからかわれたのだと解説している。

ところが他動詞「眇《すが》む」は「片目を細くして見る」という意味である。「片目」と「斜視」は違う。ここでは伊勢平氏が氏神と崇敬した多度の天目一箇神が「一目竜」であった故に、平忠盛を眇とあざけって、意地悪く囃し立てたのではないかと思われる。「伊勢平氏はすがめなりけり」のはやし詞は、眇《すがめ》の氏神様の特徴が氏上、氏子の身体にあらわれるという古代の俗信を物語ったものであろう。

第三節　銅鐸と鉄鐸

谷川健一氏は『青銅の神の足跡』のなかで、片目の魚や片目の神の伝説は、金属の鋳造を専業とした技術者の氏族が奉祭する、天目一箇神と結びつくと述べている。さらに天目一箇神をまつる神社の近隣から銅鐸や製鉄遺跡が発見されていると書いている。天目一箇神をまつる神社は、伊勢・近江・播磨から九州・四国まで分布し、片目の魚の伝説や製鉄遺跡との関連を示している。ここでは近江国の野洲市や竜王町を中心に出土した銅鐸と天目一箇神の祭祀氏神との関係をみてみたい。

滋賀県近江八幡市の南西部、東海道本線篠原駅の周辺は、もと蒲生郡桐原郷にあたる。ここに菅田神社があって、天津彦根命の子天麻比止都《あめのまひとつ》命を祀っている。『新撰姓氏録』に、菅田首《おびと》は天久斯麻比止都命（天目一箇神）の後なりとみえる。桐原は古の鏡作《かがみづくり》で、天目一箇神の後裔とされる蒲生・稲置の住んでいたところである（『地名辞書』）。桐原は竜王町の鏡山の北にあたるが、鏡山と三上山の中間にある野洲市小篠原の大岩山から大量の銅鐸が出土している。

『日本書紀』垂仁天皇三年の条に「近江国の鏡村《かがみのむら》の谷《はざま》の陶人は則ち天日槍《あめのひぼこ》の従人なり」とある。「鏡村の谷」とは鏡山（竜王山、三八四メートル）の地を指している。新羅の王子である天日槍は垂仁天皇三年に来朝し、陶物師、医師、薬師、弓削師、鏡作師、鋳物師などの技術者集団を率いて近江国に入り、集落を形成した。竜王町内には須恵、弓削、薬師、綾戸といった天日槍の将来した渡来文化の名残りの地域がある（竜王町観光協会、ネット「鏡の里エリア」）。もちろん須恵器を焼成した登り窯の跡地は鏡山山麓に多数その跡をとどめていて、『日本書紀』編者は鏡村の住人が伝えた天日槍の伝説を採録している。

竜王町鏡には天日槍神を主祭神とする鏡神社が鎮座している。天目一箇神を古宮の祭神としているのは、もと古宮から遷座したからというのだ。谷川健一氏は「天目一箇神社の分布は天日槍の渡来伝説とも微妙な照応関係を有している」と書いている。確かに近江の鏡の地において天日槍と鏡作、銅鐸と天目一箇神とが重なってくるのです。

『万葉集』随一の女流歌人、額田王《ぬかたのおおきみ》と鏡王女《かがみのおおきみ》は鏡神社の神官家で育っている。それからすると天津彦根命とその子天目一箇神を祖神と崇敬する額田部氏は、当社と何らかの関係があるのだろう。鏡神社は、のちに近江源氏佐々木氏の一族、鏡氏が崇敬して護持した。

鏡神社のある竜王町の隣の野洲市に、近江富士と呼ばれる円錐形の三上山《みかみやま》（四三二メートル）がある。三上山の西麓には、天之御影命を祭神とする御上神社が鎮座している。祭神の天之御影命の別称は天目一箇神である。

御上神社の社伝によると、祭神の天之御影命が孝霊天皇六年、三上山に降臨され、のちに神孫の御上祝が三上山を神霊の鎮まる山として奉斎したといっている。もとは社殿を持たず、三上山を神体山として祀る信仰形態であった。元正天皇養老二年（七一八）藤原不比等が勅命を拝し、飛騨工を造営使として、遙拝所跡に社殿を造営し、三上山（奥宮）に対する里宮という形にした。天之御影命は天目一箇神と御同神とされ、また忌火神、二火一水の神として崇敬された。それで三上山山頂を竜王様と呼んでいるという。

ちなみに竜王町の鏡山についても、「雨の神、水の神ともいわれる八大竜王の一つ摩耶斯竜神が竜王宮としてまつられ、今もなお霊山、竜王山として崇められている」（ネット竜王町観光協会「鏡の里エリア」）。

御上神社の祭祀氏族は野洲郡一帯に君臨した安《やす》国造で、御上祝もその一族だと言われている。『古事記』では、「（開化天皇の皇子日子坐王が）また近つ淡海の御上祝がもちいつく天之御影神の女、息長水依比売に娶ひて、生みませる子、丹波比古多多須美知能宇斯王」と記している。日子坐王―丹波道主王の系譜に連なる息長氏の一族としては、垂仁天皇の皇女倭姫がいる。倭姫は天照大神の御杖となって、大神鎮座の処《ところ》を求めて巡幸し、ついに伊勢神宮創祀の道をひらかれた女性です。

息長氏が本拠とした坂田郡阿那郷（現米原市。旧近江町）は、『書紀』垂仁天皇三年三月条に、新羅の王子天日槍がしばらく住んだ「近江国の吾名邑《あなのむら》」に比定されている。天日槍や御上神社の祭神天之御影命は、いずれも日の光（日矛、日影）を人態化した「人物」であった。天之御影命の神名の「御影」は、いわば日光を形容した「日影」と同義であった。たとえば伊勢参詣を「お蔭参り」といっているが、これは神の光を身にいただく姿を意味したことと一緒である。そうすると天之御影命は、日影（日の光）を人態化したものといえるだろう。

さて竜王町の鏡神社は、祭神を天日槍命とし、古宮を天目一箇神としている。野洲の御上神社は祭神を天之御影命としているが、これは天目一箇神の別名である。さらに三上山と鏡山の中間にある小篠原から大量の銅鐸が出土していた。そうすると天日槍という日光を人態化した神様こそ、御上神社の祭神天之御影命のことではないだろうか。谷川健一氏は「天日槍と鏡作と天目一箇神とが、鏡山の地に集約的に表現されている」と書いている（『青銅の神の足跡』）。筆者はさらに天日槍《あめのひぼこ》、天之御影命という太陽信仰（日神祭祀）と、銅鐸と天目一箇神という鍛冶製鉄の神とが、この地で集約的に表現されていると主張したい。

筆者は拙著『穴師兵主神の源流』で、大和穴師の地において、鉄鐸（さなぎの鈴）をつけた矛を取り持ち、日神「日矛」の降臨をうながす祭儀が行われていたと解説した。それは天岩戸前の祭儀で、「鐸をつけた矛」を取り持ち、女陰もあらわに巫舞する天鈿女命を、日神の光が岩戸の内から「日の矛」となって、照らし出す情景を思いうかべるものだった。やはり穴師の祭場では、「鈴の矛」を持つ穴師の山人を、日の光が矛（日矛）となって照らし出し、かくて兵主神が誕生する（来臨する）祭りが実修された。そして遠い過去に三上山や鏡山において、銅鐸をつけた御杖なり、矛なりを取り持った山人が、日神を招ぎまねく祭りを実修したものであろう。

さてそれでは銅鐸と鉄鐸の関係はどのようなものであろうか。銅鐸は弥生時代、紀元前二世紀から二世紀の約四百年間にわたって製作・使用された。しかし突如として消滅している。鉄鐸は、古墳時代から平安時代の墳墓や宗教遺跡で出土し、九世紀末に青森・秋田・岩手の北東北に伝播している。日本の銅鐸は、中国大陸を起源とする鈴が朝鮮半島から伝わり、独自に発展したというのが定説になっている。日本の銅鐸のルーツは、中国の鈴であるというのだ。

考古学者の佐原真氏は、中国では英語のベル bell に対応するものが三種類あると説明している。

「鐘」……紐で吊り下げられて、外から叩いて鳴らす。舌《ぜっ》はない。

「鈴（レイ）」……紐で吊り下げられて、ゆらして鳴らす。舌がある。

「鐸」……柄があり、柄を手に持って鳴らす。舌がある。

中国の本来の呼称では、「鐸」とは「柄があって手に持って打器で打ち鳴らす楽器」である。「銅鐸」は、「柄がなく、吊り下げて鳴らす。かつ舌がある」から、「鈴」に分類されるということです。

銅鐸と鉄鐸は、その製作・使用の年代が隔絶したものであって、鉄鐸（さなぎの鈴）の原型を銅鐸にもとめることは困難かもしれない。ここでは諏訪の考古学者藤森栄一氏が著書『銅鐸』の中で、「小銅鐸と鉄鐸は、銅鐸の原義をもっとも忠実に伝えた最末期現象」ととらえていたことを指摘しておきたい。藤森氏は、銅鐸の本来の使用法は「誓約のために鳴らす」というもので、それが鉄鐸として残されたと主張している。

諏訪神社には「廻湛《まわりたたえ》神事」といって、神使が内県・大県・外県の村々をめぐって諏訪神の郡内支配権を確認し、農耕の豊饒を祈る行事が行われた。そこでは神使の行う湛神事によって、地域の稲作が順調に運ぶように誓約がなされる。誓約《うけい》の鈴（鉄鐸）が鳴らされるのはその証である。だから村人たちは廻湛の神使一行を、「廻神《まわりがみ》」「神使巡行」と称して参拝した。秋、収穫の終わった時期、春と同じように神使の巡行が行われ、稲作の順調を誓約したことと交換に、大祝は米を受け取る。

　その湛神事に使用される矛に付けられた鉄鐸の鳴る音は、ミミャグジ神と村民の誓約の証であった。それはまた弥生の昔、銅鐸が誓約のために鳴らされた伝統を、いまに引きつぐものに他ならない——藤森栄一氏はそのように主張しているのである。

第四節　薙鎌

「南宮」と呼ばれる神社は美濃国一ノ宮の南宮《なんぐう》大社と信濃の諏訪大社、伊賀国一ノ宮の敢国《あえくに》神社、摂津の広田神社南宮の四社である。『神道寄書』に、

「諏訪者号㆓南宮大明神㆒、西宮坐号㆓浜南宮㆒、到㆓伊賀国㆒号㆓伊賀南宮㆒、於㆓美濃国㆒名㆓垂井南宮㆒云云。以㆑鎌為㆓神体㆒云々。」

とあり、「南宮」と称する四社の神体はすべて鎌であったとしている。諏訪神社の御神体の一つに「薙鎌《なぎがま》」がある。鎌の形をしているが、蛇とも鳥の形ともみえるようにデフォルメされ、背に羽根状の切り込みをいれたりして変形してきた。薙鎌は全く諏訪神社にのみ深い関係を有する奇怪な鎌

である。

薙鎌の祖形は、下諏訪付近の山造り作業に用いられるカッパライ鎌に近い形態の鉈鎌《なだ》であるとされる。藤森栄一氏は『下諏訪町誌』薙鎌考で、次のように書いている。

（鉈鎌が）鎌と違う点は、柄と直角の刃で刈るのでなく、柄と平行する鉄の柄部につけられた厚い丈夫な刃で、加速度を加えて、たたき切るのである。開墾・山造りの効用においては、鎌の比ではない。そこで類推されるのは、法隆寺献物帖に、その創建に際して使ったといわれて、今に残る鉈鎌である。つまり、耕作より一つ先きの開墾に出て行く鉈鎌なる形が、儀器として採り上げられ、薙鎌なる想念と造型が発生していったものと考えるのはどうであろう。

開拓具としての鉈鎌は、すでに弥生中期、石器でその姿を現し、古墳後期には、鉄製品がかなり知られている。平安期になると鉈鎌の発掘品が住居跡から出ている。

さて、薙鎌の起源が鉈鎌だとすると、これもまた天目一箇神が作った開拓具が原型だったということができる。天目一箇神は『日本書紀』一書の二の天孫降臨の条に「天目一箇神を作金者《かなだくみ》とす」とあるように、金属精錬にかかわる神である。『古語拾遺』には「天目一箇神をして雑の刀、斧及鉄の鐸（古語に佐那伎といふ）を作らしむ」とある。天目一箇神が諏訪社御宝の鉄鐸や種々の刀・斧を作ったと記載されているのだが、鉈鎌もこの神の製作品の範疇に含めることができる。薙鎌は諏訪神社の祭事用の祭具ともなっていた。諏訪神と開拓神としての鉈鎌を結びつけるものが天目一箇神であった。そして天目一箇神は金屋子神なのである。

さて諏訪社の神事における薙鎌の役割についていえば、現在、諏訪神社の分社を行うさい、御霊《みたま》代《しろ》として薙鎌を分与している。一方、諏訪神社の御神幸（上社御頭祭、下社遷座祭、式年造営御柱祭）の行列に、薙鎌の仮器が捧持されたり、古くは御柱伐採の当年、次の御柱を見立てて薙鎌を打ちつけ、これを尾根鎌《おねがま》打ちと称していた。現在は御柱用材の本見立当日に打ちつけ、見立ての神事が終了すると、取りはずして持ち帰っている。

薙鎌について文献にあたってみると、江戸時代の『諏訪旧蹟誌』には、「諏訪神の神幣に鎌、御柱祭の御輿の上に薙鎌が立つ。御柱祭の前年、下社から信越国境北安曇郡の諏訪社に薙鎌をつかわす」などと記されいる。

「御柱祭の御輿の上に薙鎌が立つ」というのは、上社御柱祭里曳きの初日、神社から御柱置き場（茅野市宮川注連掛場《しめかけば》）まで御柱迎えの行列が出る。その行列の中に御柱迎えのお舟があるのだが、その舟の上に立てられた幣軸に薙鎌二枚が打ちつけられている。式年造営御柱祭では七年目ごとに御柱ばかりでなく建物、瑞垣、玉垣、鳥居を建てかえたが、中世には新築の宝殿内に内鎌を打ったと伝えている。

諏訪神社の薙鎌で広く知られている祭りに、御柱祭の前年、諏訪大社下社の神職が北安曇郡小谷《おたり》村におもむき、小谷惣社《おたりそうじゃ》である大宮諏訪神社に薙鎌を奉納する薙鎌祭がある。その翌日、信越国境にある戸土境宮諏訪神社と中股《なかまた》小倉明神とで、六年ごと交互に神木に薙鎌を打ちこむ神事を行っている。

北安曇郡の諏訪神社は二〇社ほどあるが、その大半の神社に薙鎌が所蔵されている。千国諏訪神社には六枚の薙鎌が現存し、そのうち一枚に異論もあるが天長五年（八二八）の刻字がみえる。中土諏訪神社には杉の大木の幹に、御柱前年に打ち込まれた薙鎌が何枚ものみこまれて現存している。北安曇郡の薙鎌の分布をみると、姫川流域に下社大祝金刺信惇などの銘を有する薙鎌とか、下社発行の御符がみられることから、下社側の薙鎌配布圏とみられる。一方、天竜川水系の伊那谷の諏訪神社には、上社神長官家からの御符と薙鎌の配布がなされている。

薙鎌には、諏訪神社の分社などにみられる伝世品のほか、出土品も多い。遠方の出土例では、埼玉県白沢村諏訪神社の安永二年銘品、山梨県深沢村の発掘品のほかに、能登半島にある七尾市日室諏訪神社、鹿西町金丸鎌宮諏訪神社、そして鹿島町住吉神社などの例がある。諏訪地方の例では、霧ヶ峰旧御射山社周辺の発掘品、茅野市玉川御柱山の御小屋山、諏訪大社上社境内の発掘品がある。

鹿西町金丸の鎌宮諏訪神社は若鵜の卜喰の神事で有名である。鎌宮諏訪神社に社殿はない。神域の中央に枝葉のうっそうと茂ったタブの神木と枯れた木が標縄をめぐらせて祀られているだけである。しかもタブの枯木には、鉄鎌が切先を外にして無数に打ちこまれている。古いものは樹皮がすっぽりと鎌の身を呑み込んでコブに化しているものもあれば、尖端《せんたん》のみわずかにのぞかせているものもある。北安曇郡の諏訪神社の薙鎌打ちにもいえるのだが、なぜ鎌を木に打ちこむような神事が行われるのだろうか。

『画詞』のなかでは「薙鎌衆魔摧伏《しゅうまさいふく》の利剣なり」と書かれている。ここにいう衆魔というのは、大風、台風、大雨、山くずれなどの災害をいうものと考えられていて、薙鎌をもろもろの悪魔を折伏《しゃくぶく》する利剣として考えている。『諏訪旧蹟誌』には「草薙の薙にあらず、風しずまるの意をもって和（なぎ）鎌の義とぞおもはるる」と書かれている。

甲信地方の民俗をみると、大風よけに、風を切るとして屋敷に鎌を立てる風習がある。薙鎌はそれに通じるとみられるのだ。つまり薙鎌については、風を切るという発想がある。

「風切鎌」について、『綜合日本民俗語彙』（巻二）は、「強風がふいてくると、草刈鎌を屋根の上とか竿の先に縛りつける習俗。東北から中国地方にかけてひろく分布するが、こうすると風は弱まると伝え、鎌に血がついていたという故老談もある。強風を何者かのしわざと考えていたのである」と書いている。

さきの能登半島にある鹿島町住吉神社の例では、地元民により風鎮め祭りとして、薙鎌打ち神事を行っている。このように考えると、薙鎌信仰は諏訪神を風神とみたてたことに源を発したといわざるをえない。

第五節　風の祝

諏訪神が風神を祭るという記録は、『日本書紀』持統天皇五年（六九一）八月二十三日条の「辛酉に、使者を遣《まだ》して竜田風神、信濃須波、水内等の神を祭らしむとの記述である。持統五年は天候が不順で、四月から六月まで長雨がつづき、五穀の不作と飢饉が心配された。このため天皇は公卿、官庁役人の飲酒を禁じ、京と畿内の諸寺に誦経を命じている。さらに収穫を前に台風の心配のある八月には、竜田風神と信濃の須波神、水内神が臨時の祭礼に預かっている。

朝廷ではすでに天武五年（六七六）から風水害の心配を除き、五穀の豊作を祈る祭礼として、夏四月と秋七月の二度、毎年勅使が竜田風神と広瀬大忌神に派遣されている。しかし持統五年八月には、七月の奉幣に続いて、八月にも竜田風神および須波神、水内神に奉幣している。

持統五年に竜田風神と共に祀られた信濃の須波神は、『延喜式』神名帳の諏訪郡「南方刀美神社二座」、つまり諏訪神社のことである。また水内神は、通説として、信濃国水内郡建御名方富命彦神別神社（長野市城山公園）に比定されている。どちらも祭神は建御名方神だから、竜田風神と共に祀られた建御名方神は、中央政権から風神とみられたのであろう。御柱祭関連の行事で上社の本見立をした御柱（決定した御柱）に薙鎌打ちが行われる事は、御神木になったことを表示している。諏訪神を風神とみるからであろう。

時代はくだって平安時代になると、「諏訪には風　祝《かぜのほうり》がいる」という風説が伝わっていた。平安期の歌人藤原清輔の『袋草子』は、「信濃国は極めて風早き国なり。よって諏訪明神の社に〝風の祝〟を置いて、春のはじめに百日間深物に忌み籠る。そうするとその年は風静かで農業がよい」と書き、源俊頼（一〇五五～一一二九）の次の歌を引用している。

信濃なる木曽路の桜咲きにけり
　風の祝《ほうり》に隙間《すきま》あらすな

諏訪大社上社前宮の境内に御室《みむろ》社がある。御室神事の舞台となった御室の跡といわれていて、かつ」てここに縄文時代の竪穴住居に似た構造物があった。厳寒の旧暦十二月二十二日の「穴巣始《あなすはじめ》」から翌年三月末日の「御室御出」までの約百日間、大祝以下神官がここで御室の神事を行う。

この大祝以下の神官と大蛇体が籠もる御室の神事が、風祝が百日間忌籠るという風評になって都に伝わったものではないだろうか。

実際、諏訪神社には「風の祝」の制があった。権祝文書『御射山祭絵図』（伝天正古図）には「風の祝」の御庵（穂屋）が描かれている。上社御射山祭が催されるたびに、八ヶ岳山麓の神野《こうや》に「風の祝」の御庵がつくられたのである。

「風祝」というのは、上社五官祝の一つ、権祝矢島家を尊称したものである。上社権祝矢島氏は神姓《みわ》で建御名方富神の御子神池生神《いけふの》の末と伝えていて、先祖代々、領地内の風祝塚を守ってきた。また風無神袋殿《かぜなしこうたい》と尊称されて、諏訪の風鎮め神事をとりしきったとされている。風無神袋の「神袋《こうたい》」は、また神袋《かんぶくろ》ともいっている。おそらくもとは風袋であって、「ふいご」のことだという。

風祝を称した矢島家は、風を掌る諏訪明神の霊威を伝えうけて、国人から神として崇敬された。

諏訪神社下社では、武居祝が風祝と称した。宮坂喜十著『諏訪大神の信仰』は、「この頃すでに諏訪の実権は金刺大祝の掌握するところで、大祝たる神権を背景に信濃一国に覇をとなえていたのである。そうした中で古信仰の伝承者たるタケイは風の祝の名で信仰第一の座を占めていたものと考えられる」と書いている。

永正十五年（一五一八）金刺昌春は諏訪頼満に萩倉の要害（山吹城）を攻められて自落した。社殿を焼かれ、一類の面々家風ことごとく断絶、没落した。金刺氏の滅亡後、江戸時代には同族の今井氏が武居祝を称して祭祀を継承した。この時期下社では武居祝の童男を大祝とした。、金刺信古『款冬園《ふきえん》』には「下社風祝屋敷」（武居祝家）は友之町の南方流鏑馬馬場の内輪にありて今のあごなし地蔵のある所なり」と書いている。

第六節　諏訪神は蛇体の風神

さきに上社の本見立をした御柱に薙鎌打ちをしたのは、御柱用材を風神とみるからだと書いた。これについて説明しておきたい。

御柱は立てる際、長さ五丈五尺に整えられる。「長さ五丈五尺」とは、上社大祝の最大の儀礼である御室神事に、前宮の御室に入れる大蛇体の長さが五丈五尺（十六・七メートル）であることと一致する。御柱を蛇体の諏訪明神とみなしたのだろう。

御室に入れる蛇体というのは、藁《わら》か茅で作った蛇形の作り物で、小三体、大三体を御室に入れた。

御室の蛇体のことは、『画詞』の十二月二十二日の条に、「今日第一の御正体《ごしょうたい》を入れ奉る」とあって、「笹の御左口神」を入れ、翌日「第二の御正体」として小蛇形のソソウ神（小正体）を入れる。このところ『年内神事次第旧記』の十二月二十三日の条に「小へび入」とある。さらに神長本『画詞』の二十五日に「神体三筋入」とある。神体とは長さ五丈五尺の赤楊（はんの木）の枝と茅で作った大蛇体三本のことで、これを「ムサテ」と呼び、蛇と信じられている。初めに小三体を入れ、後で大三体の蛇の作り物を入れたのである。

この御室神事の蛇形の御正体を通して、諏訪神社の竜蛇信仰が広く信仰された。諏訪明神は蛇体といわれるが、それは十二月の末から三月末までの約百日間、御室に籠もるこの大蛇体をいう。蛇は金気を嫌うというから、御柱関連の行事に、御柱用材や神木に薙鎌を打ちこむことは、「風」を制することになる。北安曇郡の諏訪神社の神木に薙鎌を打ちこむことは、諏訪神を風神かつ蛇体の神とみたからである。

『諏訪大明神画詞』には、諏訪明神は竜蛇体の風神であるとする蒙古襲来の霊験譚が語られている。

文永十一年（一二七四）十月の蒙古襲来の時には、諏訪明神が御発向したおかげで、賊船が漂倒した。弘安二年（一二七九）、大元の将軍夏貴《かき》、范文虎《はんぶんこ》が再度襲来した。彼らは六百万艘の船を日本と中国の中間にある大洋に連続させ、その上に大板を敷きつらね、人馬往復二道の浮き橋を作ろうと計算して、先陣数万騎で日本にやってきて、後陣の続くのを待っているとの風聞があった。後宇多天皇の弘安二年の季夏（陰暦六月）、諏訪社の御作田御狩の神事の時、日中に変異があった。大竜が雲に乗って西へ向かった。参詣していた人たちの瞳《ひとみ》の及ぶところが定まらない。雲間には竜の脾腹（脇腹）の色がひくひくと動いて見える。一匹の竜なのか、数匹の竜なのか、首尾がはっきりしない。いずれにしろ諏訪明神が大身を現じて、本朝をひいきしているような勢いであった。どんなことが起こる前触れだろうかと、人々は疑っていた。

「しかるに同六月廿五日、悪風俄に吹き来って、彼の兵船或いは反覆し、或いは破裂して軍兵みな沈没す。」

元軍が壱岐・対馬を侵し博多に迫った文永十一年の元寇と同じような結果になった。

諏訪神社の御神体は蛇だという伝えが昔からあった。諏訪明神蛇体説は現在でも信じられており、神事の上にいっそうはっきりとあらわれていた。先述した上社十二月末の前宮御室に大小の蛇体をいれる神事がそれであった。諏訪神は蛇体の風神と信仰されたのである。

第七章　ミシャグチとフルの争いの話

第一節　守屋山は諏訪神社の神体山か

諏訪神社上社本宮は、前宮の北西約一・五キロメートルの位置にあって、諏訪地方では信仰の山として知られる守屋山の北東、広大な社背林である宮山《みややま》の麓に鎮座している。古く諏訪神社は、宮山神林を庶民禁足の神体山と称し、さらにその上方の守屋山を拝したと言い伝えている。現在の諏訪大社の公式ホームページでも、本宮に本殿がないのは、御山（宮山）を神体山としているからだとある。宮山は守屋山の一部であるが、本宮境内から守屋山をのぞむことはできない。守屋山の北麓の広大な社背林を神体山と称したのだろう。『諏訪市史』「第四章　戦国時代の諏訪」は「戦国時代の諏訪上社本宮は、守屋山を神体としていて神が鎮座する所に宮社を造らず、ただ拝殿だけを建てて山を拝していた。この拝殿の外に神門があり、神門の左右に宝殿が二宇あった」と書いている（笹本正治執筆）。

筆者思うに、守屋山中腹の宮山に祭祀場をもうけ、本宮は硯石などの巨岩奇石をまつる磐座信仰となったのではないだろうか。守屋山頂の奥宮と、宮山神林の祭祀場、そして里宮にあたる本宮という関係になる。これが諏訪神社上社本宮の原初の信仰形態であったと思われる。それが本宮の社殿が構えられて後、いつのことか、宮山の祭祀場が忘れられていったのではないだろうか。

ただしこれには異論もある。鎌倉時代宝治三年（一二四九）の『大祝信重解状』「守屋山麓御垂迹事」には、諏訪明神は、元来守屋大臣の所領であった守屋山麓に天より降臨し、守屋大臣と争論や合戦に及んだとある。守屋大臣（洩矢）は戦に負けたが、その後裔を称する神長官守矢氏は御衣を神《みわ》氏の童男に脱ぎ着せ大祝として祭りあげ、自身は諏訪神社の神事を司る五官祝の筆頭に納まる。かくて明治の初めまで諏訪社の神事を統括した。守矢氏は古はモレヤセニンと呼ばれるシャーマン的存在であった。守屋山は諏訪神社の成立伝承において、外来の神である諏訪明神と在地勢力の守屋大臣（洩矢）との覇権争いの舞台という重要な位置を占めている。この諏訪明神と洩矢の守屋山麓における合戦伝説は、かの神武東征伝説において、饒速日命の義兄長髄彦《ながすねひこ》が生駒山を越えて大和に入ろうとした神武軍を迎えうった孔舎衙坂《くさえのさか》の戦いと比較考察すべきものである。

いつのことだったか、筆者はＮＨＫ教育テレビの歴史番組で、物部氏の祖饒速日命が生駒山中の「宮山」に降臨したとの伝承を知った。早速、石切剣箭《いしきりつるぎや》神社「下之社」（本社）から宮山を目指して登ったことがある。「宮山」は「上之社」背後の山中一帯を呼んだもので、その「宮山」山中に、饒速日命と可美真手《うましまじ》命を祀ったとされる「元宮」の地があった。そして生駒山の山頂は、石切剣箭神社本社「下之社」、「上之社」（元本社）、宮山を結んだ延長線上にあった。

これはあくまでも生駒山の話だが、一方で古代の諏訪では、守屋山中の宮山神林に諏訪神をまつる祭祀場があった可能性は高い。

諏訪の神楽歌に「神明の笠椹《かさお》の松は本《もと》茂る、本茂る、梢搔《うらか》き分けて現形《げぎょう》召される」とある。守屋山中の広大な宮山の樹木の梢を伝って、磐座（硯石）に神が降り給うという古代観念があった。すなわち湖南の守屋山麓の社壇において、下方の拝所から鳥居格子のむこうに硯石を礼拝することで、上方の守屋山を拝する信仰形態であったと思われる。

諏訪社の磐座信仰についていえば、神長守矢頼真《よりざね》は「石朽る限り、神於是居座《かみここにいます》」といい、のちの『諸神勧請段』という諏訪大明神神楽歌の一節に、

「大明神は岩の御座所に降りたまふ　降りたまふ　みすふきあげの　風のすすみに」とあって、神の降臨する磐座と認められて祀られていたことがわかる。このことから考えると、諏訪神社の神体山はあくまでも守屋山である。初代諏訪大神大祝神子《くまこ》が湖南山麓に社壇を構築した用明天皇二年（五八七）までは、守屋山中の宮山に祭祀場があった可能性がある。ただし守屋山山頂にまつられているのは「守矢大神」（『諏訪藩主手元絵図』）とか、「守矢大臣」といわれているのだが。守屋山（一六五一メートル）は、諏訪地方では雨乞いの山として神聖視されてきた。江戸時代に書かれた『諏訪かのこ』に、諏訪に伝わる古い謡として、

一、おじり（尾尻）。湖水の末天竜（天竜川）を言う。昔より樵翁《しょうおう》牧童など雨晴れを占う歌なりとして、

おじりはれ　守矢に雲を押し上《あ》げて
もずきちなかば、鎌をとぐべし
おじりの空晴れて、守矢が嶽に雲を押し上げ、
もずさえずる時は、必ず雨止み天気になると也。

とあって、気象の予知に用いられたりした。

あるいは諏訪の農民は旱魃《かんばつ》の際、守屋山頂にまつられている石の祠を谷底に転落させたり、小便をかけたと伝えられている。そうすると、守矢大神が怒って雨が降ると信じられていたのである。

現在、守屋山山頂東峰（一六三二メートル）には守屋神社奥宮の石祠が鎮座している。守屋神社里宮は山麓の国道二五六号線沿いの伊那市高遠町藤沢（合併前は上伊那郡高遠町字片倉）にある。鳥居額に「物部守屋神社」とあるように、里宮の祭神は物部守屋とされている。守矢資料館にある『天正の古図』といわれる絵図には「守矢大臣宮」の祠が描かれ、また享保十八年（一七三三）頃に作成された『諏訪藩主手元絵図』にも、守屋山頂に「守矢大神」の祠が描かれている。守屋山頂に祀られていた「守矢大神」とか「守矢（屋）大臣」は、『諏訪大明神画詞』にみえる洩矢神のことで、上社守矢神長官の祖先神と伝えられている。

その一方で高遠町藤沢の守屋神社に祀られるのは、仏教の礼拝をめぐって大臣蘇我馬子と対立し、丁未《ていび》の変で滅ぼされた大連《おおむらじ》物部守屋である。何故、神長官守矢氏の祖先を守屋大臣といったかというと、物部守屋大連の子息、弟君がはるばる信濃国に逃げてきて、神長の養子になったとの伝承に

よるものだろう。天保五年の『信濃奇勝録』には次のようにある。

守屋氏は物部の守屋の一男弟君と号る者、森山に忍び居て、後神長の養子となる。永禄年中より官の一字添て神長官と云う。森山に守屋の霊を祀り、今、守屋が岳といふ。弟君より当神長官まで四十八代と云。

守屋神社奥宮の石祠
（伊那市観光協会提供）

守屋山は諏訪大社上社の神体山であることは間違いないと思う。しかし守屋山山頂（東峰）にあるのは守屋神社奥宮であり、里宮は伊那市高遠町藤沢にある。藤沢の守屋神社里宮について、『藤沢村誌』の「守屋神社」の項では、祭神は物部守屋大連であるとしている。物部守屋の子息らが信濃国にはるばる逃げてきて、伊奈郡藤沢に蟄居して、世間の人と交わらず、いくたの星霜を経て子孫繁栄して大連の霊を拝し祭りて氏神としたとある。

原直正氏は「守屋山の習俗と伝承」（山本ひろ子編『諏訪学』所収）の中で旧片倉の守屋姓と神長官守矢氏について次のように書いている。

片倉には守屋姓の家が大変多く、この人たちは物部守屋の子孫であると自覚し、その祖先「物部守屋大連」を祭神とする守屋神社を他の氏子の人々と共に祀っていて諏訪神社の筆頭神官である神長官守矢氏同様に、物部守屋につながる系譜伝承をもっているわけである。

神長官守矢家一子口伝による『守矢氏系譜』によれば、初代洩矢神―二代目洩宅守―三代目千鹿頭神―四代目児玉彦命とつづいて、二十七代目の武麿を物部守屋の次男の弟君としている。児玉彦命は建御名方神の孫に当たる人物で、守矢神長家の養子になり、千鹿頭神の跡を継ぐ。そして建御名方神の子、守達神の娘美津多麻比売神を妻にして、五代目八櫛神を生んでいる。よって神長は神《みわ》姓にして守矢氏である。

大正九年矢島正守編集の『信濃国高部故事歴』は、洩矢神の神裔を「神長後は神長官と称せり祭政を掌り今に至り」と書き、つづけて「神姓にして守矢氏なり。中世の祖用明天皇の御宇物部守屋大連の二子武麿科野に逃れ来り其家を継ぐと云」と書いている。

天文十七年（一五四八）、当時は制度としてあった売位売官によって神長守矢頼真《よりざね》は従三位に叙

『守矢氏系譜』

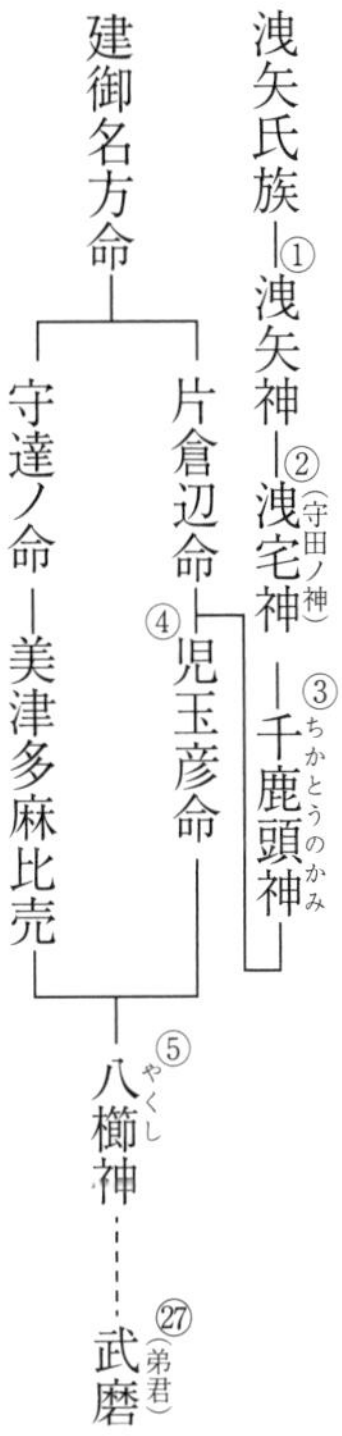

せられた。売位売官制は平安時代に採用された制度で、国が俸禄を納める者に位階、官職を与えたのである。頼真が従三位に叙せられた宣旨はつぎのようなものであつた。

「宣旨、正四位下神頼真朝臣、宜レ叙二従三位一」

このように神長官守矢氏は神姓《みわ》にして神朝臣《みわのあそん》を称しながら、かたくなに物部守屋の子孫と称して守矢氏（守屋氏）を名乗ってきた。また岡谷市川岸橋原区の洩矢大明神の祠《ほこら》を守矢家の氏神様と主張し、神長官邸裏古墳を守矢家の先祖武麿（弟君）の墳墓だと言い伝えてきた。

洩矢神が諏訪明神の御神威に服し、この地を永く建御名方神の祭政する地として捧ぐと誓った後も、洩矢神の子孫は排除されたわけではない。守矢氏は神長という筆頭神官の位に就き、建御名方神の子孫である神氏（諏訪氏）が大祝という生神の位に就く新しい体制が成立したのである。こうして大祝と神長による信仰と政治の一体化した諏訪祭政体が古代、中世と続いたのである。

第二節　先代旧事本紀の語る物部氏の伝承

守屋山を含め諏訪の地は、諏訪大明神建御名方神の神領とされながら、守屋山の山頂に祀られているのは物部守屋の霊であったり、あるいは洩矢神（守矢大神、守矢大臣）であったりする。守屋山のこの祀り方は、生駒山の祭祀形態を解析することで理解したい。

先に筆者は生駒山中腹の宮山を探訪した話をした。宮山中腹の元宮には、物部氏の祖神である饒速日命と宇摩志麻治命《うましまじのみこと》を祀っていた。石切劔箭神社《いしきりつるぎや》の祭祀氏族は木積《こづみ》氏である。木積の姓は古代の天皇の側近として仕えた物部氏の有力氏族のひとつ、穂積から転じたものだ。物部氏は、石切劔箭神社の御祭神である饒速日命―宇摩志麻治命の子孫にあたる。

ところで石切劔箭神社の祭祀氏族は物部氏族の木積氏だが、不思議なことに生駒山は住吉《すみのえ》大社の神奈備《かんなび》山とされていた。神奈備山とは、神が宿る山の意味であり、ひいては住吉大神の神領ということだ。そして摂津国住吉大社（大阪市住吉区）の祭祀氏族は、天火明命五世孫、建筒草命を祖とする尾張氏系の津守氏であった。

『先代旧事本紀』によれば、尾張氏らの祖神である高倉下《たかくらじ》命（天香山命、亦天香語山命）は、天照太神の孫神である天照国照彦天火明櫛玉饒速日尊と、天道日女命との間に生まれた神で、物部氏らの祖神である宇摩志麻治命とは母神を異にする兄弟神となっている。『旧事本紀』では、饒速日命と天火明命を同一神とみているのだ。つまり尾張氏と物部氏は、天照国照彦天火明櫛玉饒速日尊を共通の祖とする同祖伝承をもっていることになる。

『先代旧事本紀』より抜き書きをすると、つぎのように書かれている。

天照国照彦天火明櫛玉饒速日尊、天道日女命《あめのみちひめ》を妃として天上に天香語山命を誕生《あれ》ます。
長髄彦《ながすねひこ》の妹御炊屋姫を妃となし、天降りて宇摩志麻治命を誕生《あれ》ましぬ。
児、天香語山命、天降りての名は手栗彦《たぐりひこ》命亦は云う高倉下命。

『先代旧事本紀』は物部氏の伝承を『記紀』よりも遙かに詳しく伝えている。物部氏や尾張氏を解析することが諏訪社の神長守矢氏の正体を解くことになるのではないかだろうか。少し長いが『旧事本紀』の要旨を書いてみたい。

天照太神は『豊葦原の瑞穂《みずほ》国は、わが御子の正哉吾勝勝速日天押穂耳《まさかあかつかちはやひあまのおしほみみ》尊の治めるべき国である』とおっしゃった。そして天押穂耳尊に天からの降臨を命じた。そのとき天押穂耳尊は、高皇産霊尊の子の万幡豊秋津師姫栲幡千千姫命《よろずはたとよあきつしひめたくはたちぢひめのみこと》を妃として、天照国照彦天火明櫛玉饒速日尊（饒速日命）を生んだ。天押穂耳尊は天照太神に、「私がまさに天降ろうと思い準備中に、生まれた子がいます。これを天降すべきです」と奏上した。天照太神はこれを許した。天神の御祖神は、みことのりして、天璽十種瑞宝《あまつしるしとくさのみづたから》（十種神宝《とくさのかんだから》）を授けた。

物部氏の遠祖饒速日命は十種神宝を授けられ、三十二神を従えて天磐船にのり、河内国の河上の哮峰《いかるがみね》に天降った。

哮峰は大阪府交野《かたの》市の交野《こうの》山が有力な比定地である。交野《かたの》は肩野物部氏の本貫地でもあり、交野市森で発見された森古墳群は三世紀末～四世紀の前方後円墳で、肩野物部一族の墳墓と考えられている。交野の地は摂津、河内から淀川・天野川を遡り、大和に入る要衝であって、肩野物部は現在の交野市、枚方市一帯を開発経営した。枚方市伊加賀町は、崇神朝における重臣であった物部氏の伊香色雄命《いかがしこお》の住居があったと伝承されている。

交野山の山頂には京阪電鉄河内磐船駅から遠望できる巨大な観音岩がそびえていて、雨の日に流れてきたとの伝承がある。しかも交野山は富雄川の源流でもある。富雄川が奈良県生駒市に入ると、饒速日命が哮峰から移ったとする「鳥見の白庭山」にちなむ「白庭」の地名がある。天照国照彦天火明櫛玉饒速日命を祭神とする磐船神社は交野山の麓にある。

饒速日命は哮峰から大倭《やまと》の国の鳥見《とみ》の白庭山に移った。そこで鳥見の豪族長髄彦の妹の御炊屋姫《みかしきやひめ》を妻として、宇摩志麻治命を生んだ。饒速日命は亡くなった。御炊屋姫は夢の中の饒速日命の教えで、十種神宝を宇摩志麻治命にさずけ、天羽弓矢《はゆみや》、羽羽矢《ははや》、また神衣、帯、手貫を登美の白庭邑に埋葬し、これを饒速日命の墓とした。長髄彦は宇摩志麻治命を推戴して主君として仕えた。神武東征に際しては、「天神の御子が二人もいる訳がない」と言って、神武軍と戦ったが、神武軍は勝つことができなかった。このとき宇摩志麻治命は舅の謀りごとに従わず誅殺して衆を率いて帰順した。神武は宇摩志麻治命の忠節を喜び、天剣韴霊《ふつのみたま》を与えた。宇摩志麻治命は、天の物部を率いて逆賊を斬り従え海内を平定して復命した。

辛酉正月の庚辰の日に、神武天皇（神日本磐余彦天皇）は橿原宮で皇位についた。事代主神の娘である姫蹈鞴五十鈴姫命《ひめたたらいすずひめ》を立てて皇后とした。宇摩志麻治命は十種神宝をたてまつり、神盾をたてて斎き祭り、また霊木を布都主剣のまわりに刺し巡らして奉祭した。十一月朔庚寅の日、宇摩志麻治命は、宮中に十種神宝を斎き祀り、天皇と皇后のために御魂を鎮めて、御命の長久を祈った。これがいわゆる鎮魂祭《ちんこんさい》の始めとなった。

現在、宮中で鎮魂祭は新嘗祭の前日に天皇の鎮魂《みたまふり》を行っている。宮中三殿に近い綾綺殿にて行われる。石上神宮や弥彦神社、物部神社など各地の神社で行う例もある。

十種神宝《とくさのかんだから》（天璽十種瑞宝）とは、宇摩志麻治命の父・饒速日命が天神の御祖から授けられた天神のしるしの十種の瑞宝のことである。十種神宝とは、瀛津鏡《おきつかがみ》、辺津鏡《へつかがみ》、八握剣《やつかのつるぎ》、生玉《いくたま》、足玉《たるたま》、死反玉《まかるがえしのたま》、道反玉《ちがえしのたま》、蛇比礼《へびのひれ》、蜂比礼《はちのひれ》、品物比礼《くさぐさのものひれ》のことである。

天神は饒速日命に教えて、「もし痛むところがあれば、この十種神宝を一二三四五六七八九十布留部由良由良止布留部」（一《ひと》、二《ふた》、三《み》、四《よ》、五《いつ》、六《む》、七《なな》、八《や》、九《ここの》、十《たり》、ふるべゆらゆらとふるべ）。このようにすれば死んだ人でも生き返るであろう」といった。これが「布留《ふる》之言本《ことのもと》」といって、死者蘇生の言霊といわれる。鎮魂祭はこれがその由来である。鎮魂祭のときには猿女君はたくさんの歌女を率いて、布留の言本を唱え、神楽を歌い舞う。

この後、韴霊は物部氏の祖宇摩志麻治命により宮中で祀られていたが、崇神天皇の御世に勅命により物部氏の伊香色雄命が大倭国山辺石上邑に布都御魂大神（布都御魂剣に宿る神霊）の社を遷し建て、十種神宝も同じく共に収めて石上大神と称した。これが石上神宮の創建である。


さて尾張氏、熊野氏の祖高倉下と、物部氏の祖宇摩志麻治命は、ともに『古事記』『日本書紀』『旧事本紀』の神武東征伝説の中で最重要の働きをするとともに、神話伝説と対応する古代の宮廷祭儀においてきわめて重要な祭りを実修している。

まず神武東征伝説の熊野神邑《みわむら》の段で、高倉下から大和平定の剣韴霊を献上され、その霊威をもって大和を平定したという話である。南紀熊野の村に至った神武とその軍勢の前に、「大熊ほのかに出で入りて、すなわち消え失せき」。ために神武とその軍勢がをえ伏せた。時に熊野の高倉下の夢に天照大神と建御雷神があらわれ、天剣フツノミタマを神武に献るように告げる。夢の教えに従って高倉下が神武の伏せる地に到って、フツノミタマを献じ大和平定に多大な貢献をした。『古事記』序文に「化熊川を出て、天剣を高倉に獲る」とある場面である。この神武東征最大のクライマックス場面に対応する宮廷祭儀が、皇位継承の大嘗祭の中心儀式「大嘗宮の儀」である。「大嘗宮の儀」で御衾にこもって物忌みする新天皇の横にアサメと呼ばれる采女が侍する。そのアサメこそ、伏せる神武に韴霊を献ずる高倉下の姿であった。これについては本書の第二部「新天皇に寄り添ふ一目一足の鍛冶妖怪」で説明したい。

つぎに神武は、軍を率いて帰順した宇摩志麻治命をほめたたえ、特に天剣韴霊を与え、永く宮中に奉斎せしめた。辛酉を元年として、十一月朔庚寅の日、宇摩志麻治命は、はじめて十種神宝を斎き祀り、天皇と皇后のために奉り御魂を鎮め祭って御命の幸福を祈った。いまの鎮魂祭はこの時にはじまる。

『先代旧事本紀』天神本紀などでは、物部氏の祖饒速日命は、尾張氏の祖神である天火明命と同一神として「天孫」に位置づけ、神武天皇の祖神である瓊瓊杵命の兄としている。また畿内大和入りについては、『古事記』は神武天皇の東征に続いて、饒速日命が「河内国の河上の哮峰」に天降って来たと記し、『日本書紀』は神武東征以前に大和に天降りし、「天神の子」と称して、神武天皇もそれを認めたとしている。尾張氏や物部氏の祖先伝承が、大嘗祭や鎮魂祭など重要な宮廷祭儀に多大な影響を与えている。それは物部守屋の子孫と称する諏訪の神長官守矢氏が、異色の祖先伝承をもちながら、諏訪神社の神事を統括していることと共通しているように思うのです。

第三節　御霊信仰と守屋

守屋山は諏訪大社の神体山と考えられているが、山頂に祀られているのは物部守屋神社の奥宮である。諏訪明神建御名方神ではない。何故だろうか。

物部守屋は諏訪大社となんとなく縁が深い。『神氏系図』（大祝家本）の後書きでは、建御名方神の二十世孫の神子が御衣着祝となり、用明天皇二年、湖南山麓に社壇を構えたとある。

神子八歳の時、尊神化現し、御衣を神子に脱ぎ着せて、吾に体無し、汝を以て体と為すと神勅あり御身を隠す。是れ則ち御衣着祝有員《みそぎほうりありかず》の始祖なり、用明天皇御宇《ぎょう》二年、神子社壇を湖南山麓に構う。

神子（乙頴また熊古とも云う）が八歳の時に尊神（大明神）が化現し、神子に御衣を脱ぎ着せて、「吾に体無し、汝を以て体と為す」と神勅して御身を隠した。すなわち神子が御衣着祝となり、その子孫が有員だというのだ。そして神子が湖南山麓に社殿を構えたのが用明天皇二年のこととされる。

つぎに安居院作『神道集』諏訪縁起の事では、甲賀三郎（諏訪明神）は地底の闇の世界から地上に出るが、そこは信濃国浅間山の麓だった。この後、三郎は故郷の近江国甲賀郡へ帰るが、そこで初めて自らの身体が大蛇に変身していることを知ることになる。

ここのところ、長野県御代田町の伝説によると、甲賀三郎は地底の国から浅間山の麓、真楽寺（長野県御代田町）の大沼の池に大蛇の形相であらわれる。そこから三郎の化した龍は、池を出て川を下り、佐久平を南下して山を越え、諏訪湖の龍となった妻の誘いで、そのまま諏訪神となったと伝えている。この浅間山真楽寺の創建が用明天皇二年（五八七）。真楽寺は、浅間山の噴火を鎮めるために、用明天皇の勅願によって開山したと伝わる。

真楽寺大沼の池

ちなみに甲賀三郎についても片目伝説があって、三郎の化した龍は小田井で転んで胡麻の木で目を突かれた。今でも小田井と横根では、胡麻を栽培すると眼病になるといって作らないとの口頭伝承がある。（佐久教育会編『佐久口碑伝説集』）

初代諏訪大神大祝神子が湖南山麓に社壇を構えたのが用明天皇二年。浅間山真楽寺の創建が用明天皇二年。郷土の伝承だが、龍に化した甲賀三郎が諏訪に行き、諏訪大明神として祀られたのが用明天皇二年。そして用明天皇二年とは、実に物部守屋の死没年である。崇仏派排仏派の対立の渦中、蘇我馬子、聖徳太子らに攻められた物部守屋は、用明天皇二年（五八七）七月、阿都《あと》の館（八尾市）で戦死している（丁未《ていび》の変）。

さて諏訪上社の神長官守矢氏は神姓にして神朝臣を称しながら、かたくなに物部守屋の子孫と称して守矢氏（守屋氏）を名乗ってきた。また岡谷市川岸橋原区の洩矢大明神の祠を守矢家の氏神と主張し、神長官邸裏古墳を物部守屋の子、武麿（弟君）の墳墓だと言い伝えてきた。神長官守矢氏の、これほどまでの物部守屋へのこだわりはどこからきているのだろうか。

柳田国男氏は、長門の塵輪《じんりん》、備中の温羅《うら》、信州有明山の魏石鬼《ぎしき》などの悪者の例をあげ、次のように書いている。

例えば物部守屋や平将門が、死後に却って多いに顕われた如く、本来はそれほど純然たる凶賊ではなかったのかも知れぬ。それは改めてなほ考ふべしとしても、少なくとも大人弥五郎《おおひとやごろう》だけは忠実なる神僕であった証拠がある。而うしてそれが殺戮せられて神になったのは、また別の理由があったのである。（『ダイダラ坊の足跡』）

柳田氏が例としてあげた物部守屋や平将門のことだが、どちらも怨み骨髄の怨霊となる死にかたをする。坂東の地で叛乱を起こした平将門は、新皇（新しい天皇）を名乗り、悪鬼羅刹の如き強さをみせる。戦乱の象徴、軍神のような存在であったのかもしれない。何度かの合戦の後、将門は追討軍によって討ち取られる。『将門記《しょうもんき》』は、その場面を古代中国で兵主神と尊敬された蚩尤の最期になぞらえている。蚩尤は漢族の祖、黄帝と涿鹿の野に戦い敗れるが、「蚩尤の徒」九黎から生き残った三苗は、歴代の漢族王朝を悩ませ「四凶」に貶められた。

蚩尤は獣の身で人の言葉を解し、銅の頭、鉄の額の怪物群の一人であったという。後世の将門伝説には「将門の体は鉄だった」としたものが多く残っている。あくまでも強さの喩《たと》えで、別に将門の身体が鉄製だったわけでは無いのだが。

将門が鉄身であるという話は、『太平記』巻第十六・日本朝敵事にみられる。

官軍挙げて是を討たんとせしかども、其身皆鉄身にて、矢石にも傷つけられず剣戟にも、痛まざりしかば、諸卿僉議《せんぎ》有りて、俄に鉄の四天王を鋳奉りて、比叡山に安置し、四天合行の法を行わせらる。故天より白羽の矢一筋降りて、将門が眉間に立ければ、遂に俵藤太秀郷に首を捕られてけり。

『太平記』では将門が射ぬかれたのは「眉間」になっているが、その他、将門が射抜かれた弱点は、「こめかみ」「右目」などがある。片目が射抜かれたことは、将門鉄身伝説とも関連があり、古代製鉄技術のたたら師が片目であるとの信仰がその背景にある。将門を蚩尤にたとえたからこその右目の喪失なのである。

蚩尤が疫神として恐れられたように、将門は古今稀に見る大怨霊として〝日本太政威徳天〟菅原道真と並び賞されるほどの日本史上最強の祟り神だった。

さてそれでは物部守屋を蚩尤にたとえる伝説はあるのだろうか。祭神として物部守屋を祀っていたり、神主の祖を物部守屋とする神社は案外多い。しかし物部守屋を古代中国の鋳物神蚩尤にたとえた説話はないのではないかと思う。ただ物部氏は朝廷の軍事・警察をあずかり、また宮廷祭祀を司る氏族であるが、さらには鍛冶氏族でもあったと指摘されている。真弓常忠氏は『古代の鉄と神々』の中で、「五・六世紀において美作の製鉄集団を支配したのは物部氏であったとみられる」と書き、また「物部氏の活躍が主として軍事氏族として歴史にあらわれるについては、この氏族が全国的にかなりの範囲にわたって製鉄の部民を支配していた事実にもとづくものである。同時に砂や土から鉄を採って製錬するのは特殊な呪術の伝承者と思われた。物部氏が祭祀氏族でもあったゆえんである」と書いている。

物部守屋については、この世に怨みを抱いて亡くなった者の霊魂が怨霊となって祟りをなすことを恐れ、御霊信仰の祭神として祀られたとの見方もある。崇仏派の蘇我馬子と対立し、排仏に動いた守屋を滅ぼしたことで、守屋は怨霊となったと考えたのだろうか。ただ蘇我馬子の妻は物部守屋の妹であった。『紀氏家牒』には、その名前を太媛と伝えている。太媛は物部本家の膨大な資産に目を付け、国家と蘇我家の将来を憂うふりをして、夫の馬子をそそのかしたとの説がある。『日本書紀』崇峻即位前紀に、「時の人、相謂《あいかた》りて曰はく『蘇我大臣の妻は、是《これ》物部守屋大連の妹なり。大臣、妄《みだり》に妻の計《はかりごと》を用いて大連を殺せり』という」。

物部守屋討伐の後、守屋の妹の思惑通りにことが運んだようだ。没収した守屋の財産の半分と家人《けにん》半分で、聖徳太子が誓った四天王寺の建立が成就し、残り半分が妹の手に入った。谷川健一氏は難波の四天王寺に奇怪な伝承があると書いている。

四天王寺の寺塔は、合戦で戦死した物部守屋の怨霊が悪禽となって来襲し、多大な損傷を受ける被害に悩まされた。そこで聖徳太子は白い鷹となって悪禽を追い払うことになった。(『四天王寺の鷹』)

守屋が怨霊になって崇ったというのだ。四天王寺には願成就宮という守屋祠が鎮座している。聖徳太子の起請によって四天王寺を建立するにあたって、物部氏の土地を没収し、部民を使役した。これを守屋公の霊がお許しになって、お助けになった。それで無事四天王寺が出来て、願いが成就できたというので、守屋公を祀ったと伝えている。祟り神である守屋の鎮魂である。ただし諏訪社に関しては、御霊信仰から物部守屋の霊を鎮魂のために、守屋山頂に祀ったとは考えにくい。じっさいに守屋が御霊信仰の祭神として祀られたという話はあまり聞かない。物部本家である物部守屋の霊というのは、諏訪神社信仰において、なにか特別な位置を占めていたのだろう。

第四節　高句麗朱蒙と沸流国王

物部守屋を本家とする物部氏は、大和石上神宮(天理市布留町)を氏神として祭祀を執り行ってきた。『延喜式神名帳』には「大和国山辺郡石上坐布留御魂神社」と記載され、名神大社に列し、月次・相嘗・新嘗の諸々の官幣に預かる。非常に歴史の古い神社で、『古事記』『日本書紀』に既に、石上神宮、石上振神宮との記述がある。その他に石上坐布都御魂神社、あるいは単に布留社などと呼ばれた。主祭神の布都御魂大神（韴霊また布都御魂剣《ふつのみたまのつるぎ》）は出雲の国譲り神話と神武東征の物語に登場し、大和平定の剣として知られている。韴霊は宮中でまつられていたが、第十代崇神天皇の御代に、勅命で伊香色雄命によって現在地、石上布留の高庭に祀られた。古くは拝殿の後の四方に井垣をして、その中に松樹雑木茂っているのを禁足地として、その中央深く磐座を設けて韴霊が埋斎されていた。また物部氏の祖の饒速日命が天より持ってきたと伝わる十種神宝は、布留御魂大神として鎮魂祭《たまふりのまつり》にかかわる。

かくて布留山（二六六メートル）の北西麓、布留郷を流れる布留川のほとり、布留社の石上布留の高庭に天剣韴霊をまつり、あわせて布留御魂の鎮魂を実修する。そういえば信濃国高遠の物部守屋神社里宮付近を古屋敷と呼んだ。

「フル」といえば、夫余系の高句麗・百済の建国神話に、必ず「フル」という名前の「神人」や「国名」がからんでいる。ここで高句麗神話の朱蒙と沸流国王松譲の争いの伝説を紹介したい。

高句麗は一名を貊耳といい、紀元前一世紀頃、玄菟郡内の濊貊によって鴨緑江支流の渾江流域の桓仁地方に建国された国家である。伝説のうえでは高句麗始祖、東明聖王朱蒙は夫余（現在の満州の農安・長春地方を中心とした国）からの亡命者と伝えられていて、実際、高句麗は夫余から興起したと称していた。

『旧三国史』の記すところでは、朱蒙は生国夫余で迫害をうけて南に逃れ、魚鼈の助けを得て淹滞水を渡ることで、水界を支配する能力を持つことができた。かくて洪水を支配する呪能によって沸流国王を屈服来降せしめたという。

「朱蒙が沸流水のほとりに都を建てる時、沸流国の松譲土が先に都を造営していた。そこで朱蒙は「我は是天帝の子なり」と告げ、国ゆずりを迫ったが、松譲王は「我は累世に王たり」と主張して譲らなかった。ある日、朱蒙は西方に狩に出かけ白鹿を獲った。そこで蟹原にて白鹿を逆づりにして呪言していうには、「もし天が雨を降らせて沸流国王の都を水没させ得ないならば、我は汝を釈放せず。この難を免れんと欲すれば、汝能く天に訴えよ」と。鹿は哀鳴してその声が天にとどき、大雨が七日間降って、松譲の都を水没させた。沸流国王は葦を流水に横たえ、鴨馬に乗り、百姓たちはその葦にとりすがった。そこで朱蒙が鞭で水をかきまわすと、水がたちまち無くなった。遂に松譲王は国を挙げて降伏した。」

かくして朱蒙は降伏した沸流国の地を多勿都とし、松譲を封じて王とした。右の伝説が語るように、朱蒙は洪水を支配する優れた呪師君長であり、水精の一形相と考えられる白鹿を使う偉大な**rain-maker**なのであった。朱蒙のこうした水界支配の呪能は、「我は是天帝の子、河伯の外孫」なる者の当然持つべき霊能であった。すなわち朱蒙は魚鼈の助けを得て祖霊界なる淹滞水を渡り、かくて水精である白鹿をつかって雨を降らす呪能を獲得したのであった。

ところで高句麗は夫余と同じく農耕に励んだが、その建国の地が鴨緑江中流域の山岳の多い渓谷地帯であったため、「良田無く、佃作に力むと雖も、以って口腹をみたすに足らず」（『魏志』高句麗伝）という状態であった。従って生業として狩猟に大きく依存し、そのために「其の人は性凶急にして、寇鈔を喜ぶ」という程、戦闘的性格が強かった。高句麗の生業が農耕と狩猟の両方に依存したことに対応して、その始祖朱蒙は母神柳花から五穀の種を授けられて国土経営に赴く穀霊的存在として、かつまた他面において騎馬を得意とし、朱蒙という名そのものが善射を意味する如く、狩猟者的存在として語られている。

　このように朱蒙という言葉が夫余の土語で善射の意味とされている点に、彼の狩猟者的側面、いわば山幸彦の姿をみることができる。一方、『三国史記』によると、朱蒙が沸流川の上流を訪れた際、沸流国王が彼を接見して「私は海辺の近くにかたよって住んでいるので、未だかつて貴方に会ったことがありません。云々」と語っている。ここでは山幸彦としての朱蒙に対して、沸流国王松譲はいわば海幸彦として語られている。そしてまた朱蒙が白鹿や鞭で洪水を支配して松譲を屈服来降せしめる伝説は、日本の山幸彦・海幸彦の物語と酷似している。山幸彦の海宮遊幸神話では、山幸彦は海神から水界支配の呪具（潮満珠・潮干珠）と呪言を授かり、これをもって洪水を自在に支配し、兄海幸彦を屈服せしめたのだった。

　さて夫余から逃走してきた朱蒙は、淹滞水を渡って卒本扶余に至った。そこの土壌は肥美なうえに山河が険固であるのを見て、その地に都邑を定めようとした。しかし宮室を作る暇がなかったので、沸流水のほとりに盧を建てて住み、国の名前を高句麗として高を氏とした。

「（朱蒙）但結二盧ヲ於沸流水ノ上一ニ居レス之。国ヲ号ス二高句麗ト一。因以レ高為レ氏」（『三国史記』高句麗本紀　始祖東明王条）

朱蒙の宮居は沸流水なる河のほとりに営まれていたというのだ。実は高句麗始祖朱蒙なる神人は、祭儀の上では天降りの武具刀剣の類によって象徴されている。そうすると沸流水のほとりに刀剣神朱蒙がまつられているという祭祀形態になる。これは本質的に石上神宮の神剣奉紀の形式と同じものである。石上神宮の地には、これもまた布留川という名を負う流れがある。古く布留川のほとり、布留社《ふるのやしろ》の石上布留の高庭といわれる禁足地の内に、松樹雑木茂る土中奥深くの磐座を、建御雷神の神剣「布都御魂」の鎮座所とした。

先に筆者は高句麗始祖朱蒙なる神人は、祭儀の上では天降りの武具刀剣の類によって象徴されていたと述べた。それでは高句麗始祖朱蒙の正体に迫ってみたい。

『新唐書』高麗伝に、唐の貞観十九年（六四五年）、唐将軍李世勣が高句麗の遼東城を包囲攻撃した時、高句麗側で城の急を救うために、城中の朱蒙祠で祖霊を祀る祭儀が行われていたという記事が載っている。

城（遼東城）に朱蒙祠有り。祠に鎖甲銛矛有り。妄りに言う。前燕の世に天の降す所と。まさに囲み急なり（唐の遼東城包囲をいう）。美女を飾りもって神妻とす。巫言う。朱蒙喜び城必ず完しと。

遼東城の朱蒙祠の中に天から降ったという武具刀剣が奉安され、兵器に美女が奉仕して神事をなしていたことが知られる。そして遼東城存亡の危急に際し、その兵器に美女が神妻となって神事を行なうことによって、国家守護の神霊・朱蒙の神威の発動があり、かくて城が守護されると信ぜられていた。巫の言葉によれば、「朱蒙悦ビ、城必ズ完シ」なのである。つまり朱蒙の神威の発動が、神事をなす巫女と朱蒙祠の神との交霊の形式において語られ、『新唐書』にも「婦レ神」と記されている。

かくて国家存亡の危機にさいし、美女が神妻となって奉仕した高句麗の祖霊朱蒙の正体とは、実に「前燕の世に天の降す所」の朱蒙祠の鎖甲銛矛に他ならなかった。高句麗が国亡の直前まで廃さなかった国祀は、まさしく刀剣祭祀に他ならなかった。

高句麗遼東城朱蒙祠の兵器に、美女が神妻となって奉祀した神事は、国家守護の軍神蚩尤祭祀であった。つまり高句麗始祖の東明聖王朱蒙なる神人は、葛盧山の金で初めて兵器を鋳たと伝説される古代中国の鋳物神蚩尤のことである。

さて鍛冶刀剣神朱蒙の宮居が沸流水（今日の佟佳江）のほとりに営まれたのだが、わが大和石上布留社《ふるのやしろ》には韴霊の天剣がまつられ、かつ布留川という名を負う流れがあった。このことは全く看過することはできない。高句麗は長寿王十五年（四二七）に現在の平壌の地に都を移したが、その地を流れる大同江の本流の一部が沸流江と呼ばれていて、それが高句麗王の君臨する地には欠くことのできない川の名であったことを示している。高句麗王は始祖朱蒙の霊威を継承しているものであり、おのずから鍛冶刀剣神の人態化と信じられた。それ故に王都を流れる大同江の上流が沸流江と呼ばれたのである。そしていうまでもなく沸流江の河川名は、鍛冶シャーマンの信仰する夫妻の神霊、則ち夫余王解夫妻に因むものであった。

フルという語に関して、高句麗朱蒙の建国神話とわが石上布留ノ社の比較考察をしてきた。再び筆者の考察は諏訪社の神長守矢氏にかえる。高句麗神話では、朱蒙と争った沸流国松譲は、朱蒙に降伏した後、多勿都の王に封じられて朱蒙に仕えることとなる。同様に諏訪明神建御名方神に敗北した洩矢神は、諏訪の地を永く明神の祭政する地として捧げると誓い、その子孫守矢氏は神長という筆頭神官の位についている。

宮坂光昭編『図説・諏訪の歴史（上）』は、ミシャグジという神を自由に降し憑けることのできる神長のことを「モレヤセニン」と呼んだと書いている。

> 昔、神長のことを、セニンといったが、山々をす早く駈け歩いて、病気や豊作祈願、死者との交流、まじないをしてくれる男巫であった。秘法は神がかり術、サナギの鈴の法、蟇目《ひきめ》の神事、弓振法、諏訪ぐすり、御神灰など一子相伝であった。

「セニン」とは、仙人のことであろう。伝説では、朱蒙と沸流国王松譲が争った際、松譲は「仙人の後裔」と称している。「仙人」とは、『三国史記』高句麗本紀の東川王十一年条に「平壌者、本仙人王倹之宅地」と述べている記事とか、高麗の趙延寿の墓誌銘に「平壌之先、仙人王倹」と述べた記事の中の仙人王倹をさしている。「仙人王倹」とは、古朝鮮の始祖とされる檀君王倹のことである。檀君神話の神人の系譜関係には若干の異伝が存しているが、『世宗実録』地理志所載の「檀君古記」には、「檀君娶二非西岬河伯之女一生レ子、曰夫婁」といい、『三国遺事』所引の「壇君記」には、「君与二西河河伯之女要親一、有レ産レ子、名曰二夫婁一」とある。檀君と夫婁を父子の関係としているのだ。ここにいう夫婁は、高句麗神話に登場する夫余王解夫婁のことである。

『三国遺事』北扶余の条に引用される古記には、「天帝降㆓于訖升骨城㆒（在大遼医州界）乗㆓五竜車㆒、立㆑都称㆑王、国号㆓北扶余㆒、自称㆓名解慕漱㆒、生㆑子名㆓扶婁㆒、以㆑解為㆓氏焉云云」という所説が見え、解慕漱《カムス》が扶婁（解夫婁）の親であるとしている。沸流国王松譲は夫余王解夫婁とは別人で、当然系譜関係もまるで違う。しかし沸流国王松譲は夫余系の神話要素をひきつぎ、高句麗建国始祖の朱蒙と争う「フル」なる神人を象徴する人物ということができる。夫余王解夫婁にしても、高句麗神話の中で、夫余の宰相阿蘭弗の夢にあらわれた日輪の教えで、天帝の子と称する解慕漱に国譲りし、東晦の迦葉原に遷都している（『三国史記』）。天王解慕漱の「解」は大の義で、その実態は「フツ（フト）」の神霊の人態化である。「フル」が「フト」に国譲りしたのである。

第五節　百済の建国神話とフル

百済の蓋鹵《がいろ》王が魏の孝文帝に送った国書の中で、「臣与㆓高句麗㆒源出㆓夫余㆒」と言及しているように、百済は夫余系の流移民によって馬韓の地に建てられた国である。百済建国の始祖、建国の時期、および場所などについてはいくつかの異伝があって、説がまちまちである。現存最古の古代朝鮮の歴史書で、高麗の十七代仁宗が金富軾に命じ編纂させた『三国史記』（一一四五年成立）によると、百済の始祖は温祚となっていて、次の温祚と沸流兄弟の争いの伝説を伝えている。

百済の始祖は温祚で、父は鄒牟または朱蒙という。朱蒙は北扶余から難を避けて卒本扶余にたどりついた。夫余王は次女をもって彼の妻とし、朱蒙があとをついだ。二子をもうけ、長男は沸流といい、次男は温祚といった。ところが朱蒙が北扶余にいた時に生んだ子がやってきたので彼を太子に立てた。そこで沸流と温祚は太子の気にいらないのを恐れて、十人の臣下と百姓とともに南の方に旅立った。一行は漢山にたどりつき、負児嶽に登って住みよい土地を物色し、沸流は海浜へ行って住もうと言いだした。十臣たちが諌め、河南の地が天険の利を得ていると説いたが、沸流は耳をかさず、百姓を分けて弥鄒忽にいって住んだ。温祚は河南の慰礼城に都邑を定め、十臣を輔翼とし国号を十済と呼んだ。この時は前漢の成帝、鴻嘉《こうか》三年（ＢＣ一八年）であった。弥鄒忽の地は湿地帯であるうえに水が塩からかったため、沸流の死後、彼の臣民たちはみな慰礼城に集まってきた。そこで国号を百済と改称した。その世系は高句麗と同じ夫余の出である。それで姓を夫余と名のったのである。

温祚と沸流の兄弟の争いの伝説は、いわば山幸彦・海幸彦の物語と同類型のものであって、朱蒙と沸流国松譲の争いの神話要素を継承したものに他ならない。注目すべき点は、卒本から南下して、兄の沸流が海浜の弥鄒忽の地に居住したのに対して、弟の温祚は北に漢水をはさみ、東に高岳をひかえた河南慰礼城に都邑を定めたことである。温祚と沸流の居住位置関係は、そのまま山幸彦と海幸彦という観念におきかえて考えることができる。そして弥鄒忽の地が居住に適さないことを沸流が後悔して死んだ後に、彼の臣民たちが温祚の慰礼城に集まってきたという筋書きは、そのまま山幸彦・海幸彦の物語の焼き直しに他ならないのである。そもそも温祚と対立する兄の沸流という名前さえも、かの朱蒙と争う松譲の沸流国という国名と一致している。温祚と沸流の争いについても、あくまでも夫余系の神話要素の継承と把握すべきである。

ここまでみてきたように「夫婁」「沸流」という名前は夫余系の神話に忘れられない名前であった。それでは「フル」の語義はどのようなものだろうか。高句麗神話の夫余王解夫婁の神名を考えるに、『三国遺事』北扶余の条に引用される古記に見える「解夫婁」の「解」は夫余王の姓で「大」の意味であり、「夫婁《フル》」は夫余族の崇拝した神霊のことで、その語義は火 pur、赤・赫 purk、明 Park などと考えられている。さらにいえば解夫婁の神名は、『出雲国風土記』にみえる熊野加武呂乃命の加武呂と同一語である。

出雲国造家の主張するところでは、『出雲国風土記』の「伊弉奈枳《いざなぎ》の麻奈古に坐す熊野加武呂乃命」は、松江市の熊野大社の祭神で、これは須佐之男命のこととしている。さてその神名の加武呂の「加」は、夫余の王姓の「解」と同音である。また「武呂」は「夫婁」の音転であって、かくて加武呂は解夫婁の音写であった。熊野加武呂乃命はもとは高句麗神話の夫余王解夫婁の神名に由来している。ちなみに『出雲国造神賀詞』の「伊射那伎の日真名子、加夫呂伎熊野大神櫛御気野命」の加夫呂（伎は男神を示す接尾語）は、『出雲国風土記』にみえる熊野加武呂乃命の加武呂と同一語である。

いまみたように熊野加武呂乃命はフルの神霊であったのだが、フルを火の意味と考えると、毎年十月十五日の鑽火祭に熊野大社から出雲大社宮司に火鑽臼《ひきりうす》と火鑽杵を授ける儀式的意味が理解できる。伝えによると、熊野大神櫛御気野命から国造の先祖天穂日命が火鑽具を授けられ、これを以て大国主神を祭ったという。その由来に基づき、毎年熊野大社から新たに造った火鑽臼・杵が届けられ、この火によって炊いた神饌を国造が神と相嘗する行事が古くから行われた。このように古伝に熊野大神から天穂日命に火鑽りの術が授けられたとある如く、その火の御魂こそが熊野加武呂乃命の神霊なのであった。

さて出雲の斐伊川は日の川、火の川、あるいは霊《ひ》の川と解すことができ、またこの川は一名古川とも呼ばれていた。源流を須佐之男命が降臨した鳥上の峯（船通山）より発している。『出雲国風土記』仁多郡三沢郷の伝説によると、大穴貴神の子、味耜高彦根《あじりきたかひこね》神は八拳鬚《やつかひげ》生えるまで、夜昼泣いて言葉を話すことができなかった。そこで御祖の命は御子を舟に乗せて八十嶋を率い巡りて慰め、遂に斐伊川の上流の三沢の泉で禊《みそぎ》をして言葉を発したという。三沢の泉は、出雲国造が神賀詞《かんよごと》奏上に朝廷に出かける際に、潔斎の水として用いられたと書いている。

この記事に続けて、「此によりて、いまもはらめる婦は、その村の稲を食はず、若し食ふ者あらば、生《うま》るる子すでに云はざるなり。故、三沢といふ」と記されている。妊婦が啞の子の出産を避けるために三沢の村の稲を食わないという禁忌は、タタラ製鉄の盛んな斐伊川上流の泉が鍛冶師の祖霊を身につける聖水であって、それ故に鍛冶鉱毒による言語障害の子の出産を避けるためのものであった。

味耜高彦根神は、出雲の国譲り神話の天若日子の殯の場面に登場する。それによると、この神は天若日子の喪を弔った際、死人に間違われたことを怒って、その喪屋を神度剣《かむどのつるぎ》あるいは大量《おおはかり》と呼ばれる剣によって切伏せる。味耜高彦根神の佩かせる神度剣は、刀剣神たるこの神の標徴であった。

大穴貴神の子、味耜高彦根神が斐伊川の上流、三沢の泉で禊して初めて言葉を発したというのも、祖神である須佐之男命の霊威は鳥上の峯より流れ出づる河に憑りくるものであって、したがってこの水で禊ぎすることによって、いや若え、いやをつ力を身につけたからであった。出雲国造は就任の時に、三沢の泉で祖霊の霊威を身につけ、その後に京都にのぼって「神賀詞」を奏上した。その「神賀詞」には、

「彼方の古川岸、此方の古川岸に生ひ立つ若水沼間《わかみぬま》の、弥《いや》若えに御若えまし須《す》須《す》伎《ぎ》振る遠《を》止《ど》美《み》の水の、弥乎知《いやをち》に御乎知《みをち》坐し、」

とある。肥の河の一名である古川はフルの御魂に因む川の名であり、またこのフルの御魂とは須佐之男命、つまり熊野加武呂命の霊威であった。

結局、味耜高彦根神は古川に禊ぎして、鍛冶シャーマンの祖霊「フルの御魂」を身につけるのであり、それ故に、妊婦が三沢の村の稲を食すことは禁忌とされたのだった。付言すると辞通《ことばつう》じなかった味耜高彦根神が、出雲の古川で禊ぎして初めて辞通じたという話は、新羅始祖朴閼智の王妃閼英の水浴伝説によく似ている。新羅の閼英井の鶏竜から出誕した閼英は、撥川《プル》で水浴してその鶏嘴のごとき唇を撥落し、其の後に光り来臨する天の御子赫居世 purkan の妃となる。言い換えれば、その神婚も「フルの御魂」を身に憑けることに他ならなかった。

第六節　新羅昔脱解《ソクタルヘ》と瓠公の争い

夫余系の高句麗、百済の建国神話には、必ず「フル」という神人や国名がからんでいる。その轍《てつ》を踏むと、新羅の建国神話に夫余系の神話要素として、建国始祖と争う「フル」という「人物」なり「国名」なりがあったとしても不思議ではない。『隋書』新羅伝によると、新羅王の先祖は百済人で、海上に逃れて新羅に入り、遂に新羅王となったとの伝説が記録されている。新羅の王族が百済人であったことは、新羅の建国神話に夫余系の神話要素が引きつがれていても、おかしなことではない。

新羅の第四代昔脱解《ソクタルヘ》王の母は東海中の竜城国の妃で、脱解は卵で生まれ落ちた不詳事のために捨児となり、小舟に載せられて海に流された。赤竜に守られかつ鵲に導かれながら、辰韓の阿珍浦に漂着して海辺の老嫗に養育されたと伝説されている。その脱解についてだが、住むべき地を求めて、瓠公と争ったという伝説が記述されている。つぎに『三国遺事』にのる脱解と瓠公の争いを紹介し、昔脱解考の一助としたい。

辰韓の阿珍浦に漂着した童子は、海辺の老嫗阿珍義先に拾い上げられた。其の後、童子は杖をひきながら二奴を従え、吐含山に登り、石の塚を作って七日間留まった。そして城中で住むべき地を求めて眺めていると、ある峰が三日月のようで永住するにふさわしい地であったので、尋ねていくと、それは瓠公の家であった。童子は詭計を設けて礪炭を家のそばに埋めておき、翌朝、その門前にいって「これは私の祖先の家です」と主張した。瓠公との争いは決着せず、とうとう役所に訴えた。役人が「どんな証拠があってお前の家だといいはるのか」とただすと、その童子は「私どもはもと鍛冶屋であったが、しばらく隣郷にいっていたあいだに、他人が奪って住んでいる。この地を掘ってみよ」という。いうとおりに掘ってみると、いかにも礪炭があった。それでそこを自分の家にすることになった。ときに南解王が脱解に智略があることを知って、長公主を妻とさせた。これが阿尼夫人である。(『三国遺事』王暦には阿老夫人とある)。第三代弩禮王が亡くなると、光武帝中元六年丁巳六月に王位にのぼった。姓を昔氏といった。

脱解は海浜に着くや「其童子曳キレ杖ヲ率イテ二一奴ヲ一登リ二吐含山ニ一、作リテ二石塚ヲ一留マルコト七日」と語られている。脱解の石塚は、彼がそこで物忌みするべき祖霊の宿る石塚であった。物忌みすること七日の後に、聖嶽吐含山から月城に出た脱解は、瓠公の宅に至って、その宅地を争うこととなる。その際に詭計をもうけてその宅地に礪炭を埋め、「我ハ本冶匠ナリ乍《シバラク》出ヅ二隣郷ニ一、而シテ人取居ルレ之ニ、請フ掘リテレ地ヲ検シ看ン、」とて礪炭を掘り出し、訴訟に勝って瓠公の居宅を得たという。

昔脱解は杖を曳き、吐含山に登ったうえで自らを治匠であると主張している。吉野裕氏は「足ダタラ踏み」がビッコをひくような姿態をとったことから、製鉄従事者は杖をもつ跛者と考えられたと述べている。もともと脱解は海上から来臨する神霊であり、かつ吐含山の山神であった。後に神のお告げがあって、脱解の遺骨を砕いて塑像を作り、吐含山に奉安した。これが東岳神であるというのも、脱解が鍛冶師を守護する山神であることを示している。ちなみに長野県高遠町藤沢と、茅野市宮川との境、守屋山登山口に近く杖突峠がある。古くは東山道、杖突街道が通っていた。儀式によって地上に降臨した神が杖を突く場所であったと言い伝えられている。

脱解が冶匠であったという伝承は、脱解の姓が昔氏であることと併せ注目すべきことである。伝説のうえでは、脱解の姓、昔氏は、その卵を先導した鵲に由来するものとされ、「省キ二鵲字ヲ一、以テレ昔ヲ為スレ氏」と説明されている。しかし冶匠である脱解の姓「昔」は、中国伝説の冶匠干将、莫耶の子の名「赤」と同音である。筆者は、高句麗始祖の朱蒙の正体は蚩尤であると述べたが、その朱蒙の系譜に「赤」を韓語訳した「明」字のつく人名が頻出している。脱解の姓「昔」については、あくまで「赤（セキ）」の写音と考えたい。そうすると諏訪の御左口神と同一の神ということになるが、ミシャグチの宛字や発音については後で考察したい。

脱解の名義であるが、三品彰英氏は『三国史記』『三国遺事』で、「脱解」が「吐解」とも書かれたと指摘している。そして吐解の意義について、「吐解」（**pat'-pu-eŭr-č**）はすなわち「海解」（**pata-pu-eŭr-č**）である。かりに適当な邦訳を付ければ「海童《わだつみ》」「海津見命」と訳すことができると書いている（『三品彰英論文集』第四巻脱解伝説）。

脱解の姓「昔」は「赤」と同音であり、また「脱解」は海童（海津見命）と邦訳できる。そうすると「昔脱解」の名義は、脱解の本国竜城国の祖神の出現形相、そのままの赤竜なのであった。

それはともかく、脱解と争う瓠公の出自について『三国史記』新羅本紀、赫居世居西于条に、「瓠公者未レ詳二其族姓一、本倭人、初以レ瓠繋レ腰、渡レ海而来、故称二瓠公一」と記されている。三品彰英氏は、瓠公は朴赫居世の影のような人物であると説明しているが、傾聴に値するものである。

既に筆者は新羅始祖赫居世（pur-kan）の神霊は、新羅六部の故国の祖霊である夫余王霊の「夫婁」と同一であることを主張した。いま朴赫居世と瓠公（朴 palk と瓠 pak は通音。瓠はヒサゴ、ヨサの義）が同一人物であるとすると、瓠公はフルの御魂を象徴する人物に他ならない。

瓠公は脱解王二年の条に「拝二瓠公一為二大輔一」とあって、昔脱解王のもとで政治を一任された。新羅本紀の同年条には、脱解王が瓠公を馬韓に遣わして馬韓王と辰卞《しんべん》二国の所属を争った話がのっている。朱蒙に敗れた沸流国王が多勿都の王に封じられ活躍した話と似ているのである。

このように考えると、脱解と瓠公の居宅をめぐる争いの説話は、高句麗始祖朱蒙と沸流国王松譲の争い、および百済始祖の温祚と沸流の兄弟の争いの物語と同型の伝説である。高句麗建国神話の沸流国王、百済建国神話の沸流、そして新羅の瓠公など、いずれもその建国始祖と国土、あるいは宅地をめぐって争い敗れる人物が、「フル」の神霊にかかわるものであることは、偶然のことではない。

かくて昔脱解と瓠公の争いというのは、昔氏（セキ）と瓠公（赫居世の影のような人物フル）との争いに還元できる。ここまで書くと、ミシャグチとフルの争いを想い出すだろう。そうです、両者の争いは『諏訪大明神画詞』や『大祝信重解状』にみえる諏訪大明神と洩矢神（守矢大神、守屋大臣）の争いに置き換えられる。御左口神がフルを従えるのです。

これらの神話はいずれも、かの夫余王解夫婁が、その国土を天帝の太子に譲って東に去るという夫余系の神話要素を継承したものであった。それ故にこれら三国の神話の中に、建国始祖に国譲りをする「フル」なる神人が登場するのであった。

ところでもと倭人の瓠公は、瓠を腰に繋いで海を渡ってきたと伝説されている。瓠を身につける風俗は、現在も中国西南部からタイの西北部にかけての山棲みの少数民族の間にみられる。そのうちタイ国のミャオ族（苗族）の子は瓠をお守りに首から下げ、アカ族の子は腰に下げている。これらの民族が瓠を身につける由縁は、彼らがその始祖に槃瓠とよぶ犬を祭ることによる。槃瓠の槃は盤《たらい》で、瓠はひさごで、伝説によるとはじめ槃瓠は繭《まゆ》のごときもので、それを瓠に盛り槃で覆うと犬に化生したという。

日本人のルーツとも言われる苗族（ミャオ族）は、中国の貴州省に多く居住しており、同系統の言葉を話す人々は、タイ、ミャンマー、ラオス、ベトナムなどの山岳地帯に住んでいる。苗族が日本人のルーツと言われるのは、まず髷を結うこと、もち米、納豆、麹による酒造、漆塗り、繭から糸を引いて作る絹などの生活習慣が日本人と共通しているからということだ。

ところで苗族の祖先を蚩尤とする言説がある。これは、中国古代の伝説に登場し、黄帝と涿鹿で戦って敗北した「蚩尤の徒」、九黎の子孫が南方に逃げて三苗になったという説である。三苗は古代、揚子江の中下流域にいたと推定されている。揚子江周辺の長江文明は起元前一四〇〇〇年から紀元前一〇〇〇年にまでさかのぼる。日本の米（ジャポニカ米）の発祥地方の文明である。春秋戦国時代（ＢＣ七七〇―ＢＣ四〇三）に楚や呉の文化を築いたともいわれる。しかし秦始皇帝の天下統一以後、北方からの漢族の圧力で、西南中国の山岳地帯に移動して、現在のミャオ族になったといわれる。ただし『書経』『舜典』記載の「三苗」と、古代の楚や呉を構成した人々と、現在のミャオ族との関連を実証する史料は存在していない。一九九〇年代に「中華民族」の統合を強調する中国共産党の学説や、一九九四年に中国全土に展開した漢族主体の愛国主義運動に抗して、苗族の民族意識の高揚に伴い、苗族の先祖は蚩尤であるとする考えは、苗族の知識人の間で定説化している。

第七節　ミシャグチを追跡する

脱解と瓠公の居宅をめぐる争いの話に戻ろう。筆者は先に瓠公は朴赫居世（pur-kan）の影のような人物であるとの説を紹介した。そうすると瓠公は「フル」を象徴する「人物」に他ならないことになる。それでは新羅建国神話において、瓠公と争う昔脱解なる「人物」は、どのように位置づけられるのだろうか。実は筆者は、新羅第四代王の昔脱解という「人物」は、ミシャグチ神の顕現、折口信夫氏の言葉を借りるなら「ミシャグチ神の清なる容器（清器《きよつき》）」になると表現している。拙著『諏訪神社七つの謎』の第九章「諏訪神社ミシャグチのこと」を引用しながら、昔脱解についての筆者の見解を述べてみたい。昔脱解とは何者なのか。それはミシャグチを解きあかすことで、昔脱解の正体を把握することになると思う。

ミシャグチはいたる場所にすむ精霊である。ミシャグチは木や笹、葦などの植物、石棒や石皿、自然石などの石、さらには剣先板や人に憑いたりする。さまざまなもの、いたる場所に住む精霊は、天にそびえたつ樹をよりしろにして降りてくる。廻湛《まわりたたえ》神事で、外県・内県・大県の古郷を神使が巡行するとき、湛神事は各古郷のタタエ木の下で行う。この「タタエの樹」を「ミシャグジの樹」とも言っている。「タタイ、タタエ」は、湛の字があてられているが、これには神霊が出現するという意味があるという。郷土史家の今井野菊さんは、古樹の根元に祠があり、御神体として石棒が納められているのが典型的な御左口神のあり方だと述べている。

諏訪神社上社では建御名方神の子孫とされる諏訪氏出身の童男が大祝という生神様の地位に就き、神長官という筆頭神官の位に守矢氏が就いて御左口《みしゃぐち》神を祀っていた。諏訪の地では大祝と神長による信仰と政治の諏訪祭政体が確立したのである。

神長官守矢氏は、ミシャグシ上げやミシャグジ降ろしの技法を駆使して、祭祀をとりしきっていた。また、諏訪神社の大祝はミシャグジの霊威を必要としたのであり、守矢氏が大祝に「御左口神付け申す」ことによって、その霊威を蒙ってはじめて現人神たりえたのであった。

諏訪地方の古記録にみえるミシャグジの宛字は、御作神、御左口神、御社宮神、佐久神、御射軍神、佐久知、左口などである。ミシャグジの発音も敬称の「ミ」が「オ」になったり、敬称が無かったりする。大和岩雄氏は「現在は御社宮神の表記がもっとも多いので、「ミシャグジ」と訓まれるが、古い文献では「サクチ」「サク」だから（「ミ」は敬称）、「サク」が「サグ」「シャグ」、

「チ」が「ヂ」、さらに「ジ」になったのであろう。「サクチ」が原義で、「サク（作）」の「チ（霊）」の意と考えられると書いている（大和岩雄『神社と古代民間祭祀』）。

「サクチ」の語義について、大和氏が「サク（作）」の「チ（霊）」の意とすることには賛同できない。ただし「サクチ」が「サク、セキ、シャク、サケ」の精霊・神であることは確かであろう。

柳田国男氏は『石神問答』の中で、ミシャグジ、サグジ、スグジなどと呼ばれる神を、塞神《さえのかみ》、道祖神との関連で考察している。サグジまたミシャグジも塞神の義である。また境界の隙間《すきま》からわきあがってくる災いや危険を、こちらに入れまいとして境界を塞ぐ「ソコ」の神である道祖神も、もとはといえばシャグジと同じ境界神の一種である。シャグジが道祖神などと重なり合った性格をおびているのもそのためである。ようするに、シャグジは空間やものごとの境界にかかわる霊威をあらわすことばであり、神なのである。

柳田国男氏や中沢新一『精霊の王』は、諏訪のミシャグチと、多様な名称をもって列島上に祀られている「シャグジ」とが同一の神あるいは精霊と理解した。また諏訪信仰圏の「ミシャグジ」の神と、西日本の差別された人々の氏神である「宿神」が、同じ根源を持つと述べている。猿楽をはじめとする芸能の徒たちが、みずからの守護神として重要視してきた「宿神」と「ミシャグジ」はつながりがあるというのだ。

「昔は諸道にかく守宮神《すくじん》たちそひければ、験《しるし》も冥加もありけるにこそ」（『続古事談』）

守宮神は宮中諸芸の神として、朝廷の外記庁《げきのちょう》に祀られていた。典薬頭の丹波雅忠の夢に、七、八歳くらいの小童があらわれ、火事が起こるから気をつけるように告げた。二十日ばかり経ったときに本当に家が火事で焼けてしまった。丹波氏は、先祖の康頼が熱心に守宮神を祀ったおかげで、医道の文書の一巻も焼失せずにすんだ。

守宮神（宿神）は猿楽をはじめとした芸能の徒ばかりでなく、医道、作庭家や大工にはじまって、もろもろの細工師、金属技術者、染織家などの守護神であった。

さて兵庫県赤穂市坂越の大避神社は、猿楽宮とも宿神とも呼ばれた。宿神とは、文字通り宿（夙《しゅく》）に住んで卑賤視された芸能民、職人の守護神である。大避神社が猿楽の宮とも呼ばれるのは、祭神の秦河勝を猿楽の祖また能楽の祖とみるからだ。

大避神社の縁起によると、聖徳太子の側近として活躍した秦河勝は、何事のためか、うつぼ舟に乗って播磨国坂越《さこし》に漂着したと伝承されている。河勝が着いた「坂越」は、現在は「サコシ」と訓むが、もともとは「シャクシ」の宛字とされる。うつぼ舟に乗って坂越《しゃくし》ノ浦に寄り着いた秦河勝は、蜑人《あま》が舟を上げてみると、化して神となっていた。「当所近離に憑き祟り給しかば」大荒神と申した。其の後、坂越浦に宮造りして崇め、山の里に多くの宮造りして西海道を守護された。よって猿楽の宮とも、宿神とも呼んだ。

坂越の大避神社とは別に、京都太秦の広隆寺の東隣りにも大酒神社が鎮座している。こちらも秦氏がまつる神社で、祭神は秦始皇帝、弓月王、秦酒公。社伝では、もとは大避（辟）神社、あるいは大裂神社と書いたが、秦酒公を祀るところから大酒神社と改めたという。「大辟」とは、秦始皇帝の祖神で、仲哀天皇八年、秦氏の祖功満王が来朝し、この地に勧請したものだとしている。ここで「大サケ」の「大」は尊敬または賛美の意を表わす語だから、サケの神が秦始皇帝の祖神ということになる。これらのことを勘案すると、どうやら「シャクシ」「サケ」とは、秦氏がまつる神であるようだ。諏訪神社信仰の中心に位置するミシャグチの神とは、西日本では宿に住んで卑賤視された芸人や職人の祀る宿神と同根の神であった。そしてそれは、どうやら秦氏が神として信仰した「サク、セキ、シャク、サケ」の精霊＝神であったようだ。そうすると、秦氏がもともと保有していた海からの始祖シャクシの漂着伝承が、河勝の播磨国漂着伝説に変化したと考えられる。

第八節　昔脱解伝説の考察

新羅の第四代王、昔脱解の伝説のことだが、秦河勝がうつぼ舟にのって西海に漂い、風のままに播磨国坂越浦に漂着したという伝説とはなはだよく似ている。そもそも秦氏の秦の字は波多《ハタ》ないし波陀《ハダ》と読まれるのだが、これは朝鮮語の海を意味するpataから転じたものである。そうすると脱解（吐解）の名義と一脈通ずるものである。また脱解の伝説は、わが海神《わたつみ》の女豊玉姫が、彦火火出見命と婚いして御子を生んだが、あるタブーを犯したことによって、その御子は真床追衾とカヤに包まれて海辺に捨てられる運命になったという物語とも、筋書きの上で非常によく似ている。いま脱解の阿珍浦漂着伝説の概要を紹介し、豊玉姫の御子生み伝承を考える一助としたい。

「脱解（吐解尼師今《ニシキム》）は、南解王のときに鶏林の東、下西知村の阿珍浦に舡にのってやってきた。そのとき浦辺に阿珍義先という老媼がいたが、乃ち赫居王之海尺之母である。海中に鵲が集まって鳴くのを不思議に思い、尋ねていって舡を見つけた。舡の中に一櫃があるのを見て、その舡を曳いてきて樹林の下に置き、これを開くと端正な童子と七宝、奴婢があった。もてなしを受けて七日たった時に、童子がこういった。「我はもと竜城国人で（亦は正明国、あるいは琓夏国という。琓夏は花厦とも書く。竜城は倭の東北一千里にある）、我が国にはかって二十八竜王がいたが、みな人の胎内から生まれたもので、五、六歳で王位を継ぎ、万民を教え、性命を正しくします。八品の姓骨があるが、皆例外なく大位にのぼるのです。ときに父王の含達婆が積女国の三女を迎えて妃にしましたが、七年後に大きな卵を一つ産みました。大王はそれを不祥として櫝を造って卵をその中に入れ、七宝奴婢とともに小舟に乗せて海に浮かべて流し、〈有縁の地に至って、国を建て家を成せ〉と祝言しました。そこで我は、赤竜に舟を譲られて、今ここに来たのである。話がすすむと、童子は杖をひきながら、二奴を従え、吐含山に登り、石の塚を造って七日間留まった（『三国遺事』）」。

先に脱解の名義は、海童と訳すことができるとする三品彰英氏の説を紹介した。こちらは福岡県福岡市の志賀海神社で祀る少童命《わたつみ》であるが、ここでは代々阿曇氏が祭祀を司ってきた。『日本書紀』では少童命と阿曇連との関係を「底津少童命、中津少童命、表津少童命は、是れ阿曇連等がいつきまつる神なり」と語っている。阿曇（アズミ）の名前は、奉斎神の和多津見《わたつみ》から出たものであろうという。三品氏によれば、アズミは「海」を意味するワダにツミ（ミは朝鮮語で竜を意味しツは助詞か）を重ねたワダツミの転である。

また脱解の漂着した阿珍浦についてだが、『三国遺事』巻三、原宗興法、猒髑滅身の条に阿珍宗郎を註して「新羅官爵凡十七級、其第四曰二波珍喰一、亦云二阿珍喰也一」といっており、『三国史記』職官志に「四曰二波珍湌一或云二海干一」とある用例に従って、阿珍は海に書き改めることができると書いている。そして脱解の漂着した阿珍浦は「海浦」のことであるとする。結局、脱解を養育する老嫗阿珍義先の阿珍は安曇（アズミ）に通じる語であった。

さて安曇氏の保有する海神《わたつみ》の女豊玉姫の御子生み伝承は、脱解伝説と本質的に共通するものである。脱解の故国「竜城国」は、かつて二十八竜王がいたと語っているように、明らかに新羅人の竜神信仰と関わるものである。そうすると脱解の生国の「竜城」の名は、日本人の耳に聞き訓れた「竜宮」という語に置き替えて説明することができる。物語の筋に従えば、脱解の母は東海中の竜城国の王妃で、脱解は卵で生まれた不祥事のために捨てられ、赤竜に護られ、かつ鵲に導かれて海路をさすらい、辰韓の阿珍浦に漂着して海辺の老嫗に養育されたという。これをわが記紀神話と比較すると竜宮の女豊玉姫が、彦火火出見命と婚いして鸕鶿草葺不合《うがやふきあえず》命を生んだが、その際、本国の姿である竜の形相を現わしたのを目撃され、その御子は真床追衾とカヤに包まれて海辺に捨てられる物語と、筋書きの上で非常によく似ている。

『三国史記』新羅本紀の所伝によると、脱解の卵は二匹の赤竜に保護されて海上を渡り、海辺の老嫗に救い上げられる。脱解の卵を保護して辰韓に送り届ける赤竜とは、脱解の母の本態に他ならず、そしてまた辰韓の阿珍浦で脱解の卵を拾い上げ、養育する老嫗もまた赤竜を本態とするものであって、神話学的には脱解の姨に位置づけることができる。

それに対して『書紀』本文は、豊玉姫が御子鵜葺草葺不合命を出産される際、自らその本国の姿である竜の形相を現わしたといっている。

「豊玉姫、方に産むときに竜に化為りぬ」

そうすると御子生みのために、夫の待つ海辺の波限《なぎさ》に、海を光《てら》してより来る豊玉姫、玉依姫の姿は、『三国史記』所伝の脱解の卵を保護して海上を渡る二匹の赤竜と通ずるものである。このように竜城国の女が卵を産んだ不祥事のために、その卵は小舟に乗せて海に流され辰韓に漂着したという昔氏の始祖伝説は、豊玉姫が竜となった姿を見られたためにその御子は海辺に捨てられる運命になったという物語と同根のものだ。

ところで豊玉姫の御子が鵜葺草葺不合命《うがやふきあまず》と名づけられた理由について、『日本書紀』第一の一書には、御子が誕生した産屋は鵜の羽を草（かや）としてふいたが、「甍合《いらかおきあ》へぬ時に」生まれたからだと説明している。

筆者思惟《おも》うに、この光景を諏訪神社上社前宮の祭りのどこかでみた記憶はないですか。

旧暦の十二月二十二日の御室入りの神事から三月末日の御室出の神事までの約百日間の御室神事の舞台となった御室のことです。諏訪神社前宮の現在の御室社のあるところに、地面に大きな穴を掘り、縄文時代住居に似た竪穴住居を建てる。この御室の中に萩で組み立てた「萩組の座」をつくる。「うだつ」とも書かれている。この御室神事に御左口神が登場する。『年内神事次第旧記』の十二月晦日条に「うだつの御左口之御前にて、御あかしをまいらせて天地長久之御祈禱のために」とある。

諏訪地方で「うだつ屋」とは、葦や萱・柴等で引き結んだ小さな叢祠をいったり、屋根上に仮設した出窓状の構造物をいう。「萩組の座」は、御室の中に萩をもって、うだつ屋のように組んだ構造物をいうのだろう。その「萩組の座」の中に御左口神をまつっている。

「大祝信重解状」には「御室内之御左口神上破風葦巣奉塞之事《うえのはふはあしずにてふさぎたてまつること》」とある。御室のうだつ屋の屋根の破風を葦の簀でふさいで、それに御左口神を付けるということだ。

前宮で最も重要な神宝三種を納めた内御玉殿の天井は、わざわざ守屋山中でとれた葦でもって葺いている。天明四年の「御頭規式帳」に描かれた小坂村の御頭屋敷平面図を調査した田中基氏は、「うたつの御左口神は西側の妻の部分を葦組でもって塞いでその前面に置かれたものだろう」（田中基『穴巣始と外来魂』）と説明している。その御頭屋敷の天井もよしで葺いていた。御室の御左口神の座として「上の破風は葦巣にて塞ぎ奉る事」（『信重解状』）という点からも、天空から降りてくる御左口神の憑き代が葦巣であったと考えることができる。

そのように考えると上社神宮寺の本堂であった普賢堂の天井は格《ごう》天井だった。また『画詞』には、上社本宮の「上壇は尊神の御在所、鳥居格子のみあり」とあって、その前に香花を供えている。上壇は普賢菩薩のおはす所で、菩薩の姿はみえず虚空のようで、天地に瀰漫《びまん》している。そこら中にみちている。それはつまり御左口神がさまざまなものに付き、いたる場所にすむ神あるいは精霊で、天にそびえたつ樹木をよりしろにして降りてくる。岩の御座所に降りたまう。その前に鳥居格子を構えている。

御室の御左口神の憑き代が破風の葦巣《あしす》であったのもそのためであろう。そのように考えたら海童の産屋が、鵜の羽で葺き終わらないうちに、鵜葺草葺不合命が誕生したという記紀神話の一節が理解できる。鵜葺草葺不合命の神霊が降誕するために、「甍《いらか》合《おきあ》へぬ」状態で産屋を建てることが肝要だったのだ。

第九節　海童と八幡信仰

さて安曇氏についてはまだ触れておかなければならないことがある。福岡市志賀海神社の阿曇連のまつる少童命は早くから八幡神ということになっている。そうすると、八幡神即ち海童のことと把え直すと、脱解を祖とした昔氏と重なってくる。これまでみてきた昔脱解伝説が八幡縁起の系統に属し、なかんずく大隈正八幡の縁起にはなはだ近いことは一読して直ちに察することができる。まず阿曇連のまつる海童鵜葺草葺不合命が八幡神であったという話をしよう。

宇佐八幡宮の縁起などの民間信仰の上では八幡神は応神天皇のこととなりとされている。ところが八幡＝応神の誕生の秘話について、『宇佐託宣集』(『八幡宇佐宮御託宣集』) には見すごせない所伝が記されている。大帯姫 (神功皇后) が新羅遠征する直前の夜に鵜葺草葺不合命の御霊が夜に来て、大帯姫との間に「汝、我が婦とならんとせば、祈るところをなすべし」「我、懐妊せり」という問答がかわされたという。

一に云く、大帯姫異国を降伏せんが為、四天王の峯に於て、諸天善神を驚かし奉る時、地神第五主の彦波瀲尊《ひこなぎさのみこと》の霊、夜来りて言く、汝我が婦とならんとせば、祈る所を成すべきなりと。大帯姫言く。我、懐妊せり。平産《こうむ》の後を期《まつ》べしと。仍《すなわ》ち同心せしめ、異国に渡り、三韓を伐ち、本朝に帰り、筑前国蚊田郡に於て、皇子を生み、貴約に任せ、夫婦となりたまふ。（『託宣集』）

彦波瀲尊（鵜葺草葺不合命）の御霊と大帯姫の間に交わされる「汝、我が婦とならんとせば、祈るところをなすべし」「我、懐妊せり」という問答形式の神懸り的神婚によって、海童神の御霊が大帯姫に憑依して再生的に出現したのが応神天皇であると信仰されたのである。すなわち八幡神＝応神は鵜葺草葺不合命の再誕とされているのである。

しかるに懐妊した神功皇后が皇子を胎中に宿して新羅に遠征し、海路を凱旋して来て筑前の海辺で皇子を生んだという伝承は、海神の女豊玉姫や玉依姫が海辺に来て海童的日の御子鵜葺草葺不合命を出誕する神話とも通ずるものであった。かくて神功皇后の皇子出誕説話と鵜葺草葺不合命の出誕神話は、たんに同型の神話伝承というにとどまらず、もとは同一の伝承から分化したものということができる。そうなると豊玉姫の御子生み伝承を保有する安曇氏は、新羅王の伝説ばかりか、八幡＝応神の出誕伝説につながる始祖神話をもっていたということになる。

海神《わたつみ》豊玉姫と御子鵜葺草葺不合命の伝説を保有していたのは安曇氏であった。また安曇氏族は諏訪神社信仰を奉ずる氏子で、諏訪神建御名方神の妃八坂刀売命は安曇氏の女であった。それでは昔脱解の伝説をもちつたえた新羅三皇の一「昔氏」とは何者であろうか。筆者はそれは播磨国坂越の大避神社をまつっていた渡来の大族秦氏ではないかと考えている。大避神社は猿楽宮とも宿神とも呼んだ。宿に住んだ芸能民、職人の守護神であり、彼らの語り伝えた秦河勝のうつぼ舟伝説と昔脱解伝説は本質的に同じものだと考えているのだ。秦氏は代々八幡神を信仰し、天正十五年その氏族長宗我部元親は居城鎮護の社と定め社殿を造営したと伝えられる。（金達寿「日本の中の朝鮮文化⑨」）

もう十五年以上も前のことだが、筆者は愛知県の渥美半島を古代史探訪の旅をしたことがある。渥美氏の先祖は阿曇連で、三河における阿曇氏は古くから渥美郡の豪族として栄えてきた。天平時代には山田の泉福寺を建立した渥美重国は国造級であった。

応和二年（九六二）中田利左衛門が記した文書によると、推古朝、新羅国王から日本国へ孔雀を献上した。そのときの大使が国王の弟であった。一年余り後に、新羅国王の弟が苗木や種、綿の種などをもって大きな船で百人余りの従者を従えて渥美半島の和地（太）に着岸した。すぐに大和へ出向いて推古天皇に再びお目にかかって帰化することになり、渥美太守白水という号をもらった。『和名抄』に渥美郡幡多郷とならぶ和太郷があった。（金達寿『日本の中の朝鮮文化⑦』）

筆者は田原市の阿志神社、泉福寺、伊良湖神社などをみて、郷土館学芸員にきいたのが「渥美半島に繁栄したのは阿曇氏なのですか。秦氏なのですか」という質問だった。学芸員は「私どもとしては阿曇氏だと考えている」と答えてくれた。だが筆者にはよく違いがわからなかった。渥美氏の祖先が推古朝に新羅国から帰化したというのは、よくある誤解にもとずくものだろう。金達寿氏は、安曇＝渥美氏族の先祖は、新羅＝加耶系の渡来人である秦氏族の一派だったと書いている。筆者思惟うに、渡来氏族の秦氏と日本海を隔てた安曇氏が同族的結びつきをもっていた時代があったものではないかと思う。安曇氏の保有する豊玉姫の御子生み伝承と諏訪上社のミシャグチ祭祀、新羅王昔脱解伝説、秦河勝の坂越漂着の伝承が、同根の始祖伝承であるとみるからでる。

第十節　銅剣文化の担い手、安曇・物部氏

鵜葺草葺不合命が「甍《いらか》合《おきあ》へぬ」産屋に降誕したという記紀神話は、安曇氏族の保有する海童信仰である。諏訪上社前宮の御室の破風の葦巣に、天空から御左口神が降り憑くという信仰は、神長守矢氏が専ら専門とした技法であった。両者は基本的に同じ哲学にもとづくが、あちらは安曇氏族の神話であり、こちらは物部守屋の子孫を称する守矢氏の呪術である。同じ哲学を共有する安曇と物部の氏族関係をさぐってみたい。

考古学者の大場磐雄氏は『考古学上から見た古氏族の研究』において、銅鐸発見地における使用氏族の一部に、加茂または美和を称したものの存在を肯定している。また大場氏は銅矛・銅剣の分布は、物部氏と密接な関係の存すること、および安曇族の分布を考慮することで物部氏のブランクな地方も埋められると説明している。大場氏はまず、信濃国における銅矛・銅剣・銅戈の分布と安曇族の分布とを検討している。

安曇氏の発祥地は筑前国糟屋郡阿曇郷とされている。博多湾即ち灘ノ津を擁した一大集落で、

『三国志』魏志倭人伝に見える奴国は安曇族の建てた国家であろうと推定されている。従って早くから大陸と交通するうえで、安曇族の居住地帯に、銅矛・銅剣・銅戈が濃い分布で認められることはいうまでもない。

航海漁撈を生業としてきた海人族の安曇族は、姫川及び信濃川（千曲川、犀川）とその支流などの日本海に河口を開く河川を、一つには鮭を追って移動し信濃国に入国したと考えられる。

信濃国に古く安曇族が住みついていたことは、文献のうえでは『延喜式』に安曇郡が記載され、『和名抄』に安曇郡四郷が記されていることでもわかる。安曇郡の初見は、天平宝字八年（七六四）の年号銘のある奈良東大寺正倉院所蔵の麻の布袴の墨書銘で、信濃国安曇郡前科郷の戸主安曇部真羊、同郡司主帳安曇部百鳥が貢献したことが書かれている。さらには信濃国更級《さらしな》郡に式内氷鉋斗売《ひがなとめ》神社があり、『和名抄』に氷鉋郷斗売郷が存し、埴科《はにしな》郡には式内玉依比売神社、小県《ちいさがた》郡には『和名抄』に海部郷が見える。信濃国には安曇・更級・埴科・小県の四郡にわたり、安曇族が分布していたことが推察される。

海のない山岳地帯の長野県だが、大場磐雄氏は注目すべき考古学資料として、北安曇郡平村海ノ口（大町市大字平）の平形銅戈と、更級《さらしな》郡更級村所在の佐良志奈神社蔵銅剣をあげられる。海ノ口の銅戈は、明治以前から社宝として伝来されていたものである。更級村佐良志奈神社蔵銅剣も同じく明治以前の発見にかかわる。これら二資料は一は安曇郡内、二は更級郡内にあり、共に安曇族の住居地帯に存している。

大場磐雄氏はこれらの銅器は利器に供されるより、一族の宝器として尊重し、安曇族の移住に際してはこれを奉じて遷り赴いたと解している。
長野県における銅剣・銅矛・銅戈の発見例は、大場氏の報告以後も、現在まで続いている。中野市の柳沢遺跡は、平成十八年から平成二十年にかけて行われた発掘調査で八本の銅戈が発見され、これが銅戈資料の北限となっている。さらに銅鐸と同時に発見されたのは注目されている。
大場氏は銅剣・銅矛の使用氏族として安曇族を認めるとともに、もう一つ同じ使用氏族として物部氏の存在を挙げている。四国地方で発見される銅矛・石剣の口数を一瞥《いちべつ》すると、その発見数から見て伊予・讃岐二国が頗る多いことと、特にその二国には平形銅剣の発見数が多いことに注目する。また伊予国の東宇和郡と土佐で広峰銅矛がすこぶる多く発見されていることを指摘して、物部氏の移動を次のように推測する。

太田亮氏の研究によると、物部氏の故国は九州北部にあり、その分布移動は、東西の二方面に向かったらしく、東に延びたものが四国の伊予に入り、讃岐・土佐に分布して淡路に進み紀伊・大和に入るとされ、西方に向かったものは筑後平野から肥後に出で、壱岐・対馬に連なる。

また大場氏は、物部氏の集団の中心には布都神社を祭祀していたとして、次のように述べている。

物部氏の集団の中心と考えられる付近には、一族の奉祀する布都神社が鎮座している。即ち伊予では桑村郡の布都神社、阿波では阿波郡の建布都神社、壱岐では石田郡の佐肆布都《さしふつ》神社がある。特に伊予では小市国造・風早国造がいずれも物部連の裔であり、宇田郡の刈田首、野間郡の野間連も同族である。それらの状態を念頭において銅矛・銅剣の分布を見ると頗るよく一致を見る。

ここまで大場磐雄氏の『考古学上から見た古氏族の研究』を紹介し、銅鐸、銅矛、銅剣の使用氏族についての論考を見てきた。大場氏によると、銅鐸の使用者として賀茂、三輪等大国主神を中心とする出雲神族がいる。また銅矛・銅剣の分布は、物部氏と安曇族の分布と密接な関係があると述べている。

まず銅剣・銅矛・銅戈の使用氏族に、安曇族と物部氏がいるという問題である。安曇連については、『古事記』が「三貴子分治」の前で、「この三柱の綿津見神は、安曇連等の祖神ともちいつく神なり。故、安曇連等は、その綿津見神の子、宇都志日金拆命《うつしひがなさく》の子孫なり」と書いている。その綿津見神は、記紀神話において、初代神武天皇の母方の祖とされ、相当古い時期から皇室と関わりをもっていたと伝承されている。

大和岩雄氏は『神社と古代民間祭祀』の「大海神社」のページで、安曇氏と尾張氏の氏族関係は緊密であると指摘する。

摂津国一の宮の住吉大社の神主・津守氏は尾張連と同族で、天火明命五世の孫建筒草命《たけかくさ》を祖とする。『日本書紀』には、十三世の孫田裳見宿禰《たもみのすくね》が神功皇后の新羅遠征につかえたと記されている。その功績から、子の豊吾田が津守連を賜わり、これが津守連の祖とされている。

さてその住吉大社の境内摂社に大海神社《おおわたつみ》があって、現在の祭神は豊玉彦命、豊玉姫命である。

延喜式神名帳に「大海神社二座元名津守氏人神」と記載されている。すなわち住吉大社創建以来の宮司家である津守氏の氏神が大海神社なのである。代々、津守氏の嫡男が大領氏と称して大海神社の社司となるならわしであった。このことから火明命の子孫である津守氏は、本来、海神族の祖である綿津見豊玉彦から分かれてきたと思われる。実際、紀伊国牟婁郡海神社社家の津守氏（屋主宿禰の子孫）は、その祖を綿津見豊玉彦としている。安曇氏の祀る穂高神社は「綿積神命の児、穂高見命」（『新撰姓氏録』）を祭神としているが、綿津見豊玉彦には穂高見命、布留多摩命（振魂命）、豊玉姫命、玉依姫命の四兄弟がいた。布留多摩命の子の天前玉命と尾張連の遠祖天火明命は同神であるという系図がある。布留多摩命は倭国造、八木氏、尾張氏の祖神とされる。もともと「海部はそれ尾張氏の別姓なり」（『尾張国熱田太神宮縁起』）とある。

つぎに安曇、尾張氏と物部氏は同祖である。『日本書紀』は尾張氏の祖を天津彦彦火瓊瓊杵尊の子、彦火火出見尊の弟にあたる火明命であるとする。一方、物部氏系の伝承とされる『先代旧事本記』の天孫本紀は、天照大神の子、正哉吾勝勝速日天押穂尊の子が天照国照彦天火明櫛玉饒速日尊で、またの名を天照国照彦天火明尊、または饒速日《にぎはやひ》命、またの名は胆杵磯丹杵穂《いきしにぎほ》命と書く。

天照国照彦天火明櫛玉饒速日尊の子は天香語山命で、その末裔が尾張連であった。また天照国照彦天火明櫛玉饒速日尊は、神武東征前に大和に天降っていた饒速日命で、要するに物部氏の祖に当たる。ここのところを『先代旧事本紀』の説明では、饒速日尊は天上にいたときに天道日女を妻として天香語山命を生み、天降って、御炊屋姫を妻として、物部氏の祖、味間見命《うましまみ》を生んだと書いている。したがって物部氏と尾張氏は同族であったと『先代旧事本紀』は語っている。そうすると尾張氏、安曇氏と物部は同祖の親縁氏族ということになる。筆者が何を言いたいのかというと、銅矛、銅剣、銅戈の使用氏族である安曇、物部は古くに枝別れした同祖氏族であったということだ。

ところで日本列島に、弥生時代の銅剣文化を将来したのは、濊貊《わいはく》ではないかと思われる。日本の細形銅剣は遼寧式銅剣から発展したものだが、その遼寧式銅剣文化は濊貊族の所産であるという（李丙壽『韓国古代史』）。筆者は安曇族・物部氏は貊ではないかと考えている。また銅鐸文化の担い手の加茂、三輪等出雲神族や、銅矛・銅剣・銅戈の文化の担い手である物部氏安曇族が古朝鮮檀君神話と関わっていると考えている。物部守屋の子孫と称する守矢氏がモレヤセニン（仙人）と呼ばれて畏敬されたのも理解できるのである。

第十一節　御衣着祝《みそぎほうり》誕生をめぐって

夫余系の高句麗・百済の建国神話には、必ず「フル」という「人物」や「国名」が絡んでいる。その轍を踏むと、「諏訪国」の建国神話に「フル」が絡んでいることを、どう考えるべきなのか。そこで諏訪神社祭政体発祥となる御衣着祝《みそぎほうり》誕生のいきさつを調べてみたい。

『神氏系図』（大祝家本）後書きによると、科野国造健隈照命（建御名方富命十八世孫の健国津見命の子）の九世孫、五百足は、兄弟の妻のなかに神の子を宿している者がいるという神告を夢のなかで聞き、生まれた男子を神子（また熊古と言う）と名づけた。その神子が八歳の時に諏訪明神が化現し、神子に御衣を脱ぎ着せて、大明神の御体とされた。これが則ち御衣着祝で、神氏有員の始祖である。用明天皇二年、神子は社壇を湖南山麓に構えたと書いている。『神氏系図』後書きによると、科野国造によって最初の御衣着祝が決められたというのだ。

神子のことがでてくる史料に、『異本阿蘇氏系図』（田中卓著作集第二巻）がある。『異本阿蘇氏系図』は古代阿蘇氏の系図として評価されたものだが、そのなかに別系統の諏訪神社の成立を伝えた記載がある。

阿蘇氏系図では、神武天皇の孫で、阿蘇神社の祭神、武五百建命（阿蘇神社一宮健磐龍命）が始祖の位置にある。武五百建命は阿蘇氏系図と諏訪の『下社大祝武居祝系図』の両系図で始祖の位置に置かれ、そのどちらにも「瑞籬朝科野国造」と注が入っている。武五百建命の子孫に金刺舎人の始祖金弓君がおり、その子麻背君（また五百足君という）が磯城島金刺大宮朝（欽明朝）、科野国造に復帰する。さらにその子倉足は諏訪評督《こおりのかみ》に、倉足の弟の乙頴《おとえ》は諏訪大神大祝に任じたとある。

その乙頴の添書に、「別名は神子あるいは熊古。八歳の乙頴に、御名方富命大神が化現《けげん》して御衣を脱ぎ着せ、「吾に体無し、汝を以て体と無す」と神勅した。磐余池辺大宮朝二年（用明天皇二年）二月、社壇を湖南山麓に構え、諏訪大神及び百八十神を祭り、千代田の忌串を刺し斎き奉る」とある。

『阿蘇氏系図』によれば、金刺舎人直麻背に二人の子息があり、倉足が諏訪の政務を司る諏訪評督となり、さらに倉足の子狭野《さの》も諏訪評督をつとめ、孫の百枝が諏訪郡領をつとめて、金刺舎人直が諏訪郡の郡領を世襲している。この郡領が政務をとる郡衙所在地は、下諏訪町下社周辺とみられる。

1 『神氏系図』後書きを系図にしたもの

須佐之男命……御名方富命（建御名方命）……（一八世孫）健国津見命―健隈照命（科野国造）……（九世孫）五百足―神子（又言熊子 八歳尊神化現 脱着御衣 用明天皇二年（五八六）講社壇）―神代―弟兄子

健甕富命（科野国造）―女―諸日別命

兄弟部

国積―猪麿―狭田野―高取（又豊麿）―生足（又繁魚）―豊足（又清主）―有員（又武麿 延暦二十年（八〇一）田村麻呂征蝦夷、有員幼面随之）……（一四世）頼信―為信（長和三年（一〇一四）大祝）

2 『阿蘇氏系図』

（神武天皇―神八井耳神）―速甕玉命（母会知早雄命女阿蘇比咩命）

武五百健命（瑞籬朝科野国造 肥後国阿蘇神社是也）―健稲背命（母同上、科野国造）―健甕富命（科野国造）―健諸日古命……（四世略）金弓君（磯城嶋金刺大宮朝、金刺舎人直）―麻背君（又言五百足君 磯城島金刺大宮朝（五三二～五七二）復科野国造）―倉足（諏訪評督）―狭野（同上）―百枝―魚目

麻背君―乙頴（諏訪大神大祝 一名神子、又言熊子八歳御名方富命化現脱着御衣 磐余池辺大宮朝二年（五八六）講社壇）―隈志呂（同上 称御衣木祝）―乙兄子（同上 大祝、子孫相襲大祝）

3 『下社大祝武居祝系図』

神武天皇―神八井耳神―建五百建命（瑞籬朝科野国造）

建御名方命―出連雄命……（二世略）会知早雄神―阿蘇比売神―速瓶玉命―建借馬命―八麿（金刺舎人 天平神護元年（七六五）外従五位勲八等）―若嶋（金刺舎人連 宝亀三年（七七二）従五位下）―貞長（金刺舎人、諏訪祝 仁寿二年（八五二）把笏）……（六代略）盛澄（大祝、金刺舎人 寿永年中（一一八二～）鎌倉へ）

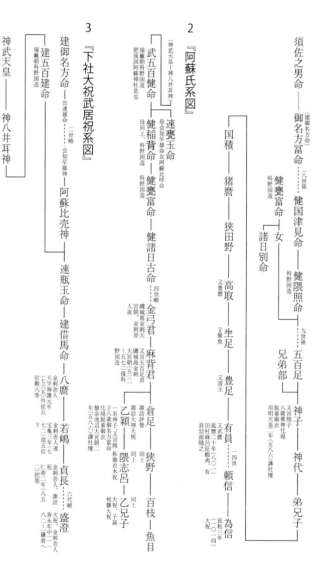

一方で諏訪大神大祝に即位した弟の乙頴の添書によると、社壇を湖南の山麓に構えたとあるから、上社社壇と思われる。乙頴は八歳で現人神となり、御衣木祝、諏訪大神大祝を名のったが、添書きに「子孫相襲大祝」とあるように、子孫は御衣木祝を名のっている。このように『神氏系図』後書きや『阿蘇氏系図』によると、多氏と同族の科野国造によって初代諏訪大神大祝が決められている。

多氏は皇別氏族屈指の古族であり、神武天皇の子の神八井耳命の後裔とされる。神武天皇（神《かむ》日本磐余彦天皇《やまといわれびこ》）の父は海童鵜葺草葺不合命で、母は海神豊玉姫の妹、玉依姫である。当然、多氏系の科野直―金刺舎人直には、安曇族の血筋が流れている。多氏の祖、神八井耳命は、神武が「大物主神の女富登多多良伊須須岐比売命」（古事記）あるいは「事代主神の女姫蹈韛五十鈴姫命」（日本書紀）を皇后としてたてて生んだ御子である。幕末の元治二年（一八六五）宮田渡の上社大祝屋敷が火事で焼失した。それを再興するための寄附を依頼する「諏訪神社祈祷所再建趣意書」には「諏訪大祝大三輪阿曽美頼武」の署名があったという。神氏（諏訪氏）が大和の大三輪氏の流れとするのは、越国で大国主神をまつる大三輪氏、安曇氏族の勢力が諏訪湖周辺に移住してきて、大神御子神、つまり諏訪明神を奉祭することから説明できる。

大三輪氏の系譜（『三輪叢書』所収「三輪高宮家系」）をみると、建速素戔烏命―大国主命―都美波八重事代主命とつづく。『神氏系図』の筆頭に、須佐之男命……御名方富命と記載している神氏（諏訪氏）にしても、大三輪朝臣《おおみわ》から分れたものである。

さて多氏と同族の科野直―金刺舎人直は、大三輪の系譜を襲い、また海神綿津見命を奉祭する安曇族を氏子として支配していた。建御名方命の妃八坂刀売命も安曇氏の女である。勿論、上社大祝の神氏も科野国造の一族に出自している。科野国造五百足（麻背）の兄弟の妻が生んだのが神子（熊古、乙穎）である（『神氏系図』後書』）。
延文元年（一三五六）成立の諏訪円柱による『諏訪大明神画詞』には諏訪神社の創祀譚が記されている。『画詞』にある創祀譚は、大明神垂迹の時に、八歳の有員が御衣を着せられて大祝と称することになり、彼が神氏の始祖となったというものである。
『祝《ほうり》は、神明の垂迹の初め、御衣を八歳の童男にぬぎきせ給いて大祝と称し、我に於て躰なし、祝を以て躰とすと神勅ありけり。是れ則ち御衣祝《みそぎ》有員、神氏の始祖なり。家督相次で今に其の職をかたじけなくす」（諏訪祭巻第一、春上）
大祝有員の年代については、平安時代の人物とする伝承が多い。有員は乙穎の九代目の子孫で、湖南山麓に社壇が構築された用明天皇の時代の人物ではない。
『画詞』と『神氏系図』の二つの記述はいかにもよく似ているが、意味は全く違う。いま、この二つの記述を分りやすく並べてみる。
『画詞』―是則御衣祝有員、神氏之始祖也
『神氏系図』―是則御衣着祝、神氏有員之始祖也
『画詞』では、大明神垂迹の時、御衣を着せられた八歳の童男が御衣祝《みそぎ》有員であり、神氏の氏祖である。『神氏系図』では、御衣を着せられた八歳の神子が御衣着祝であり、神氏有員はその子孫である。二つの文章はよく似ているうえに、もともとは同根であると指摘されている。しかし意味

は全く違っている。

このように考えると、『神氏系図』（大祝家本）後書きの「是則御衣着祝、神氏有員之始祖也」が、もとの原典に忠実な写本であって、『画詞』の「是則御衣祝有員、神氏之始祖也」との記述は、原典の文章の読み違いから出た誤認とみられている。この文章の解釈により、有員を用明天皇の時代の人物とする混乱を生じたと思われる。

大祝有員が平安時代の人物とする史料に『大祝代々職位伝授書』があり、「大同元年（八〇六）御表衣祝有員に極位法授け奉る……仁和二年（八八六）丙午、御表衣大祝有員八拾七歳にて……頓死」との記述がある。また大祝家本『神氏系図』は、桓武天皇の延暦二十年（八〇一）に、有員が幼くして坂上田村麻呂に従って手柄をたて、その後、朝廷の強力なバックアップを受けたと記している。

其の子（豊足の子）有員、また武麿と云う。延暦二十年辛巳二月、坂上将軍田村麿、勅を奉り蝦夷を征す。有員幼くして随い之を逐う。神験多般にして、士卒神兵と称え、尊敬す。是に先んじて尊神有員に告げて曰く、（中略）今高丸、将軍に叛き、此の国に到るに応じ、汝宜しく就きて之を平らぐべし。有員神馬に鞭うち、鉄蹄に任せて発す。ついに賊首を得て之を将軍に送る。将軍其神異奇瑞に感じ、帰洛の後天聴に達す。宣旨を下行し、大いに社壇を構造し、諏訪郡を挙げて神領に付し、年中七十余日の神事の要脚に充つ。復た寅申支干に当り、一国の貢税課役を以て式年造営を創め、有員を以て大祝と為す。之を御衣着祝と謂ふ。御衣着《みそぎ》は神体の儀と云う。（原文は漢文）

坂上田村麻呂の蝦夷征伐に諏訪明神が示現して加勢したことは、『諏訪大明神画詞』、安居院『神道集』信濃国鎮守諏訪大明神秋山祭事にも記されている。その功績によって、桓武天皇が諏訪郡の田畠山野各千町、毎年の作稲八万四千束を一年七十余日の神事の要脚にあてられ、また寅申の支干に造営を始めたと記している。

大祝有員は大同元年（八〇六）に職位して仁和二年（八八六）に頓死している（『神長守矢氏家譜』）。大同元年に有員が大祝に就いた年には、朝廷から建御名方富命神に七戸の神封が与えられているが、まだ位階はなかった。建御名方神が最初に位階を受けたのは承和九年（八四二）で従五位下に叙せられたが、このとき有員は四十三歳であった。その後、仁寿三年（八五三）八月に、諏訪神社の神官が把笏《はしゃく》の許しを受けたのをはさんで、有員六十八歳の貞観九年には、建御名方神は従一位に叙せられている。有員四十三歳から六十八歳までの二十五年間に、建御名方神は従五位下から従一位まで急進しているのである。有員の存在が、あるいは有員の力が、諏訪社の神階急進にかかわっていたのだろう。そうしたことから有員の桓武天皇皇子説や、有員の神氏始祖説が生まれたものと思われる。

いずれにせよ大祝家本の『神氏系図』後書きによると、「諏訪大神大祝、御衣着祝」の名称が、大祝有員のときから「是則御衣着祝神氏有員」と変わってきている。これは上社が諏訪で唯一の「諏訪大神大祝」であったのが、有員に至って、上社の大祝の姓である「神氏」の姓に変えたもので、下社に大祝「売神祝」が成立したことを示唆している。

上社の大祝の姓である「神氏」を名乗った有員は平安時代の人物であった。さらに下社のご宝印「売神祝印《めがみほうりいん》」は、社伝によると大同年間（八〇六～八一〇）平城天皇下賜といい、見事な大和古印で平安時代の作と鑑定されている。このことから『諏訪市史』は「このように下社社壇の成立は平安時代前期九世紀代と考えるのがよい」と結論を出している。

神氏の大祝誕生の事情について、宝治三年（一二四九）の年紀のある『大祝信重解状』に、次のように書かれている。

大明神はご垂迹された後は現人神としておわしまして、国家鎮護のご神威は目の当たりに見えるようであった。大祝を大明神の御体となすことの起源は、大明神が幽界にお隠れになる時に、「我に別の体は無い。祝を以て我の体となすべし、我を拝さんと思えば祝を見るべし云々」とご誓願されたことによる。

よって「神」の字を祝の姓として与えられた。その時の祝は、この明神の仰せを神事記文として書き記しておかれた。これを大宝宣と号したものか。

毎年の主だったご神事には、大祝はその神事記文を読み上げて、天下泰平の祈願をしたが、毎年それが十回ある。大明神を祭った社壇の明文は、ひとえにこの神事記文にある。次に神氏の氏人の子息を以て大明神の御体《おんたい》とされたが、これを神使といった。毎年正月一日の御占をもって神使を差定する。

以上が大祝の誕生に関する大祝信重の解説である。大明神が「我に別体無し、祝を以て御体と為すべし、我を拝さんと欲せば、すべてからく祝を見るべし云々」と御誓願した祝とはだれなのか。『解状』は、その祝が誰であるのかを書かなかった。しかし『阿蘇氏系図』は金刺舎人直麻背君（五百足君）の子、乙頴（神子、熊古）が諏訪大神大祝に就任したと書き、『大祝信重解状』は、この童子に「神」の字を祝の姓として与えられたと書くのである。

第十二節　諏訪神社祭政体試論

さて諏訪神社上社の神職について述べると、祭神の御正体とされている大祝の次の祠官として、祀る側に神長《かんおさ》、祢宜《ねぎ》、権祝《ごんのほうり》、擬祝《ぎのほうり》、副祝《そいのほうり》があり、五官と称した。五官はみな神姓である。五官はそれぞれミシャグジ社と祖先の古墳を持っていた。

五官祝のうち、異色なのは神長である。神長守矢氏は建御名方神の入諏に抵抗した洩矢神の後裔と伝えられ、代々神長職を継承してきた。神長はミシャグチを「降《おろし》」「昇《あげ》」「付《つけ》」「作立《つくりたて》」などして、上社の神事全般を掌握する重要な役割を果たした。諏訪神社上社では建御名方神の子孫とされる神氏出身の童男が大祝という生神様の地位に就き、神長という筆頭神官の位に守矢氏が就いて御左口神《みしゃぐち》を祀っていた。諏訪の地では大祝と神長による信仰と政治の諏訪祭政体が確立したのである。御左口神は、その諏訪祭政体の中核に位置する精霊＝神である。

「諏訪大社の祭政体はミシャグチ神という樹や笹や葦、石や生神大祝に降りてくる精霊を中心に営まれている」（守矢神長家七十八代守矢早苗氏談）。

筆者思惟《おも》うに、守矢氏（守屋氏）の祖神を洩矢神（画詞）とか、「守屋大臣」（大祝信重解状）といっているのは、いかにも物部守屋から創作した神名であるようだ。実際に物部守屋の子息、武麿がはるばる信濃国に逃げてきて、神長家の養子になった事実があったのかというと、否定的にならざるをえない。

金井典美氏は『諏訪信仰の性格とその変遷』のなかで、神長守矢氏の出自は上社の神氏、下社の金刺氏とともに信濃国造の系譜につながる同一氏族阿蘇氏であると述べている。

天文一七年（一五四八）、神長守矢頼真は従三位に叙せられている。頼真が従三位に叙せられた宣旨はつぎのようなものであった。「宣旨、正四位下神頼真朝臣、宜㆑叙㆓従三位㆒」。このように神長官守矢氏は神姓にして神朝臣を称しながら、かたくなに物部守屋の子孫と称して守矢氏を名乗ってきた。自らの祖神として物部守屋を連想させる「守屋大臣」なる「諏訪国主」を奉祭してきた。また岡谷市川岸橋原区の洩矢大明神の祠《ほこら》を守矢家の氏神様と主張し、神長官邸裏古墳を守矢家の先祖武麿（弟君）の墳墓だと言い伝えてきた。かくして諏訪明神建御名方神と所領をめぐって争う守屋大臣の物語を語り伝えてきた。

物部本家である物部守屋は物部氏を代表する人物である。物部氏といえば石上神宮。延喜式神名帳記載の石上坐布留御魂神社である。布留山の麓、布留川のほとり、布留郷の布留社《フルノヤシロ》にて布留御魂大神の鎮魂を実修する。守矢氏が祖先とする物部守屋には、「フル」の象徴的人物の意味あいがあるようだ。

一方で諏訪大社上社前宮を総社的中心とするミシャグジの神は、諏訪神社信仰圏の体系の中では、中核に位置する信仰であった。中世の祝詞や祭事に登場するのはミシャグジとソソウ神であった。守矢氏が大祝に、「御左口神付け申す」ことによって、その霊威を蒙ってはじめて現人神たりえた。そうすると諏訪明神と守屋大臣の所領をめぐる争いというのは、御左口神とフルの争いに還元できる。筆者は、新羅第四代王の昔脱解の姓「昔」は「赤」（サク、シャク、セキ）の写音と考えた。昔脱解と瓠公の宅地争いを、諏訪明神と守屋大臣の争いと同じく、シャグジとフルの争いと考えたのだ。

筆者はさきに洩矢神とか守屋大臣は、物部守屋から創作した神名ではないかと疑った。また守矢の子息武麿がはるばる諏訪に逃げてきて、神長家の養子になったとする言い伝えについても否定的である。神長守矢氏は、上社の神氏、下社の金刺氏とともに、多氏系の科野国造に出自する。多氏といえば、神武天皇の皇子神八井耳命を祖として大三輪氏の系譜を襲い、海神綿津見命を奉祭する安曇氏族の血筋と伝承を継承してきた。

安曇族の保有する豊玉姫の御子生み伝承だが、新羅第四代王の昔脱解伝説と物語の筋書まで一緒の同根の始祖伝承であった。多氏系の科野国造が古くから語り伝えた伝承には、昔脱解伝説と共通するものがあったとしても不思議ではない。たとえば脱解と瓠公の宅地をめぐる争いという神話要素である。ミシャグジとフルの争いである。それが諏訪の地では、諏訪明神と洩矢神が所領をめぐって争った説話になったのではないだろうか。またフルを象徴する人物として、物部守屋の子息武麿がはるばる信濃国に逃げてきて、神長家の養子になったという辻褄合わせになったのではないだろうか。

もっとも諏訪明神建御名方神の母・高志沼河姫が出自した青海首《おうみのおびと》は、綿津見豊玉彦の子・布留多摩命（振魂命）を祖神としている。よって綿津見豊玉彦の子・穂高見命を祖とする安曇氏とは同祖氏族ということになる。布留多摩命は、椎根津彦を祖とする大倭国造や、尾張氏の祖神とされるから、安曇氏と物部氏は古くに枝分れした親縁氏族ということになる。神長守矢氏が、フルを象徴する物部守屋の子孫と称したのも、それなりの因縁があったのかもしれない。

守矢神長家が、物部守屋の子孫にこだわるのには理由があったのだ。神長守屋氏を含め、上社神氏、下社金刺氏は科野国造に出自する。科野直と同族の多氏は、建国始祖と領地や宅地をめぐって争う「フル」なる神人という夫余系の建国神話を語り伝えてきたのではないだろうか。

筆者は『諏訪神社七つの謎』「第九章　諏訪神社ミシャグチのこと」で、「安曇氏の保有する豊玉姫の御子生み伝承と諏訪上社のミシャグチ祭祀、新羅王昔脱解伝説、秦河勝の坂越漂着の伝承が、同根の始祖伝承である」と書いた。安曇氏は諏訪神社祭政体の構成氏族だが、筆者はこれに秦氏がかかわっているのではと考えている。秦河勝の坂越漂着伝承を伝える播磨国大避神社は秦氏がまつってきた。

安曇・秦氏と物部・尾張氏の氏族関係は親縁氏族であり、それだけにきわめて複雑だ。大場磐雄

『考古学上から見た古氏族の研究』によると、銅矛・銅剣・銅戈の使用氏族である安曇・物部は古くに枝分れした同祖氏族であったと指摘している。また今井啓一『秦河勝』によると、「松尾大社祠官家では、その家伝として遠祖徳山秦忌寸都理を神饒速日命の後也とされているようだ」と書いている。

松尾大社（京都市西京区嵐山宮町）は大宝元年（七〇一）、文武天皇の勅命により秦都理が現在地に社殿を設けたもので、秦氏の氏神として奉斎された。松尾社家東神主系図に、物部氏の遠祖神饒速日命の後、徳山秦忌寸都理の子孫云々と記している。『姓氏録』山城国神別天神の部にも、「秦忌寸。神饒速日命の後也」とある。秦都理は賀茂県主久治良の子で、秦氏に養子入りした人物である。

大和岩雄『秦氏の研究』に、秦氏の「ハタ」には「多、大」の義があるとして次のように書いている。

朝鮮語の海をいう **Pata** の古形は **pata・patār・paral** が、併存しているが「パタ」であって「ハタ」ではない。

韓国の済州大学校の梁重海教授は、李常春の『朝鮮古語辞典』や、古文献に見える多くの例証をあげて、「大、巨、多、衆」などの意味をもつ古語「hata」をあげる。形容詞だが名詞としても使われており、この古代朝鮮語の「ハタ」が、秦氏の「ハタ」と推論する。古代朝鮮語の語形をもっとも多くとどめているという済州島では、今でも「多、大」の意味で使用されているという。

大和岩雄氏はこのように、秦「ハタ」を「多、大」の義とみて、「太氏、大氏」と書く多氏と、秦氏の関係を認めている。そうすると、「多、大」の義をもつ秦氏と、多氏系の科野直に出自した上社神氏、下社金刺氏が結びつくのである。

ところでその科野国造のことだが、『日本書紀』継体天皇条、欽明天皇条に斯那奴阿比多という百済からの使者が登場する。また欽明天皇一四年（五五三）に百済が朝廷に派遣した使者として、上部徳率科野次酒、上部奈率科野新羅の名がみえる。科野の氏を持つ倭系百済官僚で、彼らは科野国造軍として朝鮮に出兵した国造の子弟が、現地人の妻との間に残した子孫であるとされる。

第二部　新天皇に寄り添ふ一目一足の鍛冶《かじ》妖怪

第一節　夜通し行われる秘儀

大嘗祭のクライマックス場面、寝具にこもって物忌みする新天皇の傍らに、一目一足の鍛冶神が寄り添ふという話をしよう。

皇位継承の「重要祭祀」大嘗祭の中心儀式「大嘗宮の儀」は、令和元年十一月十四日夜から十五日未明にかけて、皇居・東御苑に特設された大嘗宮《だいじょうきゅう》で営まれた。儀式の舞台となったのは悠紀《ゆき》殿《でん》、主基殿《すきでん》と廻立殿《かいりゅうでん》で、十四日夜に「悠紀殿供饌の儀」、十五日未明に「主基殿供饌の儀」が行なわれた。即位した天皇が五穀豊穣や国の安定を祈る儀式で秘事とされる。そのため儀式の大半が非公開だ。宮内庁は「皇祖神とされる天照大神や全ての神々に新穀を供え、自らも食べることで、五穀豊穣に感謝し、国と国民の安寧を祈る」とだけ説明している。だが文献や取材に基づいて、大嘗宮内部での所作はある程度再現できるとされている。

令和元年十一月十五日付信濃毎日新聞は、悠紀殿内部の様子を次のように書いている。

悠紀殿に入った陛下は八メートル四方の奥間「内陣」で、中央にある神の寝床とされる「寝座」そばの御座につく。明かりは灯籠だけだ。陛下の眼前には、神が控える「神座」が天照大神をまつる伊勢神宮の方角に向けて配されている。

天皇は御座《ぎょざ》に座り、天照大神を祭る伊勢神宮の方角に設けられた神座と対面する。布団（御衾）と枕の置かれた寝座は神の寝床とされているが、要するに天照大神の場所だというのが宮廷祭祀研究者の意見だ。天皇は内陣のこの空間で、「神饌親供《しんせんしんく》」と呼ばれる所作に臨む。采女《うねめ》の介添えで、その年に収穫されたコメとアワに加え、サケやアワビなど山海の幸を神座の周りに供え、終ると白酒《しろき》と黒酒《くろき》を注ぐ。正座した状態で約一時間半、この所作を黙々と続ける。

続いて天皇は拝礼し、御告文《おつげぶみ》を読み、自らも食べる直会《なおらい》を行う。主基殿でも一連の所作を繰り返し、夜通し神と向きあって豊作を祈った。

第二節　折口信夫説と天皇霊

大嘗祭は、天武天皇の六七三年に行われ、皇后であった持統天皇のときに、毎年の新嘗祭と分離して「一世一度の皇位継承儀式」となった。戦乱などの影響で、室町から江戸時代にかけて約二二〇年間の中断があったが、明治期の王政復古で大規模に行われるようになった。そのため現代の「大嘗宮の儀」と古代の儀式とでは大きな相違があったようだ。

宮廷祭祀の研究者によると、その主だった特徴点とは次のようなものであった。

①古代の悠紀殿・主基殿は、縦十二メートル横四・八メートルほどの広さで、部屋が奥の「内陣」と手前の「外陣」の二層に分かれていた。

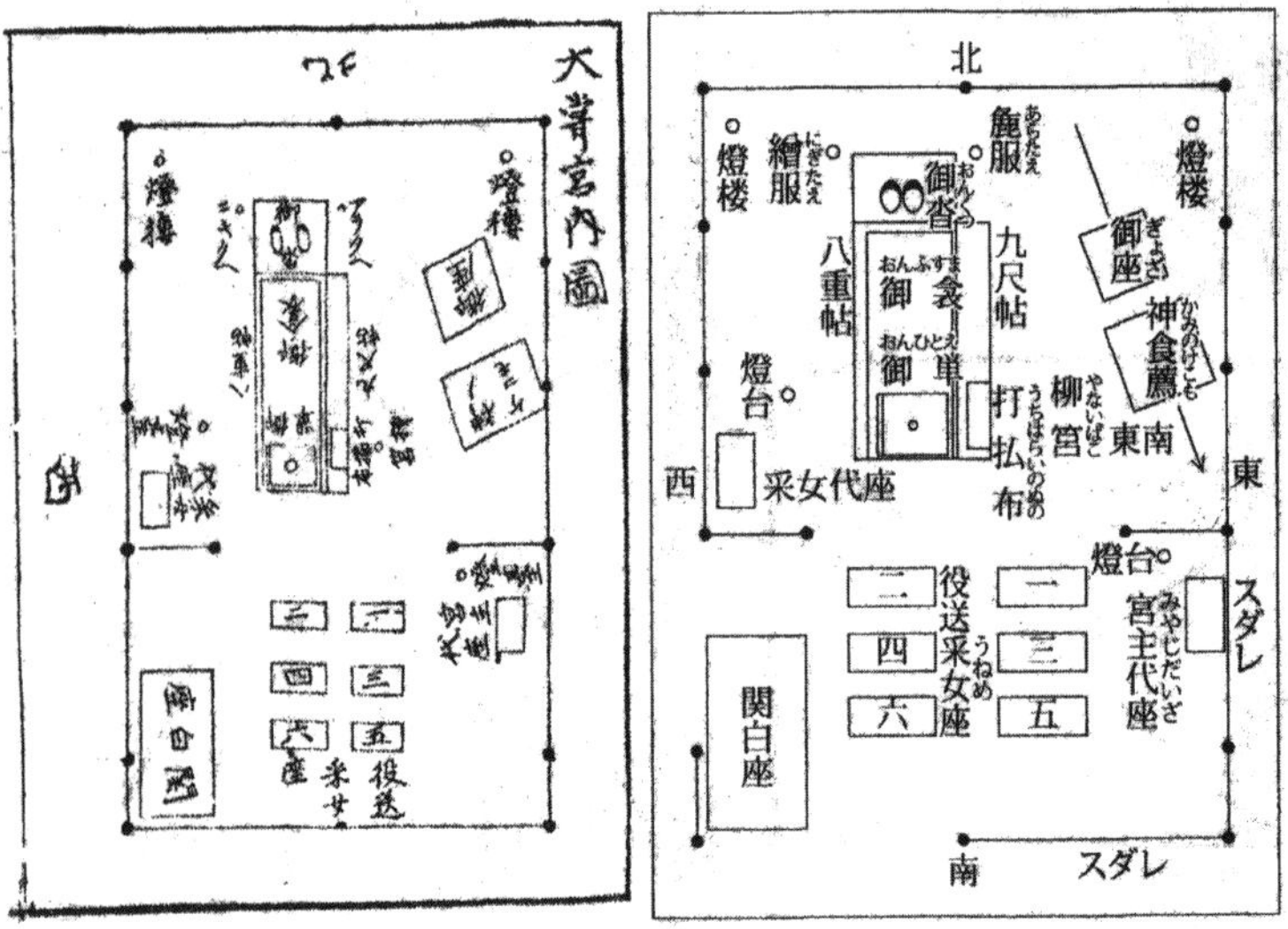

大嘗宮内図（『大嘗会便蒙』）

②天皇陛下がお祀りをされるのは内陣で、最も神聖な空間で、神事の最中には天皇と給仕を介添えする采女（女官）の二人しか入れなかった。

③内陣の中心には、畳を複数重ねた上に衾がかけられた「寝座」が置かれた。

この寝座をめぐって、かつてさまざまな憶測が飛び交った。一九三〇年（昭和五年）、折口信夫氏は『大嘗祭の本義』で、独自の祭祀論を書き記した。

「恐れ多い事であるが、昔は、天子様の御身体は、魂の容れ物である、と考へられていた」

「天皇様の御身体のことを〝すめみまのみこと〟と申し上げていた。……この〝すめみまの命〟に、天皇霊が這入ると、そこで、天子様はえらい御方となられるのである」

「この〝すめみまの命〟である御身体、す

なわち肉体は生死があるが、魂は終始一貫して不変である、だから肉体が変っても、この魂（天皇霊）が這入るとまったく同じ天皇様になるのである」

「大嘗祭の時の悠紀・主基両殿の中には、ちゃんと御寝所があって、寝具がある。敷布団を置いて、掛け布団や枕も備えられている。これは日の皇子（天皇）となられる御方が資格完成のためにこの御寝所に引きこもって、深い物忌みをなされる場所である。これは実に重大な鎮魂《みたまふり》の行事である」

折口信夫氏は『大嘗祭の本義』で、寝座の御衾について、天孫ニニギノミコトがくるまれていた真床覆衾《まとこおふふすま》が参考になると書いた。そして大嘗宮の寝座で御衾にくるまることで、天皇の御身体に天皇霊が這入ってえらい御方になられると書いた。

天皇霊について、折口氏は天皇様の威力の根元的魂であるとして、この魂を付けると、天皇様としての威力が生ずる、と考えた。そして「大嘗宮の儀」によって、天皇は復活して完全な天皇となると説いている。

この他に折口氏は、「大嘗宮の内陣」に寝座があったことで、様々な説があったと述べ、

（一）この寝所は先帝の亡き御身体の形だという説

（二）これは高御座《たかみくら》だという説を紹介している。

折口信夫説は、平成の大嘗祭の時にはセンセーショナルな点だけが取り上げられ、悪魔崇拝などという妄想に近い極端な説さえ出始めた。宮内庁は大嘗祭の直前に、「天皇が神格を得る秘儀はない」「天皇は寝座に触れることすらありません」と否定するコメントを出さざるを得なかった。

國學院大學准教授の大東敬明氏は次のように話す。

「折口信夫が想定したのは、文献や資料が残る以前の大嘗祭であるため、折口説を証明するものは現時点で確認できない。」

大嘗祭は戦国時代をはさんで二百年以上も中断されたことで、古い確かな資料は確認できないかもしれない。テレビで解説した学者の多くは、「布団と枕の置かれた寝座は、天照大神のための場所であるから、天皇は立ち入ることはできない」との認識で一致している。さあそれでは神饌を供えられる天皇は立ち入ることはできない」との認識で一致している。寝座にいたのは誰なのか。折口信夫氏は、寝座において御衾にくるまって物忌みするのは新天皇だ、と書いている。この疑問について、筆者が「大嘗宮の秘儀」なるものを解析してみたい。

古代から朝廷における祭儀の実修には、必ずそれに対応する神話伝説が存在すると考えるべきだ。宮廷祭祀でも、「大嘗宮の秘儀」というのは、朝廷貴族に伝わる伝説、日本神話に由来する。それも『日本書紀』人皇巻初代の神武天皇の物語である。

まず大嘗宮の秘儀に供奉する采女を「阿佐女（アサメ）」と呼んでいた。『江家次第』の践蚱大嘗祭の条に、「天皇廻立殿に還るの後、采女南戸の下に進みて申して云はく、『阿佐女。水主・夕暁の御膳に供奉ると申す』」とある。采女を「阿佐女」と呼んだことを覚えておいて下さい。それでは神武東征伝説のアサメに登場してもらおう。

第三節　大和平定の剣フツノミタマ

神武天皇の大和平定にあたって、登美の長髄彦との戦いに敗れた神武とその軍勢は、南に迂回して南紀熊野の村に至った。時に大熊ほのかに顕れ、すなわち消え失せた。また神武とその軍勢もヲエふせた。この地に熊野の高倉下《たかくらじ》という「人物」がいて、神武の伏せる地に到って、大和平定の剣フツノミタマ（韴霊）を献ずるという神武東征最大のクライマックス場面となる。

神武とその軍勢がヲエフセテいたときに、ちょうど高倉下も夢をみていたのであって、夢の中で天照大神が建御雷神を呼んで「葦原中つ国は、猶ひどく騒がしい。汝建御雷神また往きて征伐せよ」とおっしゃった。建御雷神が「予降《やっこ》らずとも、やっこが葦原中つ国を平定した剣を下さば、国自ずから平定されるだろう」と答え、続いて高倉下に語りかけて、「予が剣フツノミタマを汝の倉の頂《むね》をうがって落とし入れる。汝取って天孫に献れ」といわれた。明朝、高倉下が自分の倉を見ると確かに剣があったので、神武の伏せる地に行って献ると、神武とその軍勢が醒め起き、熊野の山の荒ぶる神おのずから切り倒された。

『古事記』序文に、「化熊川を出でて、天剣を高倉に獲る」とあるのは、神武の熊野での事蹟のこと。元来、古代中国では、熊は水神の出現形相とされていたのだが、ここにいう「化熊」は河の神、熊野人の守護霊獣である。熊の形相で出現した祖霊との交霊の状態が、神武とその軍勢の「をえて伏しき」有様である。祖霊と交融している時に、フツノミタマの天剣を高倉下から獲た、と『古事記』序文は書いているのだ。

さて高倉下の夢のなかで、建御雷神がフツノミタマの剣を天孫に献ずるように教える言葉は、「かれ阿佐米よく汝取り持ちて天つ神の御子に献れ」である。そして『書紀』によるとこの教えをうけた高倉下が「唯唯」（ヲヲ）と答えて目を覚ますことになっている。

ここで熊野の高倉下と、「大嘗宮の儀」に供奉する采女が、「阿佐女」あるいは「阿佐米」（アサメ）と呼びかけれられることに注意したい。建御雷神が「阿佐米《アサメ》」と呼びかけ、高倉下が「ヲヲ」と応じる場面については、鎮魂歌をはじめ、神楽歌の阿知女《アチメ》作法を参考にしたい。阿知女《あちめ》作法は天鈿女命の子孫である猿女君が伝承した鎮魂歌で、かなり後代のものだが、『年中行事秘抄』から三節を取り出してみたい。

アチメ一度　オオオ三度　石上振《いそのかみふる》ノ社ノ大刀《たち》モカト
願フソノ児ニソノ奉ル
アチメ一度　オオオ三度　ミワヤマニ
アリタテル　チカサヲ
イマ栄エテハ　何時カ栄エム
アチメ一度　オオオ三度　ワキモコカ
アナシノ山ノ山人ト　ヒトモミルカニ
深山《みやま》カツラセヨ

神楽歌の一首ごとのはじめの「アチメ　オオオ」は、アチメとの問答ないしはアチメを迎える呼び声である。このアチメについては、アドメノイソラという解釈がされている。

また歌詞の中で、「石上振《ふる》ノ社ノ大刀モカト願フソノ児ニソノ奉ル」とある。アチメ（阿知女）と呼びかけられる安曇磯良が、「願フソノ児（神武）」にフツノミタマノ剣を奉るとうたっているのである。

いま猿女君の伝承したアチメ作法について『太平記』の阿度部の磯良（安曇磯良）の記事によってみると、

神功皇后の三韓征伐に際し、常陸の鹿島に八百萬の神々を招いて盛大な神楽が行われた。しかし海底に棲む阿度部ノ磯良だけが出てこなかった。そこでさらに盛大に神楽が奏されると、やっと磯良神が海中から出現したが、その姿は貝殻や藻が手足五体に取りついてまことに汚い様子であった。この海神阿度部磯良に守護されて皇后は無事渡海することが出来た。

『太平記』の記事に関連して、宇佐八幡系神楽の古要舞では、神起しから始まり順次二十四体の舞人形が囃《はや》しにのって舞い、それが終ってハタと奏楽がとまった時に、アチメの呼び声に応じてオオと磯良神が現われることになっていた。

ここまで書いてくるとアサメ（阿佐米）と呼びかけられる熊野の高倉下という「人物」は、大嘗祭の最も神秘的な秘儀において、新天皇に供奉する阿佐女と呼ばれる采女と同一人物ではないかという疑問が起きる。

四十年近くも前のことですが、筆者はＮＨＫ教育テレビの高校日本史講座を見ていて驚いたことがある。それは一幅の絵ですが、「大嘗宮の儀」の場面、新しく天皇となられた方が御衾にくるまって物忌みしているのですが、その横に座っている采女が扇で顔を隠している。これはあまりの醜さゆえに、顔を隠して現われたという安曇磯良ではないか。天皇即位のときの大嘗祭の中心儀式「大嘗宮の儀」には、阿佐女と呼ばれる采女が夕暁の御膳に供奉していたことが知られる。

あるいは大嘗祭の最も大切な祭儀において物忌みする新天皇の横に侍す采女とは、あの熊野神《みわの》邑《むら》で「ヲエ伏す」神武に、フツノミタマの剣を献ずる高倉下の姿だったのではないだろうか。そして大嘗祭の物忌みにおいて新天皇が身につけるべき霊威とは、フトあるいはフツと呼ばれる威霊ではないだろうか。ちょうど熊野神邑において天剣を得た神武が、フツノミタマの守護によって大和を平定し、天の下に君臨したように。

第四節　一目一足の鍛冶神

前節で、神武東征伝説に登場する熊野の高倉下《たかくらじ》が、宮廷祭儀のうえで、新天皇に寄り添ふ安曇磯良としてあらわれたことを見てきた。この大嘗祭の秘儀に供奉する阿佐女、すなわち安曇磯良は

「ひとめの神」だった。

　磯良の伝説をもとにした舞として、志賀海神社国土祭の磯良の舞、奈良春日大社の春日若宮おん祭の細男《せいのお》の舞などがある。春日大社のそれは、筑紫の浜で老人から「細男の舞をすれば、磯良が現われる」と聞いた神功皇后が、海中に舞台を構えて磯良が好む舞を奏して誘い出すと、それに応じて磯良が現われるというものだ。その歌の詞の中に「ひとめの神」という語が読みこまれている。

　　いやあ〱、ていでい、いそぎ行き、
　　濱のひろせで身を浄めばや
　　いや身を清め、ひとめの神にいく、
　　いやつか〱まつりせぬはや

「ひとめの神」とは、御衾にくるまって物忌みする新天皇の横に侍す阿佐女（安曇磯良）のことだ。また神武東征伝説の熊野神邑段で「をえ伏す神武」に、天剣フツノミタマを献ずる高倉下のことだ。それでは高倉下という「人物」は何者なのだろうか。この問題をもう少し掘り下げてみたい。

熊野の高倉下は、天照大神の曾孫にあたる。『先代旧事本紀《くじほんき》』天孫本紀には、

　天照大神の孫、天照国照彦天火明櫛玉饒速日《あまてるくにてるひこあめのほあかりくしたまにぎはやひ》尊、天道日女《あめのみちひめ》命を妃として天上に天香語山《あめのかごやま》命

を誕生《あれ》ます。御炊屋姫を妃となし、天降て、宇摩志麻治《うましまじ》命を誕生ましぬ。
児、天香語山命、天降りての名は手栗彦命亦は云う高倉下命、

とある。高倉下命は尾張氏等の祖神とされ、物部氏等の祖神である宇摩志摩治命とは母神を異にする兄弟神である。延喜式内名神大社で、越後国一宮の弥彦神社の祭神（天香語山命）となっている。

古くから弥彦神官の家に伝わる『伊夜日子宮舊傳』の伝えでは、概略つぎのようになっている。

越後国一宮正宮位伊夜彦（日子）大明神者《は》天照大御神乃曽子神天香児山命也
天照大御神――正哉吾勝勝速日天押穂耳命――天照国照彦天火明櫛玉饒速日命（またの御名は天火明命）――天香語山命《あめのかごやま》

天香語山命は、天孫瓊々杵命の高天原からの降臨にさいし供奉した三十三神の一柱である。伯父瓊々杵命が崩御され、日向の可愛山陵に葬られると、紀伊国熊野に住まわれた。神日本磐余彦尊（神武）が東征の際、霊夢を受けて霊剣韴霊を天皇に奉り、大和平定に大功を立てられた。同天皇四年、詔により神船にて越国に渡り米水浦（新潟県寺泊町野積）の浜に上陸された。後に一の岩屋に住まわれ、のち弥彦山に移り桜井郷に住んだ。住民に漁業、製塩、農耕、酒造り等を教えて越後の国の開拓に力を尽くされた。孝安天皇元年、神身を隠された。

いやひこ　おのれ神さび　青雲の棚引く日すらこさめそぼふる（万巻集巻十六）

現在まで弥彦山頂（六三八メートル）の御神廟（奥の院）に妃神熟穂屋姫命《うましほやひめのみこと》とともにおまつりし、春秋二度の大祭が鎮魂祭の名によって変わることなく伝えられている。弥彦神社によれば、弥彦山はすなわち弥彦神社ということで山神の信仰ということだ。

さて谷川健一著『青銅の神の足跡』は、越後の一の宮である弥彦神社の祭神が片目であるという伝承は越後一帯に分布していると書いて、地元の藤田治雄氏が雑誌『高志路』に発表した報告を紹介している。

弥彦明神様は開村の神様である。神様が弥彦へ移られる時、鬼の道案内で山を登られたが、山中でウドで目を突かれたそうで、古来、弥彦山にウドが生えず。弥彦の神は片目である（西蒲原郡岩室村間瀬《まぜ》）。

弥彦の神様が妻とおヨネと十二人の子を野積浜《のづみ》に置いて身を隠そうと弥彦山へ登る時、足をすべらしてウドで目をつついた。それで弥彦山にウドが生えず、弥彦の神様は片目である（三島郡寺泊町野積字内川）。

この間瀬と野積とは弥彦山をはさんで弥彦神社の裏側にあたり、日本海に面している集落である。藤田氏は、「この野積と間瀬の境界線を中心とした一帯は弥彦信仰における鍛冶神の痕跡がもっとも濃厚にあらわれる地帯であるというが、それは弥彦神がウドで目を突いて片目神であるという伝承と一致する」と書く。

弥彦山（神剣峰《みつるぎのみね》）と峰続きの多宝山の周辺には古くから銅が出ることが知られている。弥彦、多宝山の周辺では古代から金属を求めて山師が山中に分け入り、金属採掘、精錬の跡が残っている。特に弥彦山には、多宝山の麓の間瀬銅山など銅を採掘した跡や、数多くの鍛冶関連の伝説が残されている。間瀬銅山の採掘は元禄一四年（一七〇一）から始まったが、銅鉱石から精錬された銅は燕市に運ばれ、金属加工産業を興した。今や世界的にも有名な「金属洋食器の燕三条」として知られている。この弥彦山、寺泊から南柏崎に続く海岸は「砂鉄の浜」だったという。弥彦山の製鉄集団が中心となって、古代八世紀末から九世紀、越後平野に隣接する柏崎の丘陵地で、古代の製鉄遺跡軽井川南製鉄遺跡群が営まれたと考えられている。

さて角田山や弥彦山から連なる、俗に弥彦山脈と呼ばれる山並みの南端に国上山（三一二・八メートル）が位置している。その国上山中に元明天皇和銅二年（七〇九）に弥彦大神の託宣により建立された、越後最古の古刹国上寺《こくじょうじ》（新潟県燕市）がある。大江山の酒呑童子はこの寺の稚児だったという（国上寺所蔵『大江山酒顚童子絵巻』）。高橋昌明著『酒呑童子の誕生』は、酒呑童子伝説が製鉄鍛冶神である蚩尤伝説の多大な影響をうけていると主張している。

大和岩雄氏は天香山命の「香」について考察し、天香山命は鉱山から鍛冶、鏡作りに至るまでの鉱山冶金の神の属性をもつと書いている。

畑井弘は、朝鮮語で鉱山をいうkwaŋ-sanの「鉱」を、鼻音「ŋ」の後の母音がAなら「カガ」、Uなら「カグ」Oなら「カゴ」になると書くが、日本語でも、天香山命、天香語山命、天香吾山命、伊香色雄命、伊迦賀色許男命のカグ・カゴ・カガは同義である。（中略）天香語山命の別名を「手栗彦《たぐりひこ》命」というが（『旧事本紀』）、鉱山神の金山彦・金山姫は伊弉冉《いざなみ》神の嘔吐《たぐり》から生まれている（『日本書紀』）（中略）『古事記』は天香山を「天金山」と書き、「鉄《かね》」を採って「鏡」を作ったと書く（大和岩雄『日本にあった朝鮮王国』）。

要するに天香山命は鉱山をさし、また鍛冶神と理解されるのだ。

さて鍛冶神は片目、片足である。もっと正確に言えば眇《すがめ》で跛者《はしゃ》というのが、タタラ師の職業病であった。弥彦神は片目片足だったのだろうか。この謎については弥彦神社一ノ鳥居の伝説が参考になるだろう。少し長くなるが、弥彦神社編『弥彦神社』から引用したい。

弥彦神社の一ノ鳥居の親柱の根元は地に着かず、六センチ程浮いており、芯の直径十センチ程度がくぼみ土台の凸を受け穴に収めている。また稚児柱は固定されており、地震などのゆれには稚児柱との渡し木の反り等で元の位置に戻るようになっている。

この鳥居にはある伝説がある。その昔、津軽藩の殿様を載せた北廻船が佐渡沖を航行中に嵐に遭い、もし助けてくれるならこの船の帆柱を鳥居にして納めますと、弥彦の神様に祈った。するとたちまち時化《しけ》は納まり無事に津軽の殿様は弘前城に戻られた。喉元過ぎればなんとやらで、殿様はすっかり神願起請のことを忘れていたところ、城内に夜な夜な火の玉が飛び交い難渋するはめになった。そこで起請成就の御礼を思い出し、津軽の山から大木を切り出し、越後弥彦神社に大鳥居を奉納したところ、夜な夜な悩まされた火の玉も無くなったという。そして曰く因縁のある鳥居を腐らせてはいけないと、親柱の裾を浮かせることで腐らせない苦心をし、さらには切り出し持って来た柱が、帆柱の高さに少し足りなかったために同じ高さにするために、少し浮かせたのだとも云い伝わっている。

弥彦神社一の鳥居
「親柱の根本は二本ともわずかに浮いている」（弥彦村観光協会）

伝説では津軽の山から大木を切り出し、弥彦神社に大鳥居を奉納したが、北前船の帆柱の高さに、切り出した柱が少し足りなかった。そこで同じ高さにするために、新たに津軽の山から切り出した柱を少し浮かせたと伝えている。しかし現在の一ノ鳥居の親柱の根元は二本とも地に着かず、六センチほど浮いており、芯の直径十センチ程度がくぼみ土台石の凸を受け穴に収めている。もともとは北前船の帆柱と、新たに津軽の山から切り出した柱を弥彦神社に奉納したが、少し高さが食い違ったために、新たに切り出した柱を浮かせたというのが伝承の原型であろう。それが何時のまにか親柱の裾を浮かせて腐らせないためというふうに変化して、二本とも浮かせることになったのだろう。もともとは一ノ鳥居の親柱は跛足だったのだろう。このように考えると、弥彦神は片目で跛足だとの言い伝えがあって、それが一ノ鳥居の親柱の一本が浮いている作りとなっていたのだろう。弥彦神は片目で跛足の鍛冶神なのです。

第五節　天皇霊について

折口信夫氏は大嘗宮の寝座の御衾について天孫ニニギノミコトがくるまれた真床覆衾《まとこおふすま》が参考になると考えた。御衾にくるまることで新天皇の身体に天皇霊が這入ってくるというのだ。ここではその天皇霊とは何者なのかについて考察したい。

筆者は、神武が「ヲエふせ」ていたときに、高倉下が奉る大和平定の剣フツノミタマ（韴霊）に注目する。天皇霊というものがあるとしたら、それは神剣の霊威であるフツノミタマであろう。

ここでフツノミタマについて付言すると、大和平定の剣、韴霊は出雲の国譲り神話と神武東征の物語に登場する。出雲の国譲り神話では、経津主神と建御雷神が伊那佐の小浜に天降り、この神剣を海中に逆立てて、その上にあぐらして大国主命に国譲りを迫っている。この二柱の神は、神剣韴霊の不可見的主体を人態化したものにほかならない。すなわち経津主神も建御雷神も神剣の霊威であるフツノミタマの人態神化なのである。そして神武天皇の大和平定に当っては、熊野で難渋の折、建御雷神からこの霊剣を授かり、その霊威をもって大和を平定したとされる。天皇は橿原に都を開かれ殿内に奉斎されたが、崇神天皇の御代に石上坐布留御魂《いそのかみにますふるのみたま》神社（奈良県天理市石上神宮）に韴霊を御神体として大和の地鎮護の霊剣として遷しまつられた。

つぎに韴霊と同名の剣で、スサノヲが八俣大蛇を斬ったときの採物《とりもの》である十握剣を、やはりフツノミタマとよんでいる。この十握剣は、蛇《おろち》の麁正《あらまさ》、蛇の韓鋤《からさひ》の剣、天羽羽斬《あめのははきり》剣の別名をもつが、その所在については「今吉備の神部の許に在り」（『紀』第三の一書）と記して岡山県赤坂郡の石上布都之魂《いそのかみふつのみたま》神社にあるとしている。また『紀』第二の一書には「此は今石上に在す」として、天理市石上《いそのかみ》神宮の布都斯魂《フツシミタマ》がそれであるとしている。この間の事情を『新撰姓氏録』によってみると、仁徳天皇五十六年十月、市川臣が勅を奉じて、吉備神部のもとに祀られていた布都斯魂《フツシミタマ》を石上振神宮の高庭の地に遷した。そして地底石窟に祭祀されていた布都御魂《フツノミタマ》（韴霊）の横刀の左（東）に埋斎したと記している。

建御雷神を祭神とした鹿島神宮には大八洲豊葦原水穂国の護り刀として同等とした韴霊を制作され御手許品として本殿に納めている。鹿島の韴霊剣は制作年代が一二〇〇年から一三〇〇年前と推定され、全長二・七一メートルにおよぶ大直刀である。

「国譲りの剣」「大和平定の剣」「八俣大蛇退治の剣」「大八洲豊葦原水穂国の護り刀」など、フツノミタマは日本の建国神話と直に関わる霊剣なのです。それでは「フツノミタマ」についてもっと掘り下げてみよう。

『日本書紀』敏達天皇十年春二月の条に三輪山が、天皇霊というものと関係があるように語られている。辺境を侵した蝦夷の魁帥《ひとごのかみ》綾糟《あやかす》らが大和に召され、天皇に服従を誓う様子をつぎのように記述している。

是に綾糟ら、おぢかしこまり恐懼《かしこ》みて、すなわち泊瀬《はつせ》の中流におりゐて、三諸岳に面《むか》ひて、水をすすりて盟《ちか》ひて曰さく、「臣等蝦夷、今より以後子子孫孫（古語に生児八十綿連《うみのこのやそつづき》といふ）、清き明き心を用て、天闕《みかど》に事《つか》へ奉《まつ》らむ。臣等、もし盟に違はば、天地の諸の神及び天皇の靈《みたま》、臣が種を絶《た》滅えむ」とまうす。

綾糟らは、永久の服属を誓うのに、三輪山に向って誓いを立てている。しかもここでは三輪山と天皇霊というものが同位的にさえ語られている。三輪山は大物主神の鎮まります山である。いま大物主神の神名について考察すると、『六書正譌《りくしょせいか》』に、大物主神の「物」の字について、事物の物はもとはただ「勿」の字であったのを、後の人が「牛」を加えて、「物」となし、以て二字に別れたといい、勿の音は物（フツ）だと説いている。さしずめ大物主神は「大フツ（ト）主神」なのだ。『書記』第二の一書に、天太《フト》玉命が大物主神を祭ると記していることも、祭神と祭祀者の名前の一致によって理解されるべきだ。

三輪山が天皇霊の鎮まる山とされるのは、この山の大物主神と、大陸東北部で信仰される天帝の子解慕漱（高句麗朱蒙神話）、帝釈天の庶子桓雄（檀君神話）とが同一神だからではないだろうか。自山安廓氏の説によると、桓雄の桓と、解慕漱の解慕はともに「カム」の写音であり、雄は訓が「スッ」、漱の音は「ス」、ともに男性を意味する同一神名カムスだといっている（『韓国古代史上巻』李丙燾）。

檀君神話のなかで、桓雄は人間に身を変えて熊女と結婚し、檀君を生んだといっている。それでは人の身に変わる前の、桓雄の正体は何だろうか。桓雄の名前について考察すると「カ」は大の義で、また夫余の王姓「解」でもある。中島利一郎氏の『日本地名学研究』によると、ウラル‐アルタイ語族では、「大」を可といったとし、例として成吉思可汗の可汗は大帝の意であり、日本語「か弱し」の接頭語「か」も大の義であると述べている。そうすると、桓雄は東アジアで崇拝される「フト」、「フツ」と呼ばれる神霊に、「か」（大）を冠したものに他ならないのではないか。要するに桓雄・解慕漱と呼ばれる天王（天王郎）の実態は、フト（フツ）の神霊の人熊神化だったと思われる。

このように大物主神と桓雄天王は、神名のうえでもよく似通っていて、その正体は「フト」の神霊だった。それでは「フト」の原義ないし由来はどのようなものかというと、それに答えるのは容易なことではない。しかしこの「フト」なる語は、中央アジアで仏陀・卒塔婆をいうFutoなる語と関わりがあると思われる。

わが国では神や天皇の臨御されることを「フトしる」と呼んできた。たとえば「宇迦能山《うかのやま》の山本に底津石根《そこついわね》に宮柱布刀斯理《ふとしり》」とか、「やすみしし吾が大君　高照らす日のみこ　神ながら神さびせすと　ふとしかす京を置きて」などの例がある。天皇が都に宮居することを「フトしかす」といったり、奥山の賢木をもって立てられた宮柱に神霊の降臨することを「フトしる」といった。さらにまた天津祝詞乃太祝詞事のフトも単なる美称ではなくて、「フト」の神霊の祝詞に関わる語であった。「フト」なる言葉は、このように天皇と同位的にさえ語られている。神武伝説のフツノミタマの威霊とは、まさしく天皇霊というべき神霊だったのです。

あの熊野神邑での難渋に際し、をえ伏す神武に、高倉下が献ずる天剣韴霊の威霊こそ、大嘗祭のクライマックス場面、御衾に物忌みする新天皇が身につけるべき天皇霊だったと思うのです。

第三部　仏教と諏訪大社

第一章　源平合戦と諏訪武士

第一節　諏訪神社の武士化

諏訪神社上社・下社の近隣に寺院・仏像の導入がなされたのは、鎌倉時代十三世紀末のことであった。この時代が諏訪神社上社・下社周辺の造寺造仏期であったということができる。その立役者は、知久敦幸《ちくあつゆき》・諏訪蓮仏・金刺満貞で、鎌倉幕府の諏訪出身有力者の力によるものであった。上社本宮周辺の地名が、山本郷から神宮寺村に改名したのは正中元年（一三二四）頃と伝えている（『諏訪市史』）。

十三世紀、諏訪に仏教が怒涛のようにはいり込む嚆矢となったのは、諏訪神社下社大祝金刺満貞、上社大祝諏訪盛重（蓮仏入道）が鎌倉に出仕してからのことである。諏訪上社・下社と鎌倉関東政権との関わりは、治承・寿永の乱（源平合戦。一一八〇～八五）の源頼朝や源義仲（木曽義仲）の挙兵にまでさかのぼる。

すでに前九年の役（一〇五一〜六二）の頃から、諏訪上社・下社両社の大祝および社人は、祭祀のかたわら武士としても活躍した。『神氏系図』によれば、上社初代大祝として「神氏」を称した有員から十七代目とされる大祝為信は、前九年の役・後三年の役に際して、その子為仲を源義家の軍に従わせ出陣させている。諏訪神社上社大祝には、古代から「当職（大祝職）の間は郡内を出ることなし。況や他国をや」という定めであったので、全国規模の戦いに際しては、子息や一族を派遣するのが通例であった。

後三年の役（一〇八三〜八七）で、八幡太郎義家は出羽金沢柵にて清原武衡、清原家衡を破り、それを報告する「国解」の中で、後付けの追討官符を要請する。しかし朝廷はこれを下さず、「私戦」とした。義家は朝廷に奏上するため上洛するが、義家の奏上は阻まれ、本隊の軍兵は東山道美濃国の筵田《むしろだ》の荘に長期駐屯を余儀なくされた。

『諏訪大明神画詞』によれば、後三年の役後の白河院のとき、大祝となっていた神《みわ》為仲は凱旋軍源義家の誘いを受けて、父為信の命令に従わず上洛しようとした。美濃国筵田荘芝原（岐阜県本巣郡北方町加茂）で、義家の弟、新羅三郎源義光の招請による酒宴に赴いた。その時の部下双方の喧嘩によって死者を出すに及んで棟梁源氏を憚って為仲は切腹した。それを聞いて義家は駆けつけると、筵田の荘を寄進し、為仲の鎮魂に諏訪神社を建てた。糸貫町（現本巣市）の諏訪神社である。

為仲の自害は、「当職（大祝職）の間は郡内を出ることなし」との諏訪神の誓いを破ったことに対する神罰と受けとめられた。『画詞』によると、遺児の神《みわ》五郎為盛の子孫は神職をつがなかった。

為仲の弟の次男為継が大祝を継ぐが三日で頓死し、その弟の三男為次が継ぐが七日目で急死した。ようやく、四男為貞が立って大祝職を継ぐことになり、神慮受けいれることとなり、後胤は十余代にわたり継承されることになる。かくて為信の子の代から庶子家が分出することになり、のちに神《み》党《とう》と呼ばれる武士団に発展していく。すなわち神氏の一族は、諏訪神社上社大祝を頭として、鎌倉時代には諏訪明神の氏人である同族的結束力をもった有力武士団に成長していった。

諏訪神社下社大祝の金刺氏については、南北朝時代延文の頃には、下社大祝の居館は下諏訪町友の町字神殿《ごうどの》の地にあったと書いている。次に『下諏訪町誌』「第二章鎌倉幕府と金刺氏」から伊藤富雄氏の論文を要約すると、

金刺氏入諏の当時、下諏訪町のどこに住んだかはわからない。『洲羽事跡考』によれば、下社大祝は古くは山田村に住み、桜井城（桜城）を持城だとしている。東山田村には大祝屋敷跡と称する遺跡があって武具類が出土した話も伝わっている。大祝は少なくとも平安朝末期頃から友の町字神殿の地に住んだと思われる。平安朝末から鎌倉時代にかけての領主の居館（お館《たて》）は、丘陵に構築された平山城と接続し、お館附近に必ず馬場・的場の練武場をもうけていた。そこで平素から配下の武士達が、馬場や射芸の腕を磨いていた。

神殿《ごうどの》の地は現在の下諏訪中学校地籍で、その西つづきに犬射馬場と呼ばれた練武場があり、東隣りは山王台で霞ヶ城が築かれていた。これは明らかな平安時代の領主居館の様式を具備したもので

ある。

明治九年の『下諏訪村誌』には、霞城は古代諏訪下社大祝金刺某の居城である故に金刺屋敷と呼んだとか、手塚太郎某の古宅跡なるが故に手塚屋敷とも呼んだと書いている。金刺氏は手塚氏とも称していた。霞城跡は、諏訪大社下社の秋宮のすぐ右手にあり、古くは山王社が祀られていた山王台に構築されている。現在は山王閣ホテルになっている。

先述した湯の町の桜ヶ城は平山城に属し、曲輪、堀切などが残っていて、金刺盛澄の城だといわれている。ここには「駒王坂」「義仲やぐら」など木曽義仲にちなんだ地名が残っている。金刺氏は右に述べたような居館と平山城をもち、もって領内の民に臨んだ。こうして下諏訪一帯を支配し武士化していった。

第二節　源平合戦

平安朝末期の保元《ほうげん》の乱（一一五六）の後、後白河天皇は退位して院政をはじめるが、二条天皇派と対立する。後白河法皇は藤原信頼を抜擢するが、院近臣の信西（藤原通憲《みちのり》）との反目がおきる。信西は平清盛と、信頼は源義朝と結んで対立した。信頼らは平清盛の熊野参詣中に挙兵し、法皇を幽閉し、信西を殺した。しかし帰京した清盛に破れ、信頼は斬罪、義朝は尾張で殺される。義朝の子頼朝も伊豆に流されて源氏は一時衰退する。仁安二年（一一六七）清盛は太政大臣となり平氏は全盛をきわめた（平治の乱）。

かくて平家の擅権期《せんけんき》が出現したが、治承四年（一一八〇）四月、後白河法皇の皇子以仁王《もちひとおう》は源頼政の勧めに従って、平氏追討の令旨を全国に雌伏する源氏に発し、平氏打倒の挙兵、武装蜂起を促した。以仁王の挙兵は失敗し、王も南山城の加幡河原で討たれた。しかし王の令旨を受けて源頼朝や木曽義仲など各地の源氏が挙兵し、これが平氏滅亡の糸口となった。六年間に及ぶ治承《じしょう》・寿永《じゅえい》の乱（源平合戦）の幕開けである。

治承四年八月（一一八〇）頼朝は挙兵し、伊豆国目代の山木兼隆を襲撃して殺害。直後に相模国石橋山にて大庭景親らと戦って惨敗し、海路で安房国へ逃げている。このとき、甲斐源氏の武田太郎信義、その弟の一条次郎忠頼らは頼朝を訪ねて駿河国に参向しようとした。しかし頼朝の命令を帯びた北条時政の画策で、先に信濃の平氏一味の者を従えることとした。

平治の乱以来、京都の治安維持、地方反乱の鎮圧、荘園の管理などの軍事権、警察権は平氏の独占することとなり、一門及び郎等の権勢は六十余州を風靡した。荘園諏訪上下社にしても、本所は鳥羽天皇（上皇）の皇女八条院で、領家は平頼盛の妻（女房）であった。甲斐源氏の武田兄弟が軍を率いて入諏したのは、かかる源氏の窮状を打破して挽回するためであった。

武田・一条兄弟はまず諏訪上社の庵沢（西茅野）の辺りに止宿した。その夜更け、一条次郎忠頼の陣に若い婦人が訪ねてきて、自分は諏訪上社の大祝篤光の妻と名乗った。そして夫篤光が社殿に三日ほど籠ったところ、「梶の葉の文《あや》の直垂をつけ、葦毛の馬にのる勇士一騎、西に鞭を揚げ畢んぬ」と、夢で源氏勝利のお告げがあったと忠頼に伝えた。忠頼は諏訪明神のお告げを信じて、野大刀と腹巻き鎧を与えた。

この神託をうけて出陣し、伊那郡の大田切郷の城にいた平氏の方人《かたうど》菅冠者を攻めた。菅冠者は戦うことなく館に火を放ち、自害した。武田・一条兄弟は、菅冠者の滅亡は諏訪大明神の神罰にあたったものだから、源頼朝には事後報告することにして、上社・下社に所領を寄進することにした。結局、上社分として平出・宮所郷（辰野町）を、下社に龍市（辰野町）・岡仁屋郷（岡谷市）を寄進することになった（『吾妻鏡』治承四年九月十日条）。

『吾妻鏡』に登場する「上宮（上社）大祝篤光」という人物は、『神氏系図』に「敦光」とみえている人物と思われる。武田・一条兄弟は十月十八日に駿河の黄瀬川で頼朝と出会い、その際、諏訪伊那経略について詳しく報告した。頼朝は諏訪神社への寄進は、我が素意にかなうものだと喜んだ。ところで大祝篤光は諏訪大明神の夢のお告げを受けたといいながら、その態度はいたって消極的であった。源氏との旧縁により、戦勝の御祈祷こそ行ったが、神験を妻に託して一条忠頼に伝えるにとどめ、出兵して武田軍と行動を共にすることはなかった。

これ以後諏訪上社の神氏は、頼朝の威勢の高まるに伴い、いよいよ協力を深め平家討伐の出兵も行った。『源平盛衰記』には諏訪三郎、藤沢六郎等の神氏の人々の出兵を記録している。また神氏の一族上原九郎成政は、治承四年の北条時政入信の時に郎等となったものと思われ、後に時政の股肱として京都の警衛に任じ、丹波国物部郷及び西保の地頭職に補せられている。

第三節　旭将軍木曽義仲

いったいに信濃の武士は、木曽義仲に従うものが多かった。諏訪神社にしても源平合戦当時の大祝金刺盛澄は、木曽義仲一辺倒に仕えたようだ。

木曽義仲（源義仲）は久寿元年（一一五四）上野国多胡荘（群馬県多野郡吉井町・藤岡市）で生まれた。父は清和源氏の嫡流で源義朝の弟の義賢《よしかた》である。童名を駒王丸といい、源頼朝の従兄弟ということになる。治承四年（一一八〇）以仁王の令旨を受けて挙兵し、平家を追落して京に入り、暫く威権をほしいままにして征夷大将軍に任ぜられた。世これを旭将軍と呼んでいる。

久寿二年八月、義仲の父源義賢は兄義朝の嫡男悪源太義平により武蔵国で討たれてしまう。義平は後難を恐れ畠山重能に駒王丸を殺害させようとしたが、重能は殺すに忍びずこれを斎藤実盛に預けた。実盛は駒王丸の将来を案じて中原兼遠に託した。『吾妻鏡』によれば、駒王丸は「乳母の夫」である兼遠の腕に抱かれて信濃国木曽谷（長野県木曽町）に逃れて育ち、通称を木曽次郎と名乗った。

中原兼遠については、下社大祝の一族で、義仲は最初、下社で養育したが、平氏の全盛となったので木曽に隠したのだという説もある（『諏訪の歴史』諏訪教育会）。

『諏訪大明神画詞』縁起四には、当時の下社大祝金刺盛澄と木曽義仲との関係について、盛澄は義仲を聟に取り、女子一人が生まれて親子の親密な関係が結ばれたと書いている。

下宮祝金刺盛澄は弓馬の芸能古今に比類なし。神に通じけるにや。（中略）希代不思議の達人なり。木曽冠者義仲を聟に取て、女子一人出生して、親子の契約浅からず。されば寿永二年の夏の比、北国へも相ぐして毎度の合戦に高名して、越中の阿努といふ所まで随逐したりけるが、手塚の太郎光盛は弟を留置て、当社御射山神事のために帰国したりけり。

金刺盛澄は寿永の乱に木曽義仲に従軍し越中富山の阿努まで来て御射山神事のため帰国している。手塚太郎光盛は篠原の戦いで平家方の斎藤実盛を討ち取る活躍をした。

江戸末期に書かれた『信濃国昔姿』には「手塚城（霞城）」を説明して、駒王丸を抱いた乳母がしばらくこの城に隠れていたと書いている。真偽はともかく、中原兼遠と諏訪下社金刺氏の関係を面白く描いているので紹介したい。

下諏訪手塚城跡。嘉応比《ころ》、金刺権頭中原兼遠居住す。爰に六条判官為義二男帯刀先生《たてわきせんじょう》義賢、甥たる所の悪源太義平か為に害されし故に、都に足を留難く息駒王丸を乳母懐にして信州に逃げ下り、兼遠を頼り暫く此所に隠居けるが猶敵を恐て、筑摩郡木曽御嶽の城に籠りて生長し、木曽左馬頭義仲と号。寿永の頃手塚太郎光盛居住す。其の後、城主は知らず。

義仲の挙兵の当初から、中原兼遠とその子樋口兼光、今井兼平らの木曽党と、下社大祝金刺盛澄、その弟の手塚太郎光盛など金刺一族、諏訪次郎、千野太郎といった諏訪上社の武士団が従軍している。木曽義仲の旗揚げは筑摩郡の信濃国府を攻撃することで開始された。その年、義仲は信濃、上野の源氏方を糾合し、つぎの養和元年（一一八一）六月、越後の城資職を主将とした討代軍を、横田河原の戦い（長野市篠の井横田）で潰走させた。

寿永二年（一一八三）四月になると、平維盛を大将に平家は十万の大軍で北陸道を下ってきた。五月十一日、加賀と越中の境にある砺波山《となみやま》の倶利伽羅峠の戦いで、義仲は夜半に角に松明をつけた四、五百頭の牛を突入させる奇襲攻撃で平氏軍を破った。勢いにのった義仲軍は沿道の武士たちを糾合し、破竹の勢いで京を目指す。六月十日に越前国、十三日に近江国へ入り、七月二十二日には比叡山の東塔惣持院に陣を構え、平氏との決戦にそなえた。平氏は都の防衛を断念して、七月二十五日に安徳天皇および建礼門院を奉じて西国へ逃れた。

寿永二年七月二十八日、義仲は以仁王の遺児を北陸宮として擁護し、大軍を率いて京に入る。後白河法皇は都の治安回復を期待して、義仲に京中守護を命ずる院宣を出された。しかし京はまだ養和の飢饉から立ち直っていなかった。そのため軍勢は食料や馬草調達のために狼藉を働かざるをえず、都での義仲の評判は下降した。

平氏が安徳天皇を擁して西国へ逃れたため、法皇が高倉上皇の三之宮か四之宮（後の後鳥羽天皇）のいずれかを擁立することに決める。ところが義仲は自らが推戴してきた北陸宮を即位させるように執拗に朝廷に申し立てた。義仲が皇位継承問題に介入したことは、「王者の沙汰に至りては、人臣の最にあらず」（九条兼実『玉葉』）と皇族・貴族に疎まれるきっかけとなった。

義仲の評判が下降するとともに、都では頼朝の上洛を希望する声が大きくなっていった。寿永二年九月二十日、義仲は平家追討の院宣を受けて西国に向かった。しかし海戦に不慣れな義仲軍は水島の戦い（岡山県倉敷市。閏十月一日）で平氏に大敗する。閏十月十四日、後白河法皇は源頼朝の軍の上洛を促し、東海・東山両道諸国の国衙領、荘園の処置を頼朝に任せる旨の院宣を下した（寿永二年十月宣旨）。その翌日閏十五日、頼朝の弟が数万の兵を率いて上洛するという情報を聞いた義仲は、少数の軍勢で帰京する。

再入京後の義仲と後白河法皇との関係は、頼朝問題がからみ一層悪化した。十一月四日、源義経の軍は不破の関に達した。義仲と院側の武力の中心である源行家との不和は鮮明になるが、それとは別に西方では平家は播磨まで迫ってくる。十一月十九日、追い詰められた義仲は後白河法皇の御所である法住寺を攻め、法皇を五条東洞院にあった藤原基通の邸宅に、後鳥羽天皇を閑院内裏に幽閉する。義仲のクーデターである。このクーデターのとき、義仲軍は七千人にまで減っていた。義仲は松殿基房（前関白。藤原基房）と連携して、基房の子・師家を内大臣、摂政とする傀儡政権を樹立し、源頼朝追討の院庁下文を発給させた。しかしすでに衰勢は明白である。

翌元暦元年（寿永三年）一月十日、義仲は自らを征夷大将軍に任命させている。このとき源範頼、義経軍はすでに美濃、伊勢を越え都に迫ろうとしている。一月二十日、範頼・義経軍と義仲軍は近江の勢多及び京の宇治で衝突し、義仲軍は惨敗している。義仲は今井兼平ら数名の部下と共に落ち延び、敗残の兵を五百騎ばかり集めて近江の粟津（滋賀県大津）で範頼、義経軍に最後の戦いを挑み討ち死にした。この一連の戦いでは、今井兼平をはじめ手塚太郎光盛、手塚別当（光盛の伯父）、茅野（千野）太郎光弘、千野大夫光家、千野七郎光重など、信濃の横田河原の戦いから付き従ってきた上社・下社の武士たちの多くが討ち死にしている。こののち範頼・義経軍は、福原に陣を構える平家軍を追い（一ノ谷の戦い）、およそ一年後の文治元年（寿永四年。一一八五）三月、平氏を壇ノ浦で滅亡させた。

第四節　鎌倉幕府と諏訪神社

頼朝と諏訪社の関係は義仲の敗北とともにはじまる。義仲の戦死とともに信濃の武士は頼朝の支配下にはいったが、それは諏訪社についても同様であった。

文治元年（一一八五）三月、壇ノ浦で平氏を滅亡させた後、八月に信濃は頼朝の知行国となり、甲斐源氏の加々美《かがみ》遠光が信濃守に任命された。この年の十二月、頼朝は朝廷に奏して、守護・地頭を置く勅許を得た。鎌倉幕府の成立年については様々な意見が存在する。鎌倉に大倉御所が置かれた治承四年（一一八〇）説もあるが、文治元年を武家政権としての鎌倉幕府の成立年とする意見が有力だ。頼朝は御家人中の有力者をもって守護に補任し、御家人および自己協力者を地頭に補任した。そして自分は全国の総追捕使として守護を支配し、全国総地頭として地頭を支配した。

平氏の滅亡の頃、頼朝と諏訪神社をつなぐ出来事がおきている。平治の乱においては平清盛が勝利し、敗北した源義朝の嫡男で十三歳の頼朝は捕えられた。この際、平清盛の継母である池禅尼は、清盛に頼朝の助命を嘆願し、命を助けている。平氏滅亡後、頼朝は平家没官領の権利を与えられたが、池禅尼の子平頼盛の所領三十四ヶ所については頼盛に返却した。池禅尼の恩に報いたのだが、その所領の中に諏訪社が入っていた。諏訪社の本所は鳥羽天皇（上皇）の皇女であった八条院で平頼盛の妻（女房）が領家であった。頼朝は諏訪社の領家に関する権利を頼盛に返却したというわけだ。

ただしこの時、諏訪が遠隔の地であるという理由で、諏訪社と伊賀の六ヶ山は交換され、諏訪社は頼盛の所領からはずれた。「伊賀の六ヶ山」とは、古く比奈知荘（三重県名張市比奈知）を一名六ヶ山（六ヶ山郷）と称したという。六ヶ山の名前の由来は、古代から中世の伊勢内宮・外宮領「太良牟六箇山」である。伊賀の六ヶ山と交換した諏訪社の領家に関する権利については、頼朝が保留したとする見方と、諏訪社自体に寄進したという見方がある。いずれにしても信濃国一宮である諏訪社に対する頼朝の崇敬には、なみなみならぬものがあった。

鎌倉幕府は神社に関しては、これを朝廷の政務とし、敢えて干渉しなかった。しかし関東に存在する、頼朝やその輩下の崇拝した十三社に対しては、直接幕府が信仰して厚い保護を加えた。これを近国諸社といって、その社格は、頼朝以来の慣例によって成立したものである。近国諸社については、その修理、御祈祷、訴訟、御寄進の所領等のことは、寺社奉行は引付に諮問し、引付で審議して回答した。引付は、幕府政所《まんどころ》に置かれた評定衆（政治の最高機関）の補助機関で、引付衆をもって構成された組織で、訴訟、庶務、政所の公文書を司った。諏訪神社上社、下社は近国諸社の中にはいっていて、幕府がいかに諏訪神社を尊崇したかを窺いうるものである。

文治二年十一月、諏訪社領であった伊那の黒河内（伊那市長谷黒河内）、藤沢（高遠町）の地頭藤沢盛景を諏訪上社大祝が頼朝に訴えるという事件が起きた。神氏の一族である藤沢盛景が御狩役と諏訪社拝殿造営の負担をしなかったと訴えたのだ。頼朝の怒りは激しく盛景は厳しい罪に問われた。大祝が「盛景を許し、諏訪社の負担を早急に済ませるご命令を発していただくようお願い申し上げます」と願い出たので、頼朝は盛景を許したうえ、御狩役と諏訪社拝殿造営の負担をするよう命令している。この時頼朝は、「大明神は、神主大祝の下知を以て、御宣と為す事なり。何ぞ其の下知に背かんや。返す返す不当なり」（『吾妻鏡』）と叱責している。頼朝は「大祝の下知を諏訪大明神の御宣とすべし、何ぞその下知に背くのか」と叱責したのだ。

源頼朝が創始し、北条時政・義時ら坂東武士が設立した鎌倉幕府は、頼朝の死後、御家人の権力闘争によって、その嫡流は断絶している。その後は義時の嫡流である得宗が幕府の支配者となった。

信濃は文治三年（一一八五）、源頼朝が直接支配する知行国となっており、幕府が最も重視する国の一つであった。信濃国最初の守護は比企能員《ひきよしかず》であるが、彼の養母が頼朝の乳母であったことから頼朝の信頼が厚かった。そのうえ二代将軍源頼家の乳母は能員の妹であり頼家の妻は能員の娘であった。それで源頼家と比企能員の関係を警戒する北条政子とその父北条時政によって、比企一族は滅亡させられる（比企事件）。その後、信濃守護は北条時政、義時と受け継がれ、承久の乱後、北条氏がその職を引き継ぐこととなる。

第五節　承久の乱と諏訪盛重

承久二年（一二二〇）冬、諏訪湖の御神渡が異変を見せた。何の前触れだろうかと人々は心配していたところ、その翌年の五月に承久の乱が起きた。朝廷方（後鳥羽上皇）と鎌倉幕府方との戦いである。鎌倉（執権北条義時）から出兵の指令をうけて、神氏の一族は戦さに出向くべきか相談していた。

しかし「大祝は当職の間は郡内を出ることなし。況や他国をや」という定めであった。しかもこの戦さは君と臣の争い、上下間の闘いであったので、「天心測りがたし。よろしく神の真意を仰ぐべし」という結論になった。

『画詞』によれば、上社大祝敦信が諏訪大明神の宝前で占ったところ、「すみやかに戦さに出発すべし」との神判が下った。そこで長男小太郎信重を東山道軍の小笠原長清にしたがわせて、宗族の勇士をつけて、京に攻め上らすことにした。神氏の正嫡が自ら戦場に臨むことは、これが最初であった。

信重が諏訪を出発すると、その前方を数百羽もの宮鳥が先導して飛んでいった。信重たちの軍勢は尾張国葉栗原（愛知県一宮市）で三千余騎にふくらみ、美濃国大井戸（岐阜県可児市）というところに到着して、敵勢と対峙する。両者の間に五月雨で増水してごうごうと流れる大河があって、渡ることができない。信重軍が立ち往生していると、再び例の宮鳥千万羽が現われ、古老の村民さえ見つけることができなかった浅瀬に一斉に舞い降りた。そこで信重軍は浅瀬を渡って敵陣に攻め込み、敵軍を退散させた。それから入洛の日まで信重の戦功は抜群であったので、後日、北条義時から書状と褒美を与えられ、諏訪神の霊験を讃えられた。その書状は今の世に伝えられている（『諏訪大明神画詞』縁起部）。

『画詞』は神家の輩が多く西国や北国に居住し、その後裔であると名乗っているのは、この承久の乱の武勲の恩賞の地であると書いている。幕府が勝利の礼として諏訪社に寄進したのは越前国（福井県）足羽郡の宇津目保《うづめのほ》である。また神氏一族の中沢真氏は、出雲国の淀本荘（牛尾荘）の地頭に任命されている。

承久の乱が縁となって、戦後間もなくして敦信は大祝を信重に譲り、自分は諏訪盛重と改名して、被官として北条泰時に出仕した。神氏が「諏訪」と名乗ったはじめである。盛重は鎌倉諏訪氏の祖となった人で、その後裔は数家にわかれ、皆幕府に仕えて繁栄した。『諏訪大明神画詞』を編纂した諏訪円柱も、この鎌倉諏訪氏の出である。

盛重は嘉禎二年（一二三六）以降に出家して蓮仏入道と名乗っている。鎌倉幕府が編纂した歴史書『吾妻鏡』においては、「諏訪兵衛尉」「諏訪兵衛入道蓮仏」の名前で登場している。

寛喜二年（一二三〇）から弘長元年（一二六一）までの約三十年間の長きにわたり、諏訪盛重は北条泰時、経時、時頼、長時の四代の執権に仕え、幕府に貢献した。嘉禎元年（一二三五）の鎌倉法華堂前の湯屋失火の際には、迅速な消火活動で法華堂への類焼を防いだ。その恩賞で、嘉禎二年（一二三六）に北条泰時の邸宅が新造されると、盛重は尾藤景綱と共に御内人としてその敷地内に屋敷を構えている。泰時の信頼の厚さをうかがわせるものだ。

北条氏にとって最大の試練は、三浦一族を滅ぼした宝治合戦であった。合戦では、盛重は得宗被官の統率役として抜群の勲功を挙げ、北条時頼から「無双の勲功」と称えられている。宝治二年（一二四八）、北条時頼の子宝寿丸（時輔）が誕生すると、盛重はその乳人を命ぜられている。

北条時頼は弘長三年（一二六三）、三十七歳で死去する。時頼の臨終に立ち会った盛重は教西房《きょうさいぼう》信瑞《しんずい》にあてた書状に、

> ご臨終近くになって、ありがたい仰せを賜りました。御仏のお力でわしが極楽往生ができたらお前を迎えにくるぞとの仰せで、日ごろ不足なくいただいている御恩に百倍千倍してたのもしく有りがたく、嘆《なげ》きの中にもうれしく思いました……。

という文章を書き送っている。時頼の盛重に対する信頼の深さが窺えるエピソードである。盛重はまた、これより十年程前の建長五年（一二五三）に、北条泰時を追善するため、鎌倉の山内にお堂を建立している。これもまた北条氏との強いつながりを示すものである。

さて鎌倉時代、新興の臨済宗が武士社会に流行した。宋僧蘭渓道隆《らんけいどうりゅう》（大覚禅師。一二一三～七八）が来朝したのは寛元四年、道隆三十三歳のときである。筑前円覚寺、京都泉涌寺の来迎院、鎌倉寿福寺などに寓居し、宋風の本格的な臨済宗を広めた。また執権北条時頼の帰依を受けて鎌倉に招かれ、常楽寺の住持となった。建長五年（一二五三）、北条時頼によって鎌倉に建長寺が創建

されると、招かれて開山となっている。諏訪盛重が蘭渓道隆に深く帰依したことは容易に推察できる。盛重は自ら参禅し、禅宗を諏訪の地にもたらしたいと願った。

諏訪神社上社本宮にもっとも近い鷲峰《しゅうほうさん》山法華寺は、比叡山の開祖伝教大師が、嵯峨天皇弘仁六年（八一五）東国布教の際、この地に巡錫して開山されたと伝えられ、もと天台宗であった。鎌倉時代の寛元・宝治年間（一二三四〜四九）に、諏訪盛重が蘭渓道隆に帰依して法華寺に招請したことで道隆が法華寺の中興開山となった。そのときに天台宗から臨済宗に改めたという。鎌倉時代には建長寺の末寺であったが、現在は臨済宗妙心寺派である。

法華寺は、天正十年（一五八二）三月に織田信長が武田勝頼を攻めたとき、信長が陣所として逗留した。この寺で論功行賞が行われた際、信長が明智光秀をはずかしめて恨みをかい、二ヶ月後の六月二日の明け方、京都本能寺の変で命を落とす原因になった。

法華寺は、明治維新の廃仏毀釈により廃寺となる。しかし大正五年に再興し、本尊として上社釈迦堂の釈迦如来三尊像を祀っていた。釈迦如来像の胎内銘から永久二年（一一九四）の制作であることがわかっている。平成十一年に法華寺は火災で焼失し、本尊釈迦如来像も失われてしまったが、現在、法華寺は再興されている。

諏訪盛重は鎌倉幕府の御家人、北条得宗家の御内人として泰時から時頼の四代に渡って仕えた。諏訪神社信仰の中心であり、現人神であった上社大祝が仏道に入って入道と称することは盛重以降代々つづく。また盛重以後も諏訪氏が北条得宗家と密接な関係にあったことは良く知られるとともに鎌倉の禅宗寺院にも諏訪を名乗る氏族が多く参禅したことが確認できる。

第二章　上社と仏教

第一節　上社神宮寺

諏訪上社神宮寺は、上社本宮の東つづきの丘陵地帯にあった宮寺関係全体の総称である。宮寺《みやでら》とは神社に附属した寺院をいう。神宮寺は諏訪上社と深く関わっており、上社の仏事を執り行っていた。また本宮境内にも、如法堂、蓮池院、大般若堂、護摩堂、お鉄塔など、神宮寺に関わる施設があった。

上社には別当の普賢神変山神宮寺（大坊）、別院の普賢秘密山如法院（上坊）、七島山蓮池院（下坊）、霊鷲山法華寺があり、さらに神洞院、蓮乗坊、泉蔵坊、玉蔵坊、善勝坊、松林坊、執行坊、宝蔵坊の八坊と呼ばれる寺家門徒があった。八坊は時代によって増減があり、幕末には十一寺院があった。これらの僧坊は、神宮寺とともに上町（寺町）沿いに建ち並んでいたが、明治元年（一八六八）の廃仏毀釈ですべて撤去された。

諏訪上社の近隣に寺院、仏像が建てられ、導入されたのは鎌倉時代十三世紀末だとされる。この

「上社古図」神宮寺

時代が上社の造寺造仏期であったといわれるが、その立役者は長野県上伊那郡箕輪町を発祥地とする神氏の支族知久氏である。諏訪神社信仰があつい下伊那の神峰城主知久敦幸（神敦幸）は、正応から永仁・延慶にかけての二十余年の間に、普賢堂・鐘楼・五重塔などの七堂伽藍を神宮寺に寄進している。『諏訪大明神画詞』の「正月一日荒玉社若宮参拝」条に、「西の山ぎわには末社堂塔いらかを並べて見え渡る」との壮観な景観は、もっぱら知久氏の尽力によるものであった。

ここで『神長官守矢史料館周辺ガイドブック』をもとに、中世の神宮寺の歴史的景観を再現し、あわせて『ガイドブック』を中心にして歴史的意義を考えてみたい。『ガイドブック』は、天正時代の制作と伝えられる「上社古図」の守矢家本にのる神社仏閣を中心に作成したガイドブックである。いわゆる「伝天正の上社古図」は諏訪市中洲神宮寺区の郷倉に代々引きつがれてきたもので、諏訪神社上社とその周辺を描いた縦横一・七メートルの古絵図で、いまは諏訪市博物館に保管されている。原本のほかに模写本が二枚あって、元の「上社古図」を写したものが権祝家に伝わり、それをまた写したものが神長官守矢家に保管されている。ここでは守矢家本『上社古図』をもとに、中世の神宮寺の歴史景観を描き出してみたい。

普賢堂跡

かっては諏訪上社の本地仏である普賢菩薩騎象像を祀る堂宇があった。普賢堂は間口五間、奥行四間の単層で、四方に縁をめぐらしていた。正応五年（一二九二）に下伊那神峰城主知久敦幸を施主として建てられた。普賢堂の棟札には、「本願　左衛門尉行性入道　大工南都（奈良）東大寺藤原肥前守並小工四十人　正応五年　五月十二日」とある。

普賢堂にあった本尊普賢菩薩と文殊菩薩騎獅像《きしぞう》は、維新廃仏のときに仏法紹隆寺にうつされている。その他、普賢堂には、毘沙門天像や不動明王像（ともに高さ一・七六メートル）があったが、維新のとき諏訪湖南の松尾山善光寺にうつされている。普賢堂の格天井《ごうてんじょう》の一部は広円寺（岡谷市堀ノ内）に移された。普賢堂跡には、現在銅灯籠の台石二基があるばかりである。

諏訪上社神宮寺普賢堂跡

　普賢堂での年中行事としては、正月十日の仁王会、正月十五日の追儺、四月八日の花会があげられる。これらの仏事は神宮寺の勤めで、特に花会は釈尊の降誕を祝う法会で、上社の社僧と神職が総出仕する盛儀であった。神宮寺はこれらのほかに前宮での仁王会（正月八日）も勤めた。

上り仁王門跡・下り仁王門跡

普賢堂へのぼる道は東と西とにあり、東を下り仁王門、西を上り仁王門といった。仁王門が二つある寺院は珍しい。現在、上り仁王門と仁王像は諏訪市上諏訪の高国寺に移されている。下り仁王門の仁王像はもと山寺（茅野市豊平）から移したと伝えている。廃仏のとき雨ざらしになっていたとか、子供がいたずらしたとかで、玉眼の片方が失われている。こちらは諏訪市湖南の松尾山善光寺にうつされている。

神宮寺跡

上神宮寺は大坊ともいう。普賢堂を本堂として、庫裡《くり》にあたるところを大坊と呼んだ。上社の別当寺である。住職の常住するところで、これを狭い意味での神宮寺ともいった。俗に寺町と呼ぶ通り沿いにあり、下り仁王門の隣りにあった。山号は普賢神変山で、宗派は真言宗。真言宗のつねとして弘法大師の開基と伝えている。明治元年の廃仏毀釈によって取り壊され、神宮寺の惣門は仏法紹隆寺に移築された。神宮寺にあった仏像や什器は、昌林寺（茅野市玉川）、高栄寺（富士見町本郷乙事）などに移された。

八坊跡

江戸時代まで、別当の神宮寺（大坊）のほか、別院の如法院（上坊）、蓮池院（下坊）、法華寺がありさらに八坊と呼ばれる寺家門徒があった。寺家門徒は末寺のことである。八坊は時代によって増減があり、幕末には泉蔵坊・玉蔵坊・真蔵坊・善勝坊・勝林坊・金仙坊・執行坊・神洞院・宝蔵坊・蓮乗坊・松林坊・上坊（如法院）・下坊（蓮池院）の十三寺院あった。

上社領朱印千石のうち、神宮寺は二十石、神洞院は十二石、蓮乗坊以下は八石ずつの配分を受けた。これらの寺院は寺町沿いに建ち並んでいた。ほかに如法院は二十二石、蓮池院は十五石、法華寺は二十二石の配分をうけていて、神宮寺村はその門前に栄えた。

五重塔跡

五重塔は、普賢堂の北西にあった。普賢堂、鐘楼と同じく知久左衛門入道行性（知久敦幸）が施主となって延慶元年（一三〇八）に建立され、上社一帯をにぎわせた。塔は石壇基礎の上に立ち、三間四方（五・五メートル四方）のトチ葺きで、高さ二十一間（三十八メートル）であった。五重塔棟札写には、延慶元年八月十二日　神峰城主知久大和守左衛門入道行性とある。現在、五重塔の鉄露盤残欠が残っていて、国の重要美術品の指定をうけている。これには「延慶元年戊申十一月権輿造之　大工甲斐志太郷住人道西鋳之」との銘があった。古くから諏訪に伝わる俚謡に、

よくも建てたよ、武田の番匠
諏訪の神宮寺の五重塔

というのがあった。

五重塔は諏訪を代表する歴史的建造物であり、江戸時代から法華寺のお預かりで、庶民の寄進をうけて葺き替えをした記録がのこっている。郷土の誇り、信仰のよりどころであっただけに、明治の廃仏毀釈によって取り壊されるにあたって、これを惜しんだ上社の宮大工守矢磯八は丹念に寸法をはかって三十分の一の図をつくった。また初重、二重と、それぞれ区別して木材を目録にした。そして積み上げてトバ（おおい）をかけ、神宮寺村預かりとして、将来の再建に供えたが、願いはかなわなかった。

五重塔内の初層には本尊の五智如来が安置されていた。大日如来を中心に、四方に阿閦《あしゅく》・宝生・弥陀・釈迦の四仏だが、廃仏毀釈時に諏訪市四賀の万福寺に移され、現在は諏訪市博物館に展示されている。また五重塔風鐸は習焼社に一部が残っている。

鐘楼跡

鐘楼は普賢堂の北側にあった。永仁四年（一二九六）に知久敦幸が施主として建立し、梵鐘は永仁五年九月二日に施入した。大工は上野国住人江上入道心仏。梵鐘銘に「在宮称諏方宮、有寺名神宮寺」「永仁五年丁酉九月二日　檀那知久左衛門入道行性」とあって、永仁五年（一二九七）に知久敦幸が神宮寺に梵鐘を寄進したと記録している。

この古鐘の響きは有名であったらしく、三里余り離れた塩尻峠まで聞こえたという。明治元年の廃仏毀釈時に取り壊された。また元応元年（一三一九）、諏訪盛重の子・顕重は上社中嶋阿弥陀堂に梵鐘を寄進している。

釈迦堂跡、薬師堂跡

釈迦堂は上り仁王門をのぼった突きあたりにあって、法華寺のお預かりであった。お預かりとは、常時僧の住まない堂塔の管理に当たったもので、所有と同じであった。建物は四間四面の小さなお堂であった。本尊は釈迦三尊で、高さ百五十センチの座像である。胎内銘によれば、

釈迦三尊造立之、御頭中奉納如法経一部、御腹中奉納伝舎利十粒、八月八日造如、十月十八日供養、大仏師周防法橋、大勧進僧観海　永仁二年十月　日

とあり、永仁二年（一二九四）に僧観海が大勧進となって本尊を造立した。仏師は周防法橋。廃仏後は法華寺の本尊として祀られたが、平成十一年の火災によって焼失している。

薬師堂も五重塔、釈迦堂と同様に法華寺のお預かりで、御手洗川を越して上社社殿の裏（南）にあった。間口三間、奥行三間半の小さな柿葺《こけら》きのお堂であった。本尊は、春日仏師作と伝える木彫りの薬師如来像で、高さ百十二センチであった。維新のとき茅野市玉川の長円寺に移されて現存している。

鷲峰山《しゅうほうさん》法華寺

伝承では伝教大師最澄の開山と伝えている。当初は天台宗であったが、鎌倉時代に諏訪盛重が蘭

渓道隆に帰依して臨済宗に改宗した。神仏習合の時代、法華寺は上社本宮の神前と預かりの堂塔三所にて毎月二日に勤行を務めていた。法華寺預かりには五重塔・釈迦堂・薬師堂・観音堂・弁財天・上り仁王門・千体仏地蔵堂などがあった。法華寺は明治元年（一八六八）の廃仏毀釈により廃寺となるが、大正五年（一九一六）に現在地に復興した。しかし平成十一年に本尊の釈迦如来像とともに焼失した。現在の本堂はその後再建されたものである。

神秘山如法院跡

現在の上町（寺町）通り、御手洗川にかかる階橋《きざはし》の東にあった。「上坊」ともいった。如法院は如法経供養を務めとした。毎年四月十五日の如法経開白《かいびゃく》より、本宮の如法堂にこもって一字三札にて法華経を書写し十月十六日の如法経結願で本宮内陣の鉄塔にこれを奉納した。その際には大祝さえ立ち会うことができないほどで、重要な仏事であった。如法院は、七年に一度の御柱祭において、宝殿を遷座する際の勤行も務めた。

明治元年の廃仏毀釈によって、如法院にあった仏像や什器は岡谷市真秀寺《しんしゅうじ》・富士見町本郷乙事法隆寺・大町市盛蓮寺などに移された。盛蓮寺に移された普賢菩薩騎象像は、その後再度仏法紹隆寺に移され、現在は長野県宝に指定されている。

七島山蓮池院跡

上社本宮境内の蓮池のそばにあった。「下坊」ともいう。明治以前は、本宮境内の護摩堂にて毎日朝暮に護摩供を修した。明治の廃仏毀釈時に取り壊されて、茅野市米沢埴原田紫雲寺《はいはらだしうんじ》に移築された。

十六善神堂・食堂・水風呂・法納堂跡

上社本宮境内の摂社末社遙拝所と出早社の間、現在の額舎の辺りに、かつて東から法納堂・水風呂・食堂・十六善神堂があった。これらの堂舎は、神宮寺の社僧が神事を行う場所であったとされる。十六善神堂（大般若堂）では、朝暮神宮寺と門徒八坊が勤行し、正月五日、三月戌日、四月七日、五月五日に大般若経を読誦した。また正月七日、五月七日、九月七日、十月七日には大般若経転読会が行われた。

十六善神とは、般若経を守護する神のことで、大般若経を転読するときに本尊としたものである。

第二節　上社神宮寺の年中行事

上社の神宮寺は、神社に隣接する広い境内に数多くの堂塔、寺家が建ち並んでいた。これらの諸堂において社僧たちは年間に様々な仏事を執り行っていた。時に諏訪神社の神宮寺を代表する行事としては花会と如法院の如法経奉納をあげることができる。

南北朝期に諏訪円柱（一二九五〜一三六四）が書いた『諏訪大明神画詞』には、二月十五日の下社神宮寺における常楽会、四月八日の上社神宮寺における花会の様子が記録されている。釈迦の誕生（花祭、灌仏会）と、入滅（常楽会・涅槃会）などの密教的行事は、真言宗あるいは天台宗の影響からだといわれる。花会の行事の経営は、左右の頭人の役目である。頭人とは、祭祀を主宰する責任者のことである。

『画詞』に「（四月七日）、大宮にして花会を右頭役行ふ。舞楽あり」とある。本宮境内に大祝以下、神官、神使、氏人、左右頭人、社僧が参列し、飾馬も出て、帝屋《みかどや》前廊において都と地元の楽人の演奏が行われる。饗膳後、大量の神前供物を大祝以下、社人・社僧の引物とする。

また『画詞』には「八日花会。左頭神宮寺にして法会舞楽あり」とみえる。普賢堂において釈迦仏を花で飾る花御堂を作り、法会を行い舞学を催す。また高座二脚を備え、民衆の面前で法華講論を行った。捧物を積み、大祝以下神官・社僧の引物とした。参詣人、子供は花箱をもち、楽人たちも一大行列をなした。楽屋では「舞楽秘曲を終日つくす」という華やいだ祭りで、『画詞』には「左右桟敷内外の衆人一山に充満す」とあって、花会に集まる人々は一山にみつるほどであった。

お鉄塔に如法経を奉納する如法経供養は、神秘山如法院の努めであった。如法経供養は天台の智証大師円珍（八一四〜八九一）の創始と伝えられ、古代、中世には貴族や武士たちの間で盛んに行われた。

如法院は、毎年旧暦四月十五日より本宮境内の如法堂に籠もり、法華経八巻を書写した。十月十四日から二夜三日如法経（法華経）を勧修し、十月十六日辰刻（午前八時）に鉄塔の扉を開いてお経を入れる儀式を行なった。十三日以降は禁足となり、社人も出仕するが、社内に入るのは社僧のみ許された。また十五日夜八つ頃より藩主の名代も出仕し、朝には多くの人々が参集して参詣したと伝える。納められた経巻は竜神である諏訪明神が、竜宮から地中を通って受けていかれるので、次の年には全部なくなっていると信じられていた。

第三節　上社本宮の社殿配置

諏訪神社上社本宮の社殿配置はすこぶる複雑である。本宮境内の様相をもっとも早くうかがえるのは『諏訪大明神画詞』で、社頭は三壇の造成となっていると書いている。この三壇は、北から南に向かってのぼる自然の勾配に手を加えたもので、今の布橋の通りを中壇とし、上に上壇、下に下壇をつくった。

上社本宮境内図古図

社頭の躰、三所の霊壇を構えたり。其の上壇は尊神の御在所、鳥居格子のみあり。其の前に香花の供養を備ふ。普賢身相如虚空とも説き、普賢法身遍一切とも述ぶるが故に、法性無体の実理を顕はし、依真而住の真土を示し給ふなるべし。中の壇には宝殿経所ばかりなり。法花一乗の弘通、併て普賢四要の勧発なれば、本地を表するに似たり。下の壇は松壖柏城甍《しょうせんはくせい》を並べ拝殿廻廊軒をつらねたり。垂迹の化儀を専らにして魚肉の神膳を此の所に供す。倩《つらつら》三壇の景趣を拝すれば偏に三身の相貌をかたどれり。誠に甚深なる物なり。

これは『画詞』の完成した延文元年（一三五六）以前の本宮境内の様子を伝えたものである。この時代には、まだ上社最高の御神体とされた「お鉄塔」と、それを拝するための幣殿、拝殿、片拝殿、脇片拝殿は設置されていない。

『画詞』の記述からうかがうと、上壇は尊神諏訪大神の御在所で、鳥居格子のみがあり、その前に香花を供えて祭るとある。鳥居格子のむこうにあったのは硯石という磐座だった。硯石は諏訪七石に数えられている名石で、『諏訪上社物忌令之事』にも「硯石《すずりいし》水不増不滅ナリ、三界之衆之善悪ヲ被註《しるさる》硯也」と記されている。硯石は四〇〇トンといわれる巨石で、上面中央に凹部があり、たまった水が不増不滅だというのだ。いわゆる「神霊の宿る岩」という磐座信仰である。

中壇は宝殿・経所ばかりとあって、中壇に宝殿が建てられていた。それも七年目ごとの御遷座ということがあったので、東宝殿・西宝殿の二つが建てられた。「経所ばかり」と書かれているのは、東西宝殿の並び、現在の額舎あたりに、東から法納堂・水風呂・食堂・十六善神堂があった。これらの堂舎は、神宮寺の社僧が神事を行う場所であったようだ。「経所」は法納堂のことで、如法院で書写された法華経が奉納された。奉経所ともいった。十六善神堂（大磐若堂）では大般若経を書写する仏事がおこなわれた。十六善神とは般若経を守護する神のことで、大般若経を転読するときに本尊としたものである。

下壇には松や柏が茂り、拝殿・廻廊など軒をつらね、ここで神前に魚肉を供えたとある。『画詞』が完成した室町時代初期には、寺院建築の影響から宝殿や拝殿が存在していた。それでも上壇の磐座を尊神諏訪大神の御在所としてまつる、古来からの信仰は色濃くのこっていた。結局、下壇の拝殿、神楽殿から、社の中心的建物である東西の宝殿の門を通し上壇の硯石を拝するのが、古い時代の磐座信仰であった。

東宝殿と西宝殿の間にある四脚門《よしあしもん》は、『画詞』の時代には存在していなかった。慶長十三年（一六〇八）に徳川家康の寄進によって建てられたと伝えられていて、祭事の行列にしか開かれなかったとされる。

さて『画詞』には、「ここに信州諏訪大明神は本地を訪へば普賢大士の応作《おうさ》」とあって諏訪大明神の本地は普賢菩薩であると書いている。さらに「倩《つらつ》ら三壇の景趣《けいしゅ》を拝すれば、偏に三身（仏の法身・報身・応化身）の相貌をかたどれり。誠に甚深なる物なり」と書いて、上社本宮の三壇を仏の法身・報身・応化身の三つにたとえるなど、まことに仏教的な解釈を加えている。

上壇は尊神諏訪大神の御在所で、すなわち普賢菩薩のおわす所で、鳥居格子のみあり、その前に香花を供える。そこは仏の法身にたとえるところで、色も形もない真実そのものの体、真理の体ということになる。信濃毎日新聞社編『諏訪大社』の解説によれば、上壇は普賢菩薩のおはす所である。菩薩の姿は虚空のようで、姿は見えないが「天地に瀰漫《びまん》」し、つまりそこら中にみちている。そこに香花がささげられる。

つぎに諏訪円柱は「中の壇には宝殿経所ばかりなり。法花一乗の弘通併て普賢四要の勧発なれば本地を表するに似たり」と書く。
中壇は宝殿・経所ばかり。そこは仏の報身にたとえられる。報身とは、菩薩であったときに願を立て、修行を積んだ報いとして得た仏身ということだ。
「法花一乗の弘通』とは、最澄が法華経に基づいて説いた「法華一乗」、すなわち全ての衆生は成仏できるという教えが広まったことをさす。それを説いた最澄と諏訪大神の値遇《ちぐ》は、法華経の縁によるものである――このように円柱は書いている。

尊神大師の値遇法花結縁にことなりし御事たり。(『諏訪大明神画詞』縁起十四段)。

また「普賢四要の勧発」というのは、普賢菩薩が釈迦如来との問答で、釈迦入滅後の世に、法華経の功徳を得るための四要を教えられた。感激した普賢菩薩が法華経の行者を守護することを誓って、人々に安心して修業に励むことを勧める。それは「普賢菩薩勧発品」の内容である。
これは慈覚の法華経の書写行を諏訪大神が守護したことから、諏訪大神の本地仏として普賢菩薩を安置し、法華経の行者を守護し、修業へと誘うことを記している。

されば当社には本地普賢大士を安置し如法写経の薫修最中不断の勤行にすとなり。(『諏訪大明神画詞』縁起十五段)

円柱は、天台宗の最澄、慈覚との故事により、中壇でも諏訪大神の本地仏が法華経の行者を守護する普賢菩薩であることを明らかにしている。

下壇は、仏の応身にたとえられる。応化身ともいう。応身は、この世に姿を現した仏身の意味で、歴史的には釈迦、菩薩など、人の目に見える仏身をいう。そこで下壇に神楽所や拝殿をもうけ、人々が拝んだというわけだ。

諏訪神社の上壇・中壇・下壇を通して、円柱が心に留めるのは、末法の世、法華経の行者を守護し、修業へと導く諏訪大神の本地仏普賢菩薩騎象像であり、全ての衆生は成仏できるとの最澄の法華一乗の教えであった。

第四節　お鉄塔の導入

さて仏教の隆盛につれて、上社も神社より神宮寺のほうがにぎわい、門前町も山本郷から神宮寺村というようになると、そちらが正面になった。神宮寺の中心である普賢堂への上り口は、滝ノ前につくられ、そこがもっとも繁華な場になった。本宮にしても、その上壇に「お鉄塔」というものが立てられ、これを御神体として拝するための拝幣殿がつくられた。こうなると磐座ということは全く忘れられることとなる。二の鳥居から入ると、東側から約六七メートルの長い布橋を通り、宝殿前は素通りして左折して塀重門《へいじゅうもん》から入り、再び東方に左折して幣拝殿に参拝した。明治維新まで拝殿の奥に置かれていた「お鉄塔」を最高のご神体として、一年一度この扉を開いて法華経を奉納していた。

「お鉄塔」については、弘法大師が留学中に知った「南天の鉄塔」というものを高野山に建て、諏訪に巡錫のとき諏訪上社にも建て、源頼朝はそれを再興したというのが地元の伝承だという。「南天の鉄塔」というのは、南天竺（南天）に存在したという、真言密教の教えを封じこめた鉄製の仏塔ということだ。鉄塔といいながら、それが何でできていたかについてはよくわからない。

伝天正の『上社古図』に描かれた上社本宮境内図の中に、拝殿の正面奥に、石の五輪塔に似たものが描かれている。くだって『神使御頭之日記』天文九年（一五四〇）条に、八月十一日の大風で神前の鉄塔が吹きたおされたという記述がある。

　八月十一日の酉時の盛り（午後六時）より南大風出、（中略）神前の鉄塔二重吹き転ばかし候、神長官の当番にてすなわち直し申候。

『諏訪市史』は、お鉄塔は文明十六年頃（一四八四）、神長官守矢満実によって本宮上壇に導入されたと推測している。その理由は、文明十六年頃の成立とされる神長本『諏訪上社物忌令之事』に、「上壇には石之御座・多宝金塔・真言秘密阿伽棚・七千余巻之一切経如法擁護十羅刹妙典を守護給」と神長満実が記述しているからだ。この頃に本宮上壇に多宝金塔（鉄塔）の導入を果たしたものと考えられる。文明十六年は、惣領家諏訪政満の二男宮法師丸の即位式をめぐって、神長満実と四神官（祢宜・権祝・擬祝・副祝）が対立した時期である。強引とも思われる上社への神仏習合思想の導入をめぐって満実と四神官が対立したものとみられる。

さてお鉄塔の導入によって、古来からの磐座信仰軸と直交する「お鉄塔信仰軸」ができたことになる。そして現在、上社本宮にみられるような、宝殿の向きと幣拝殿の向きが九十度ズレる、複雑な社殿配置となった。

お鉄塔は天正十年（一五八二）三月の織田信忠の兵火で被災した。寛永八年（一六三一）に高島藩主諏訪忠恒がお小屋山の白色の砂岩を使って復興した。明治維新の廃仏毀釈によって上社から撤去され、後に藩主の菩提寺である諏訪市の温泉寺に移されている。

第三章　下社と仏教

第一節　諏訪盛澄

金刺盛澄は諏訪盛澄とも呼ばれる。はじめ諏訪下社大祝として木曽義仲に従いながら、義仲の死後、頼朝に仕え、鎌倉との絆を深めた人物である。盛澄の頃から、金刺氏は諏訪氏と名乗るようになった。ほとんど同じ頃、上社の神氏が諏訪氏を称していることを考えると、諏訪上社、下社の神官（武士）が鎌倉に出仕することになったことが、「諏訪氏」を称すきっかけになったことは疑いない。

「諏訪」は名字即ち地名で、その生育した土地、あるいは居住の領地を名に冠して呼ぶものであるから、鎌倉につどう御家人によって諏訪氏と呼ばれたものである。「諏訪氏」が史料上に登場してくるのは『平家物語』『源平盛衰記』の記事においてであり、それ以前には諏訪氏の呼称は見られない。

木曽義仲の旗揚げに従った諏訪下社大祝金刺盛澄は、越中富山の阿努まで来て、御射山神事のために帰国した。義仲の滅亡後、盛澄は、平家の家人であったことや、義仲の家臣であったことから頼朝に召喚される。しかし京都城南寺の流鏑馬に参加していたため遅参し、頼朝の怒りを買い捕縛され、梶原景時に預けられた。頼朝は盛澄を斬首するつもりだったが、盛澄が藤原秀郷流弓術を継承する名手であったことから、景時は頼朝を説得し、せめて盛澄の弓の技量を見てから死罪にして欲しいと懇願する。頼朝は文治《ぶんじ》三年（一一八七）、盛澄に鶴ヶ岡八幡宮の放生会で流鏑馬を披露するように命じる。

流鏑馬では、頼朝はわざと盛澄を暴れ馬に騎乗させた。盛澄は難なく暴れ馬を乗りこなし、八つの的全てを射ぬいた。頼朝は射抜いた的の破片、さらに的を立てかけた串を射るよう命令したが、盛澄は難しい的を射抜くという妙技を披露し赦免された。この時、梶原景時が、捕縛された義仲の郎党達にも寛恕《かんじょ》を施して欲しいと頼朝に願い出て、その郎党達も助命された。（『吾妻鏡』文治三年（八月十五日条）

その後は、盛澄は鎌倉御家人となり、流鏑馬や的始の儀式で活躍した。建久五年（一一九四）十月、頼朝は小山朝政の家に弓馬の湛能を召し集め、流鏑馬以下作物（器物を的として射る）の射法につき評議させた。これは明年京都に趣き住吉社において、関東武士の流鏑馬を奉納するので、京畿の諸士の批難を受けぬよう、流鏑馬の技法を定めるためであった。この評議に預かった者は十八人であったが、盛澄も斯道の大家としてその名を連ねている。この十八人のなかに、信濃武士は諏訪大夫盛澄のほか、望月三郎重隆、海野小太郎幸氏、藤沢次郎清近が名を連ねていて、朝廷の御牧の地として、牧馬と騎射に勝れていた信濃武士の優秀さがうかがえる。

正治元年（一一九九）正月、源頼朝は薨去し、その跡は源頼家が継いだ。盛澄はなお健在で頼家に仕えていた。建仁三年（一二〇三）九月源頼家は北条氏によって伊豆修禅寺に幽閉され、その跡は弟実朝が十二歳で第三代将軍に就任している。

『吾妻鏡』によると、建仁四年正月の御的始は、諏訪大夫盛隆が佐久の海野小太郎行氏と番《つが》って二番を射ている。盛隆という人物は名称から推して、盛澄の子か孫であろうとされている。『下諏訪町誌』第五編「中世の下諏訪」（伊藤富雄氏）によると、盛澄には数人の子がいたが、「一子盛以には下社大祝職を譲り、一子盛隆を携えて鎌倉に移り住み　もって幕府に出仕したのである」と書いている。「諏訪大夫盛隆」の記事は、『吾妻鏡』に、弓馬の道の俊秀としてしばしば見えている。金刺盛澄の家が幕府弓馬の家として、一家をなしていたことは明らかである。

第二節　金刺満貞

盛澄の二代あとに金刺満貞（一二七〇～一三三〇）が出た。満貞は早く大祝を弟盛久（玉葉集歌人）にゆずり、武士として鎌倉幕府に仕え、執権北条貞時の信任がとても厚かった。

そのころ元から来た一山一寧《いっさんいちねい》（弘済大師、一二四七～一三一七）が鎌倉建長寺の住職になっていた。一山一寧は中国四大仏教名山の一つ、浙江省補陀落山観音寺の住職であった。元の世祖クビライが二度の日本遠征（元寇）に失敗した後、その後を継いだ成祖は一山一寧に妙慈弘済大師の大師号を贈り、朝貢督促の国使として日本に派遣した。時の執権北条貞時は一寧らを伊豆修禅寺に幽閉したが、やがて幽閉を解き衰退していた建長寺を再建して住職に迎え、自ら帰依した。満貞も参禅し、その印可の弟子となり、師弟の関係はすこぶる親密なものがあった。

満貞は故郷にも仏教文化を入れようと志し、下社春宮の鬼門（東北）に当たる地に禅刹をたて、一山を迎えて開山となってもらった。諏訪郡下諏訪町の白華山慈雲寺は臨済宗妙心寺派で本尊は十一面観音。創建は正安二年（一三〇〇）五月十五日で、開山は一山一寧、開基は金刺遠江守満貞である。開山一山一寧のあとは二世に石梁仁恭、三世に雪村友梅がすわり、鎌倉五山、京都五山の住職を歴任する高僧の住職が続いて、五山の列に入るといわれた寺格を有した。満貞が慈雲寺を開基して以来、その名声をきいてたずねてくる修業僧が多かった。そこで旦過寮をたて、そこに付属して温泉を開設したのが旦過湯《たんがのゆ》である。旦過湯はいまも浴場として続いている。

開山から六十八年後の応安元年（一三六八）に慈雲寺は寺観を改め、その際、下社大祝金刺豊久は梵鐘を寄進している。応安元年は足利義満が将軍職についた年で、この頃の梵鐘の作例は少なく長野県宝になっている。

総高百十四センチ、胴まわり百八十九センチ、口径六十六センチ、厚さ七・七センチで、大日本国信州諏訪白華山慈雲寺新鋳洪鐘ではじまる銘は禅宗らしい名文で、その終わりに、

応安元年六月初三　仏殿立柱日

住持寿山昌永謹銘　大旦那大祝豊久
大工葛城知盛

と刻まれている。

大旦那大祝豊久は下社大祝金刺豊久である。寿山昌永は慈雲寺第五世住職で鋳工葛城知盛は大和国の名匠である。

慈雲寺は創建以来三度の火災により堂宇を焼失している。天文六年（一五三七）の火災では、当時の住職であった天柱玄長禅師が武田信玄の支援をうけて復興がなされている。そのため信玄を中興開基としている。

第三節　武田氏の下社堂塔の再興計画

諏訪神社下社には秋宮に海岸孤絶山神宮寺（以下、下神宮寺）と松林山三精寺、春宮に秋光山観照寺の計三ヶ寺の宮寺があった。

下神宮寺については、当寺の寺務憲尚が寛保二年（一七四二）、江戸真福寺に提出した『下諏訪別当寺務神宮寺海岸孤絶山起立書』に、当寺は空海の開基、成尊（一〇一二～一〇七四）の中興と伝えている。下社の宮寺は真言宗で、高野山金剛頂院末であった。真言宗の例によって弘法大師の開基とされており、境内のわき水独鈷水は大師の法力によって湧き出たという伝説がある。弘法大師を開基とする寺伝をそのまま史実とすることはできない。しかし当山は代々、明算を流祖とする中院流を相承する密教寺院とされ、特に高野山金剛頂院との関わりが深かった。鎌倉から室町期の下社神宮寺の様子は、明確には分らない。これは室町時代末の二度の兵火によるもので、下社に古文書が少ないためである。

下社と仏教という点では、先に正安二年（一三〇〇）の大祝金刺満貞による慈雲寺の造営をあげた。当時の仏像として、下社秋宮の別当寺三精寺の阿弥陀堂に祀られた阿弥陀如来坐像が伝存している。檜材寄木造で、十三世紀半ばを降らない慶派の作風であると評価されている。明治維新のとき阿弥陀如来坐像は岡谷市長地《おさ》柴宮の平福寺にうつされている。平福寺の日限《おひぎり》地蔵尊の縁日には多くの参拝者があり、阿弥陀如来坐像も御開帳されている。日限地蔵尊も三精寺門前にあったものである。

上社と同様に、下社も鎌倉期以降、伽藍が建立された。南北朝期には上社・下社とともに本地仏も定まり、花会・常楽会をはじめ盛大な仏事が行われている。南北朝期に成立した『画詞』には、釈尊の涅槃《ねはん》を追慕する常楽会の記述があり、上社神宮寺の花会と対《つい》をなして「如来説化の始終をつかさどる」と書いている。

二月十五日は下宮同神宮寺にして常楽会舞楽あり。釈尊涅槃の令節を迎へて、神明結縁の大会を行ふ、四月十八日は上宮にして花の会あり。両社相対して如来説化の始終をつかさどる。

鎌倉から室町期の下社神宮寺の様子は、何もわかっておらず、戦国時代には建造物も少なくなりかなり荒廃していたようだ。下社秋宮千手堂は、乱世のため堂舎荒廃して甚だ粗末な仏堂だったようだ。また三重塔などはまったく廃絶して、わずかに礎石をのこすばかりであった。そこで神宮寺は武田氏の助力を得てこれを再興すべく奔走した。武田信玄や勝頼は春芳軒と水上宗富に堂塔の再建を命じている。

春芳軒は諏訪高島の地下人の出身で、信玄に仕えて蔵前衆の頭目となり、武田氏の財政を管掌した。水上宗富は甲州北巨摩郡水上村の出身で、武田氏支配の深志の松本城の留守居役であったとされる。この諏訪春芳軒と水上宗富が、信玄や勝頼の意をうけて、千手堂再興のために多大な努力を払ったのである。

信玄は永禄七年（一五六四）以来、千手堂再興のため、塩尻田役のうちから毎年三十貫文宛を、下諏訪御造栄領の中に寄付した。元亀三年（一五七二）に至り、神宮寺の徳役を免除するからお堂の完成をいそぐように督励している。「武田信玄定書」（宮坂家古写文書）に次ぎのようにある。

定

下諏方千手堂建立の事、別して馳走候の条、造畢《ぞうひつ》無きの間は徳役御赦免に候、但し疎畧に至っては、悔還《くひかへ》さるべき者也、仍て件の如し。

元亀三年壬申五月八日　市川宮内助奉之　神宮寺内　井坊

定書のいうところは、千手堂建立の件で一生懸命に奔走しているから、建立が完了するまでは神宮寺の徳役を赦免することとする。しかし疎略にするならば免除は取消し、徳役は取りかえすというのだ。宛名の「井坊」は神宮寺の門徒井の坊尊応で、当時神宮寺の納所《なっしょ》（会計係）であった。神宮寺は下社宮寺中最も重んぜられた寺院である。しかし武田氏時代の寺領は二十七貫四百三十文にすぎず、多くの門徒を有する大寺としては少なすぎる感がある。ただし下社神宮寺は、国主の武田氏に対し、徳役と称す税金を納めることで、金融業を経営する特権を与えられていた。徳役について、『下諏訪町誌』から伊藤富雄氏の説明を載せておく。

徳役とは、土倉、（質屋）酒屋、問屋等の様な大きな営業を行う富豪が領主に納める税金で、今日の営業税や所得税の如きものである。室町幕府を始め諸国の領国大名は、その領内の富豪に対し、営業上の特権を許す代り、みなこれに徳役を賦課《ふか》したものである。（『下諏訪町誌』上第十一章より）

戦国時代、神宮寺のような特権寺院の行った営業は、ほとんど金融事業に限られていた。その場合、金融の特権を許された寺院が納める徳役とは、祠堂物に対する課税であった。しかして金融の特権を許された寺院は、この祠堂物を資本として金貸や無尽を営み、大きな利益を占めたものである。祠堂物とは祠堂金、祠堂銀、祠堂銭を指すものである。伊藤富雄氏は「祠堂物」について、次のように説明している。

父母の亡霊《ぼうれい》のため葬送後、寺に財を納めることは、古くから行われた習俗であるが、中世に至ると貧富を問わず、それぞれに身分に応じ、一般にこれを行ったもので、これが即ち祠堂物である。この詞はついこの頃まで遺り、よく年寄は「稼いで置かなければ祠堂金が出来なくて弔も出ない」などと語ったものである。(『下諏訪町誌』)

祠堂とは、儒家が鬼神を祀る所を祠堂と名づけたのである。吾が俗これによって父母の亡霊のために寺に納める財を祠堂銀といったのである。(『真俗仏事編』巻六祠堂銀の条)

第四節　千手堂・三重塔の再建

完成までは徳役は免除するとして工事を急いだ千手堂は、天正二年(一五七四)から三年(一五七五)にかけて再興された。東西七間南北八間の単層のお堂であった。

まず天正二年八月吉日、千手堂の堂舎が竣工し、上棟式が行われた。その時の「千手堂棟札」には、「大守武田大膳太夫勝頼公、武運長久、国家安穏」「信玄大僧正。天正二甲戌《きのえいぬ》八月吉日。本願春芳・宗富。大工藤原国吉・定快・俊温敬白」と記されている。信玄は天正元年(一五七三)に死亡しており、落成を見ることはできなかった。本願として記されている諏訪春芳軒と水上宗富は、信玄や勝頼の命をうけて、千手堂造営のため多大な努力を払ったものである。つぎに定快は当時の神宮寺の住職であり、俊温は神宮寺塔頭宝珠院の院主であった。千手堂の棟上には、神宮寺の僧侶、武田氏の官吏、地元の郷代官、近隣の信者が集まって、大変な盛儀だったと思われる。こうして荒廃した下社神宮寺千手堂の堂舎の再興が成就した。

その翌年、天正三年四月、神宮寺は新造千手堂の堂供養を行い、僧侶百十人を紹請し、十日間に大乗妙典一千部の真読供養をした。願主は諏訪春芳軒であった。「大乗妙典」は、大乗の妙理を説き明かした経典のことで、法華経をさす。また「真読」は経文を省略せずに全部読誦すること。願主は「春芳」とあるから、同人が法会の費用を寄進したものと思われる。

法会執行の日時は四月のいつ頃か不明だが、それに続いて四月二十一日、神宮寺は千手堂において曼荼羅を供養し、寺堂の悠久を祈願した。そのときの「千手堂供養牌写」には「本願春芳軒、同息小田切神七郎昌親、同跡部新八郎昌光」と記している。小田切昌親と跡部昌光は、ともに春芳軒の子息である。さらに裏面を見ると、その中央に「雲宗斎書判」とあり、その両側に参加の末寺や塔頭を載せている。「雲宗斎」は水上宗富の道号と推定されており、伊藤富雄さんは「これをもって観ればこの曼荼羅供は、水上宗富が願主で執行され、費用は同人の寄進によるものと想われる」と推察している。

さて天正二年八月千手堂落成後、直ちに三重塔が起工された。その落成はいつのことか詳らかでないが、天正五年三月三日に盛大な塔供養の法会が行われた。三重塔供養牌には「信州下之諏方神宮寺宝塔破壊し、微塵と化し去り、長年その形を見ず、いたずらに礎石を存し、風霜を知らざる乎、郡人春芳老翁（春芳軒）、源君光禄大夫勝頼公（武田勝頼）の厳命を受け、志を造《いた》し私財を捨施し、（中略）以て三級の層塔落成す」とある。

下社三重塔は、諏訪春芳軒が勝頼の命を受け、私財を喜捨して建立したものであると書いている。この供養牌の裏面には、様（武田勝頼）、御前様（勝頼の妻室）、御料人様（勝頼の娘）、信綱（勝頼の叔父、高島城主）、信豊（勝頼の従兄弟）など一族の人名が並べ記されている。武田勝頼は、この法会に一族を伴って参列し、すなわち武田氏の一門及び奉公の武士も参詣し、その規模の大きかったことが窺える。

ところで千手堂の建物は天正二年八月に竣工したが、内部の装飾に年月を要したようだ。千手堂本尊は小さいながらきわめて精巧な平安時代の千手観音像で、脇立の不動明王像や毘沙門天像とともに、勝頼の念持仏として秘仏にされた。

工事の遅れにごうをにやした武田勝頼は、天正五年七月さらに翌六年に千手堂完成督促の奉書を出している。天正九年勝頼は定書を神宮寺井之坊宛に下し、千手堂造営の間は徳役赦免の定書が守られることなど、千手堂再興を庇護し援助した。しかし翌天正十年三月に至り、武田勝頼は織田信長のために滅ぼされてしまった。

元治元年（一八六四）十二月、下社神宮寺の本堂として崇敬をあつめた千手堂は、火災のため烏有に帰してしまった。『山田政之丞日記』に「元治元年十二月十八日、今暁八ツ時久保村千手堂出火に付、（中略）誠に千手堂は武田信玄公御造営にて古き御堂、只三時の内に焼失す。惜い哉」とある。

明治元年三月、神仏分離令によって神社から仏教は放逐される。かくて下社神宮寺は撤去され、その管する三重塔、仁王門、鐘楼及び仏教関係の建物はすべて取払われてしまった。大坊の本尊大日如来、千手堂本尊千手観音はじめたくさんの仏像・仏画・経文・什器等は、末寺の照光寺（岡谷市）が願い出てもらいうけた。仁王門も照光寺に移された。建造物としては大坊の山門が小泉寺（諏訪市）の門としてのこっている。明治維新まで千手堂前にあった弥勒石仏は現在近くの土田墓地に安置されている。身の丈八十八センチ、肩幅五十四センチ、膝の幅六十三センチで、簡素な蓮坐の上に座し、塔形を抱いている。この石像の正面、胸乳のあたりに「弥勒」、その下に「春芳」と刻まれ、うしろには「天正二年甲戌十月二十八日」と刻まれている。石像の宝冠があまりに低くて民間の茶帽子のようにみえるし、体形もでっぷりしてなにか俗人を思わせる。このことから春芳が、弥勒に千手堂・三重塔の再建を祈り、また自分のすがたをのこしたものと推察される。神宮寺図ではこの弥勒石仏は仏殿の左に描かれている。

第五節　下社神宮寺案内

諏訪下社には、秋宮に別当の海岸孤絶山神宮寺と三精寺、春宮に別当の観照寺があり、さらに寺家門徒は寛政七年（一七九五）の時点で下神宮寺に宝珠庵、本覚坊、玄奘坊、観照寺に東光坊があった（『江戸幕府寺院本末帳集成』）。

下社神宮寺は秋宮社地に隣接する東部一帯を占めた宮寺である。山王台から見おろすと、承知川を東境とし南は土田墓地、西は神殿を限る範囲で、「海岸山境内を久保村と称するなり」といわれるほど神宮寺の寺域は広かった。「海岸山」とは海岸孤絶山神宮寺のことである。

ここに見る「神宮寺境内図」は、江戸時代の文化文政の頃（一八〇四―三〇）海岸山神宮寺で作成されたとみられる木版画である。「信州諏方法性宮本地海岸孤絶山法性院神宮寺境内図」というタイトルがつく。「境内図」の右辺「方丈」とあるのが海岸孤絶山神宮寺（大坊）で、左辺上方に「仏殿」とあるのが本堂の千手堂である。図中に「旧跡」と注記している門徒の六院は幕末の化政期にはすでに退転していた。

下社神宮寺は千手堂を本堂とし、三重塔・仁王門その他、かつては境内門末六院二十坊、門末寺院二十一ヶ寺を数えていた（『寛保二年下社神宮寺起立書』）。

しかし戦国争乱の間に寺社領が多く押領され、堂舎荒廃して退転するものが多かった。武田信玄・勝頼は、戦国争乱の間に退転した神宮寺の復興につとめ、天正二年（一五七四）千手堂を再興した。本尊は秋宮本地仏の千手観音像で、脇立に不動明王像、毘沙門天像が祀られた。

秋宮千手堂では、毎朝の勤めとして、神宮寺寺務が千手法を修して、門徒衆僧が読経した。つづいて護摩堂にて三精寺住持が護摩法と読経を勤めた。これが毎朝の勤行である。

節分には、千手堂にて神宮寺寺務を導師に追儺の式があり、般若経の読誦が行われた。

三重塔は境内図の中央やや上に描かれている。武田勝頼の命をうけ、豪富の春芳が施者となって、

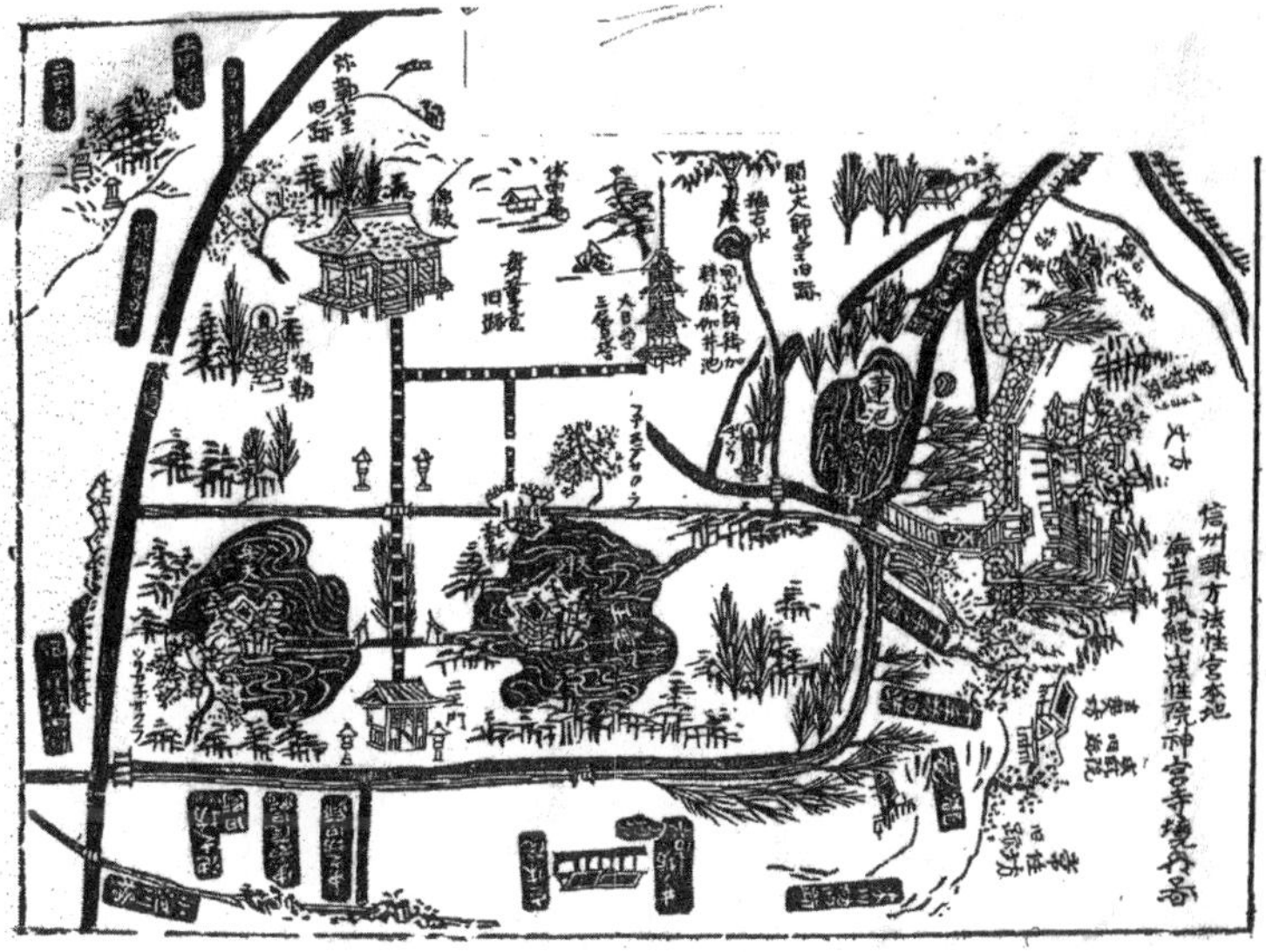

下社神宮寺境内図古図

天正五年（一五七七）三月三日に完成した。二間四方・檜葺南向で、本尊は胎蔵界大日如来であった。その胎内墨書により京都七条仏所の康忠が明応三年（一四九四）に作ったことが知られる（『照光寺誌』宮坂宥勝）。維新のとき岡谷市の照光寺に移されている。

千手堂へと通ずるまっすぐな道のさきに、東西二間南北四間、柿葺東向の「仁王門」があった。室町時代作とされる仁王像があったが照光寺に移されている。

「鐘楼」は千手堂の東庭にあった。「境内図」には天神池の上辺に描かれている。梵鐘は指渡二尺、惣長三尺八寸、厚二寸八分、貫目百八十五貫で、鐘銘によれば享保二年（一七一七）に諏訪忠虎が寄進したものである。

「境内図」の「蓮池」から石段をのぼりつめると「大門」があり、「山門」があって、「方丈」にいたる。方丈は大坊ともいって、住職の常住するところで、すべての寺務はここで行われた。建物の規模は東西十間、南北七間、板葺南向で、それに庫裡、穀蔵、宝庫などがついている。本尊阿遮羅《あしゃら》尊像のほか、もとは開山堂に安置されていた室町期とされる弘法大師像も祀られている。尊像は現在、照光寺に移されている。また本坊の建物は真秀寺（岡谷市長池小萩）に移されて、一部は現存している。

「境内図」には本覚坊・玄奘坊・宝珠院・瀧ノ庵・休西庵がのっているが、このほかに下社神宮寺には宝納堂・経堂・薬師堂・十六善神堂などもあった。また「境内図」に「旧跡」と記されている堂宇として開山大師堂・弥勒堂・舞童堂などがあった。さらに弥勒石仏・独鈷水、蓮池・筆捨桜・千手桜などの名跡・名木も描かれている。

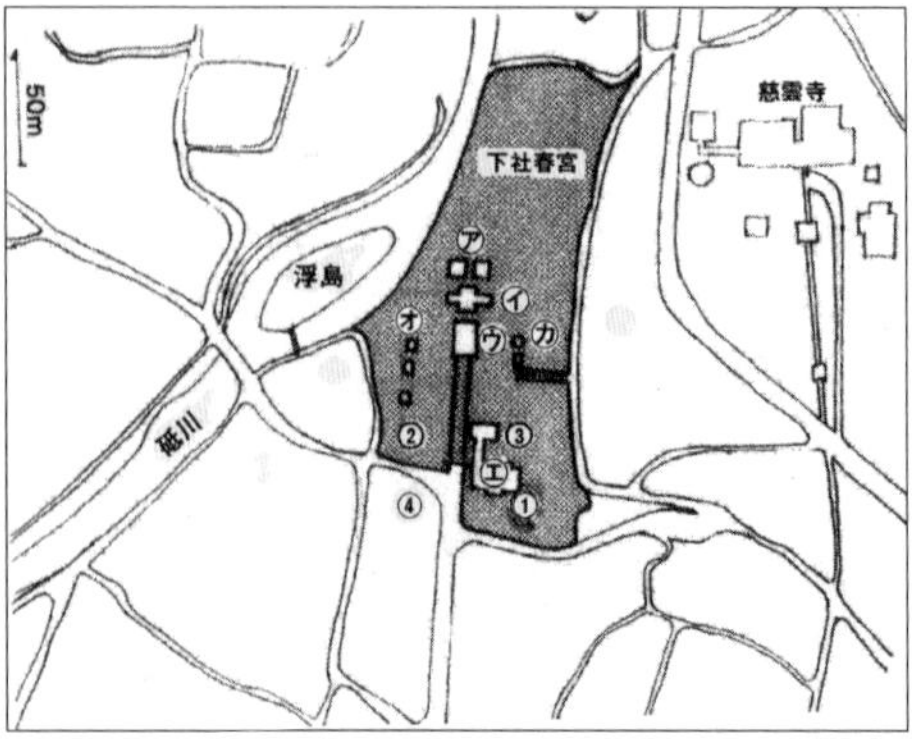

下社春宮境内図　①観照寺 ②薬師堂 ③護摩堂 ④東光坊 ㋐宝殿 ㋑幣拝殿 ㋒神楽殿 ㋓社務所 ㋔子安社 ㋕若宮社

松林山三精寺はいまの秋宮社務所の西側にあった真言宗の寺である。小さいながら宮寺として、武田氏以来崇敬をうけていた。秋宮境内の阿弥陀堂と護摩堂を預かっていた。『下諏方寺社年中行事』には、三精寺住持は秋宮護摩堂において、正月五月九月護摩修業し、毎朝秋宮神前で修法読経した。

和光山観照寺（真言宗）は春宮の別当寺として早くからその境内に建てられていた。今日の春宮社務所の地がその寺域であった。春宮本地仏は薬師如来で、春宮薬師堂に本尊の金銅薬師如来像を祀っていた。薬師如来像はいま下諏訪町下之原宝光院に安置されている。春宮では毎朝の勤めとして、観照寺住持が薬師堂で薬師法と、護摩堂で護摩法を修し門徒の東光坊が読経をつとめた。

第六節　社僧も出仕した下社の行事

一、お舟祭

現在も諏訪大社下社で行われている行事で、かつては社僧も出仕した行事として、遷座祭り（お舟祭）、御射山祭（三公祭）、御柱祭があげられる。

まず二月一日の冬の遷座祭で秋宮から春宮に御霊代をお移しする。薙鎌や鉾を先頭に御霊代を乗せた神輿が秋宮から春宮に向かい、春宮宝殿の前にて玉串奉奠して遷座祭は終了する。ここでは神事のみでお舟はでない。

八月一日の夏の遷座祭では御霊代を春宮から秋宮にお移しする。夏の遷座祭の際、遷座の列の後に翁と媼《おうな》の二体の人形を乗せた柴舟を出す。これを「お舟祭り」と呼んだ。『画詞』に、下社の春の遷座祭が書かれていて、

「正月一日、（中略）又湖水を隔てたる遠山に下宮（下社）の甍見ゆ。今日の神幸（遷座祭）思いやられて昰を拝す」とある。

上社本宮から下社の甍が見えて、今日の遷座祭のことが気にかかったというのだ。春夏の遷座祭

では、社僧は神前にて修法読経したという。さしずめ春の遷座祭では、春宮宝殿前に壇を設け、護摩をたく。手に印を結んで真言を唱え、本尊薬師如来を観想して、加持祈祷したものだろう。昔は遷座祭は旧暦の正月一日と七月一日に行われたが、明治十年に養蚕で忙しい地元民の申し出によって、現行の祭日に変更されている。

二、穂屋野の三光

諏訪大社の御射山祭は、現在、上社・下社とも八月二十六日から三日間の日程で行なわれ、上社は富士見町の御射山社、下社は下諏訪町武居入《たけいいり》の御射山社まで出向いて行なわれる。

古くは陰暦七月二十六日から三〇日までの五日間、上下両社で執行された大祭であった。諏訪神社は数多くの神事によって知られてきたが、そのなかに年間四度の御狩があった。なかでも御射山御狩の神事は、鎌倉幕府の崇敬と庇護をうけて、非常に盛大な祭りとなった。このため諏訪神社の代表的な祭りとして、「諏訪祭り」とも呼ばれて、幕府の有力な武士が積極的に参加する高い格式をもった祭りとなった。御射山御狩神事は狩猟や武技を中心とする盛大な神事であった。この祭りは、大祝や五官祝などの神事の小屋、宿泊小屋としてしつらえた庵が、ススキの穂で葺かれたことから別名を穂屋祭《ほやのまつり》と呼ばれた。

下社の御射山祭は江戸時代まで霧ヶ峰の山中、標高一六〇〇メートルの高地に展開する旧御射山の地で、盛大に行われた。その時の「三公祭」では、社僧が大きな役割をになっていた。三公祭の「三公」は、日月星の三光である。

諏訪大社には、「七不思議」が言い伝えられているが、上社と下社にも独自の「七不思議」があって、その中の一つに、御射山祭に絡んだ「穂屋野の三光」がある。御射山御狩神事の最中、七月二十七日午《うま》の刻（昼時）に日・月・星を同時に拝することができるというのだ。昼時に日・月・星の三光を拝するなどということは、絶対にありえない天体現象である。松本藩の地誌『信府統記』には、そのあり得ない現象について、次のように伝えている。上社御射山の日月星の「三光」に触れ、

（七月）二十七日午の刻に日月星の三光並び見ゆ。是は古《いにし》え神功皇后三韓出陣の時、祈誓して此度の戦い利あらんに於いて三光一度に拝まれ給えとありければ、日月星現し給いしなり。其月日七月二十七日午の刻に当たれる例を以て、今に至りて此所に毎年此日三光あらわれる。是れ神功皇后諏訪に臨幸ありし故実の一つなりと云い伝う。

「穂屋野の三光」の祭りは、神功皇后が諏訪に御幸され、三韓征伐の勝利を祈られたとき、一度に日月星の三光を拝し、それによって戦いに勝利したという先例にもとずくものだといっている。

寛保二年（一七四二）の奥書がある『下社神宮寺海岸孤絶山起立書』に、下社御射山の「三公祭」関係の記述がある。

奥院御射山の部

奥の院（御射山）祭礼は、毎年七月二十六日、寺社登山して二十七日の午の刻日月星の三公を祭る法式あり。二十八日の朝下山す。
虚空蔵菩薩大明神星の本地なり。日月の本地者《は》観音。勢至也。神秘の相伝に依って十一面観音を本地仏とす。胎蔵界因果、不二の如音を顕《あらわ》す。本宮秋宮之奥院是也。

虚空蔵菩薩は国常立尊の本地である。下社旧御射山社とは離れた尾根上に国常立尊社（虚空蔵社）がある。国常立尊は『古事記』によると、天地開闢《かいびゃく》の時に最初に現われた根源神、始源神として重視され、ためにすべての源をつかさどる大元尊ともいわれた。

ところで御射山祭の礼拝の対象は、「廿七日早旦、一の御手倉《みてぐら》、大祝以下大小神官榊を捧げて山宮に詣ず」（『諏訪大明神画詞』）とあって、山宮に鎮まります神であった。そして中世には「山宮の神」は虚空蔵菩薩であった。山神を虚空蔵菩薩とみていたのである。このことは嘉禎三年（一二三七）の諸神勧請段の御社山大明神に対する神楽歌に、「山宮コクソウ、イカニウレシトオホスラン」とあり、さらに同年の祝詞段には「御社山御本地ナ、虚空蔵井（菩薩）山宮（中略）チヨノミ神楽マイラスル」とあって、山神は虚空蔵菩薩であった。

さて『下社神宮寺海岸孤絶山起立書』の「下諏方寺社年中行事」には、

一、七月二十六日寺社中に於いて奥の院御射山に登山し、二十七日午の刻三公祭の神事執行、寺務は奠祭《てんさい》秘法法楽諏方講式を修して（略）祈り奉れる。（中略）社僧退散廿八日、社家退下《たいげ》廿九日也。

とある。また諏訪神社下社の『桃井禰宜太夫留書』には、

同二十七日午ノ刻神殿ノ傍ニ新壇ヲ設ケ、神官其四方坐、（中略）穂屋ノ祭祀之《これを》執行ス、城主自《より》代参人有、次三光拝式アリ、例年此日三光顕之日也、参詣ノ衆人山上於之拝ス、

と書いている。これでみると「日月星の三公を祭る法式」（三公祭）とか「三光拝式」というのは、御射山奥の院の神殿の傍らに新壇を設け、神官はその四方に座った。神宮寺寺務は秘法を修し、社僧は法楽と諏訪講式を行ったとある。御射山で行われる三公祭に参列して三光拝式を執行することが、「穂屋野の三光」を拝すること、すなわち虚空蔵菩薩（星）、観音菩薩（日）、勢至菩薩（月）の三光（三公）を拝することだったのである。

三、下社御柱祭

古来、諏訪社には干支七年毎、寅・申歳に斎行される定期的なご造営があった。ある一定の年限を定めて御本殿等の造営をすることから式年造営といわれる。御柱祭は、もともと御造営の一部として御柱の曳き建てを行っていたものが、いつの頃からか御柱祭として突出したものと考えられている。社殿のすべてを新造していたのだが、御柱と東西の宝殿のみの建てかえになったのは、江戸

時代以降である。

従来一般の神社については、まず仮殿を造築して一旦神体をこれに遷し、本殿が新築されるのをまって、再びこれに遷宮するものである。しかるに諏訪神社においては、これと異なり、東西の宝殿二宇が並んであって断絶しない独得のものだ。諏訪神社においては、前回の御柱祭の時に造築して、七年間自然の雨露によって浄められた宝殿に遷宮し、今までの宝殿を取りこわして当年これを造営する、というものだ。この四月申日寅刻の遷宮に、社僧は春宮に出仕する。社家が神宝を宝殿に遷すと、神宮寺寺務が遷宮の修法して、社僧読経し法楽を修した。

第七節　常楽会と瑜祇経秘文奉納

常楽会（二月十五日）と瑜祇経秘文奉納（七月九日から十五日）は、下社神宮寺を代表する年中行事であった。常楽会は釈尊の涅槃を追慕する法会で、寺社総出仕による盛儀であった。上社の花会と対をなし、『画詞』には「二月十五日は、下宮同神宮寺にして、常楽会舞楽あり。釈尊涅槃の令節を迎へて、神明結縁の大会を行ふ。四月十八日は、上宮にして花の会あり、両社相対して、如来説化の始終をつかさどる」との記述がある。「神宮寺境内図」には千手堂の近くに「舞童堂旧跡」がみえる。中世の常楽会に児童の舞が行われたお堂で、江戸時代には中絶し廃亡したという。

廃寺とともに廃絶した行事では、七月十五日の瑜祇経《ゆきぎょう》秘文奉納は、神宮寺の行った神勤中、最も注目すべき仏事である。神宮寺の僧侶は毎年七月九日より、両部大経の秘文を書写して、瑜伽《ゆか》の秘法を修し、七月十五日の寅刻に宝納堂の中の多宝塔に納めた。『起立書』宝納堂条によると、宝納堂は秋宮宝殿の南方の周囲十尋（十八メートル）、高さ二尋（三・六メートル）ほどの小山の頂にあり、八角宝形造、八尺四面、檜皮葺の御堂で、中には多宝塔が安置されていた。宝納堂は下社の宗廟とされたが、そのことは代々の秘事として他言を許さなかったとある。

あとがき

諏訪大社では一年を通して神事が行われている印象があり、また大変に謎の多い神社である。本書においても、筆者は神仏習合時代の諏訪大明神のお姿そのものと拝された普賢菩薩騎象像の片目が傷つけられていた謎や、守屋山は諏訪大社の神体山かなどの謎に挑んできた。本書を執筆するにあたって、筆者がもっとも苦しんだ謎というのは、上社五官祝の筆頭神官である神長守矢氏の問題であった。

守矢氏の謎を解析するさい、筆者は神長官守矢氏の祖神を「洩矢神」とか「守屋大臣」といっているのは、いかにも物部守屋から創作した神名であるようだと書いた。実際に物部守屋の子息、武麿が信濃国に逃げてきて、神長官家の養子になった事実があったからというと、否定的だ。

それでは何故、神長官を守矢氏（守屋氏）といったかというと、筆者はつぎのように考えた。

神長官守矢氏は、上社の神氏、下社の金刺氏とともに多氏系の科野国造の系譜に出自する。多氏といえば、神武天皇の皇子神八井耳命《かんやいみみのみこと》を祖として大三輪氏の系譜につながり、海神綿津見命を奉祭する安曇氏の血筋と伝承を継承してきた。

その安曇氏の保有する豊玉姫の御子生み伝承だが、新羅第四代王の昔脱解伝説と物語の筋書まで一緒の、同根の始祖伝承であった。多氏系の科野国造が古くから語り伝えた伝承には、昔脱解伝説と共通する伝説があったとしても不思議ではない。たとえば脱解と瓠公の宅地をめぐる争いという神話要素である。それが諏訪の地では、諏訪明神と洩矢神が所領をめぐって争う説話になったのではないだろうか。またフルを象徴する人物として、物部守屋の子息武麿がはるばる信濃国に逃げてきて、神長官家の養子になったという辻褄合わせになったのではないだろうか。ミシャグチとフルの争いである。筆者はこのように推理したのです。

ところで諏訪明神建御名方神の母・高志沼河姫が出自した青海首は、綿津見豊玉彦の子、布留多摩命（振魂命）を祖神としている。よって綿津見豊玉彦の子・穂高見命を祖とする安曇氏とは同祖氏族ということになる。布留多摩命からは、椎根津彦を祖とする大倭国造や、天照国照彦天火明櫛玉饒速日命（天火明命）を遠祖とする尾張氏がでている。そうすると安曇氏と天照国照彦天火明櫛玉饒速日命（饒速日命）を祖とする物部氏とは、古く枝分かれした親縁氏族ということになる。神長官が、フルを象徴する物部守屋の子孫と称したのもそれなりの因縁があったのかもしれない。あるいは守矢氏が洩矢神とか守屋大臣を祖神としたのも、まったくの創作ではなく、古くから語り伝えてきた伝承の神話遺伝子のなせるワザだったのかもしれない。


本書を執筆するにあたって参考にした文献は、

柳田国男『一目小僧その他』
細田喜助「県宝守矢文書を読む①②」
大和岩雄『神社と古代民間祭祀』
貝塚茂樹『中国神話の起源』
真弓常忠『日本古代祭祀と鉄』
石塚尊俊『鑪と鍛冶』
三品彰英『三品彰英論文集④』
信濃毎日新聞社『諏訪大社』
諏訪市『諏訪市史上巻』
安部正哉『玉鋼の杜』
谷川健一『青銅の神の足跡』
大場磐雄『考古学上から見た古代氏族の研究』
弥彦神社編『弥彦神社』
折口信夫『大嘗祭の本義』
伊藤富雄・宮坂清通・藤森栄一『下諏訪町誌』
小林崇仁『諏訪の神宮寺』（『諏訪信仰の中世』所収）
渡辺匡一『真言宗以前』（『諏訪信仰の中世』所収）

本書掲載の写真「加計・隅屋絵巻」「金屋子神乗狐図」は、金屋子神社宮司安部正哉様の御了解のもとで掲載しています。ありがとうございました。

基礎的な知識として、インターネットからyatsugenjin様のブログから多くの影響をうけています。

最後に、本書を出版する機会を与えていただいた彩流社会長の竹内淳夫様をはじめ、社員の方々に心から感謝の御礼を申し上げます。

二〇二一年

皆神山すさ

■著者紹介
皆神山すさ（みなかみやま すさ）
1949年1月10日長野県松代町生まれ。
学園紛争のさなか、新潟大学人文学部経済学科中退。
著作　研究ノート『日本神話の源流——夫余・朝鮮・日本』（1984年　大阪紀伊国屋書店）
『日本民族の総氏神——兵主』（2004年　新風舎）
『神につかえた女性たち』（2005年　碧天舎）
『秦氏と新羅王伝説』（2010年　彩流社）
『天照大神は夫余神なり——神の妻となった女性たちの古代史』（2012年　彩流社）
『兵主神で読み解く日本の古代史』（2012年　梓書院）
『諏訪神社 七つの謎——古代史の扉を開く』（2015年　彩流社）
『穴師兵主神の源流——海東の古代史を繙く』（2017年　彩流社）

一《ひと》つ目《め》の諏《す》訪《わ》大明神《だいみょうじん》——一目一足《ひとつめいっそく》の鍛《か》冶《じ》神《かみ》と諏《す》訪《わ》氏《し》の謎《なぞ》

2021年8月15日　初版1刷発行　　　定価は、カバーに表示してあります

著者　皆神山すさ
発行者　河野和憲

発行所　株式会社　彩流社
〒101-0051 東京都千代田区神田神保町3-10
TEL 03-3234-5931 FAX 03-3234-5932
ウェブサイト　http://www.sairyusha.co.jp
E-mail sairyusha@sairyusha.co.jp

印刷　明和印刷㈱
製本　㈱村上製本所
装幀　小林厚子

乱丁本・落丁本はお取り替えいたします。　　ISBN 978-4-7791-2772-4 C0021

鬼の日本史（上・下）

978-4-88202-172-8,173-5 C0021 (90・06,07)

福は内、鬼は外？　　沢　史生著

鉄をめぐる古代王権の成立、産鉄と水銀の担い手土グモ衰亡の秘史を暴く問題作。妖怪に貶められた物言えぬ神々こそ本来の地主神である。全国に遺る鬼神や星神の物騙りを暴き、吉野ヶ里の悲劇を探り、丹生神と伏見稲荷の本姿を解明。　Ａ５判並製　各 2913 円＋税

隠された古代

978-4-88202-064-6 C0021 (85・03))

アラハバキ神の謎　　近江雅和著

“文化人類学のＫＪ法を使い、武蔵国に集中するアラハバキ神の変容とそのルーツを解明し、古代産鉄民の姿と荒吐族による津軽の“独立王国”など抹殺された敗者の側から、“鉄”をめぐって展開された血ぬられた古代史を描く。写真 100 枚収録。　四六判並製　1500 円＋税

銅鐸民族の謎

978-4-88202-928-1 C0021 (04・11)

争乱の弥生時代を読む　　臼田篤伸著

「祭り」と「埋納」という固定観念に呪縛されてきた銅鐸論を排し、古代における民族紛争という視点から銅鐸を持ち込んだ民族の渡来と定着、そしてその後のいわゆる天孫族の侵出に伴う“敗北”の歴史を描く。　四六判上製　1800 円＋税

古代製鉄物語

978-4-7791-1376-5 C0021 (03・01)

葦原中津国（あしはらなかつくに）」の謎　　浅井壮一郎著

『記紀』はなぜか瑞穂の国・日本を「葦原中津国」と呼び、「稲原中津国」とは言わない。古代製鉄の原料は水草の根に付く水酸化鉄（湖沼鉄・褐鉄鉱）であり、神武東征の立寄り先は全て「汽水域」の葦原であった。その意味は？　四六判並製　2000 円＋税

古代製鉄物語

978-4-7791-1376-5 C0021 (03・01)

葦原中津国（あしはらなかつくに）」の謎　　浅井壮一郎著

『記紀』はなぜか瑞穂の国・日本を「葦原中津国」と呼び、「稲原中津国」とは言わない。古代製鉄の原料は水草の根に付く水酸化鉄（湖沼鉄・褐鉄鉱）であり、神武東征の立寄り先は全て「汽水域」の葦原であった。その意味は？　四六判並製　2000 円＋税

猿田彦と秦氏の謎

978-4-88202-792-8 C0021 (13・02)

伊勢大神・秀真伝（ほつまつたえ）・ダビデの影　　清川理一郎著

サルタヒコは数代にわたる神統譜を持つ神であり、出雲王朝の神々の祖先神として崇められ、祀る神社は全国に分布、信仰の裾野は広い。だが、『記紀』は、真の姿を抹殺したうえ、闇のなかに葬った。その復権・復活が古代史像を変える。　四六判並製　2000 円＋税

日本古代国家の秘密

978-4-7791-2174-6 C0021(15·10)

隠された新旧二つの朝鮮渡来集団　林　順治　著

だれが日本をつくったのか?!　通説とは異なる日本誕生の真相！「記紀」編纂の総責任者藤原不比等は、加羅から渡来した崇神・垂仁＋倭の五王と百済から渡来した兄弟王子（昆支と余紀）を秘密にした。そのカモフラージュを暴く。　四六判上製　1,800 円＋税

八幡神の正体

978-4-7791-1855-5 C0021(12·12)

もしも応神天皇が百済人であったとすれば　林　順治　著

八幡神出現の欽明天皇の世から現在まで、日本人の信仰の対象となった八幡神とは⁉“八流の幡と天下って吾は日本の神と成れり”と宣言した八幡神が、第十六代応神天皇ならば……。日本国家の起源及び律令国家「日本」によるエミシ 38 年戦争の本質を衝く。　四六判上製　2,200 円＋税

アマテラス誕生

978-4-7791-1164-8 C0021(06. 05)

日本古代史の全貌　林　順治　著

天照大神(アマテラス）は朝鮮渡来“天皇家”の神だった！ 在野の研究者石渡信一郎の驚くべき発見を紹介しつつ、アマテラスの出自を探ることで、記紀が隠した新旧二つの朝鮮人渡来集団による、日本古代国家成立の史実を明らかにする。　四六判並製　1,900 円 + 税

アマテラスの正体

978-4-7791-2022-0 C0021(14. 06)

伊勢神宮はいつ創られたか　林　順治　著

アマテラスは、日の神と呼ばれ、六世の孫を人にして神、神にして人の初代天皇神武として即位させた。万世一系天皇の物語『古事記』と『日本書紀』の神代女神アマテラスはいかに生まれたか？　その秘密と史実を明らかにする。　四六判上製　2,500 円 + 税

隅田八幡鏡

978-4-7791-1427-4 C0021(09·04)

日本国家の起源をもとめて　林　順治　著

謎の文字「日十（ソカ)」大王に始まる国宝「人物画像鏡銘文」の 48 字に秘められた驚くべき日本古代史の全貌！銘文はどのように解読されたか？　邪馬台国はどこか？　万世一系天皇の神話とは？　誰が石舞台古墳を暴いたか？　四六判上製　3,800 円＋税

日本古代国家と天皇の起源

978-4-7791-2711-3 C0021(20·11)

運命の鏡 隅田八幡鏡は物語る　林　順治　著

天皇家の二つの始祖神＝アマテラスと八幡神の誕生や成り立ちは大きく異なる！ アマテラスを祖とし神武を初代とする万世一系天皇の物語「記紀」を検証し、古代国家が、朝鮮半島から渡来した加羅系と百済系の集団で建国されたことを明す。　四六判並製　2,500 円＋税

諏訪神社 七つの謎

978-4-7791-2152-4 C0021(15・08)

古代史の扉を開く　皆神山　すさ 著

諏訪神社の総本社である諏訪大社は古くから謎の多い神社である。縄文遺跡に囲まれ、精霊信仰を取り込んだ独自のミシャグチ信仰や狩猟の神、軍神、風の神という多様な貌を持つ諏訪明神……。それらを検証しながら諏訪信仰の本質に迫る。　四六判並製　2,500円＋税

秦氏と新羅王伝説

978-4-7791-1527-1 C0021(10・04)

皆神山　すさ 著

八坂神社に纏わる謎—新羅の牛頭山に座す須佐之男命の御神魂を遷し祀った—を含めて、渡来氏族とその遺跡に９つの謎を設定し、その解明を通して日本民族の総氏神・須佐之男命が、古朝鮮族の始祖霊であり、兵主神であるとする。　四六判並製　1,900円＋税

天照大神は夫余神なり

978-4-7791-1764-0 C0021 (12・02)

神の妻となった女性たちの古代史　皆神山　すさ 著

神に仕えた女性たち（大物主の妻・倭迹迹日百襲姫、豊鍬入姫、倭姫、宮簀姫、神功皇后）、とくに天照大神の御杖となって各地を巡幸した豊鍬入姫と倭姫の足跡を追跡し、古代伝承に遺る物語の深層を探り続けて導き出された“歴史ロマン紀行”。　四六判並製　1,900円＋税

穴師兵主神の源流

978-4-7791-2410-5 C0021(17・10)

海東の古代史を繙く　皆神山　すさ 著

全国にある兵主神の源流を求めて、目を北東アジアに向けたとき、朝鮮半島を舞台に繰り広げられる高句麗、新羅、百済、任那諸国の覇権争いに倭王権の関与が見られる。日本古代史は従来の“一国史観”では何も見えてこないのである。　四六判並製　2,000円＋税

御柱祭　火と鉄と神と

978-4-7791-1168-6 C0021(06・07)

縄文時代を科学する　百瀬　高子 著

縄文時代から続いてきた御柱祭、大木を切り倒した道具は石か鉄か？　諏訪湖周辺に出土する薙鎌や高師小僧の存在は何を物語るのか。“古代製鉄王国”の信州の遺跡と祭と神々の解明を通して日本古代史の真実に迫る。【残部僅少】　四六判並製　1,600円＋税

諏訪神社 謎の古代史

978-4-88202-339-5 C0021(95・05)

隠された神々の源流　清川　理一郎 著

諏訪大社で行なわれる御柱祭、ミサクチ神の祭祀である御頭祭が語っているものは？　文化の波状理論とＫＪ法を駆使し、インド・ネパール、西アジア、南ロシア、古代オリエント等、世界史的視野から謎の神々の驚くべき素顔を解き明す。四六判並製　1,845円＋税